# 清沢満之と近代日本

山本伸裕
碧海寿広 編

法藏館

# はじめに

清沢満之《きよざわまんし》についての研究は、過去にも何度か盛り上がりを見せたが、ここ数年、再度、活況を呈しつつある。清沢満之について語られる際には、多くの場合、晩年の「精神主義」期の思想に関心が向けられてきた。「精神主義」とは、明治三四（一九〇一）年一月に、清沢を名目上の主幹として創刊された雑誌『精神界』を中心に展開された宗教思想運動のことだが、雑誌刊行のために東奔西走し、運動を主体的に牽引したのは、東京の清沢の住居（浩々洞《こうこうどう》）で共同生活を行った、かつての教え子たちであった。

私は二〇一一年六月に公刊された『「精神主義」は誰の思想か』（法藏館）で、清沢の思想的精華とされてきた「精神主義」の思想が、幾人かの浩々洞の門人たちが正しいと信ずる信仰の味わいを、時代の知性を代表するスーパーエリートであった師の名声を利用して世に広めたいとの意図で唱導された性格のものであることを明らかにした。

「精神主義」の思想として扱われてきたのは、『精神界』が刊行された明治三四年一月から、清沢が死去する明治三六（一九〇三）年六月までの約二年半の間に媒体《メディア》に発表された論文や講話の類である。「精神主義」期に発表された文章の多くは、それ以前の哲学期のものと比べれば、はるかに平易で、読者の情に訴える味わいも随所に感じられる。そうした親しみやすさが、多くの人の目を「精神主義」に向けさせる一つの要因となったことは確かであろう。それと同時に、「西洋哲学史講義」や『宗教哲学骸骨《がいこつ》』、「他力門哲学骸骨試稿」等々に代表される哲学期の思想が、たんに難し過ぎるという理由から敬遠されてきた側面があることも、指摘しておかなければならない。もっとも、「精神主義」期の思想よりも、むしろ哲学期の思想を高く評価し、清沢の真骨頂を「(宗教)哲学」に見ようとした、橋本峰雄や今村仁司のような西洋哲学に造詣の深い学者もいなかったわけではないが、清沢満之の思想と言えば「精神主義」であると、一般には理解されてきた。だが、「精神主義」期の清沢の思想には、根本的な疑義が突きつけられてきたことも事実で(第三者により思想的改変が加えられている以上、当然と言えば当然のことなのだが)、約《つづ》めて言えば、論理の杜撰《ずさん》さが目立つなど、日本の知性を代表する人物の思想とは言いがたいとの評価がつきまとってきたのである。

思想的な精華であるとされる「精神主義」の思想に、そのような致命的欠陥が指摘され得るのであれば、その延長に「精神主義」を生み出した哲学期の思想にも大きな欠陥が認められるに違いないというのは、ある意味、至当な判断とも言える。だが、これまで思想的に問題視されてきた箇所の多くに、清沢以外の人物の思想が入り込んでいることがはっきりしてきたいま、西洋哲学の学びを基礎として「宗教」に目を向けた清沢が、この時代に何を問題とし、哲学の手法を用いて思索を重ねることで何を語ろうと努めたのか。あるいは、信仰と学問、信仰と道徳などの関係性について、どのように考えたのかを、「精神主義」以前からの一連の思想として摑み出し、評価し直すという作業が、どうしても必要になってこよう。

こうした見直し作業がもつ意義は、清沢満之という一思想家の思想を正当に評価するということだけに収斂されない。周辺の同時代の知識人たちが残している数々の証言は、彼が近代黎明期の日本哲学界におけるパイオニア的存在であり、かつ時代を象徴する最良の知性であったことを物語っている。もしもこれらの証言が、決して的外れなものでなかったとするならば、明治中期から後期にかけて清沢がなした仕事をきちんと評価することなしに、日本近現代の哲学・思想について語ることは、無謀なことであるとすら、私は考える。

本書は、複数の気鋭の研究者による清沢満之の思想の抜本的な見直し作業の一環として、さらには、清沢満之の見直しを通じて、多様な学識へのアクセスが可能になることも見据えながら、企画・編集されたものである。これまで語られてきた清沢満之像を刷新したいと考える人や、近代仏教についてもっと深く知りたいという人にとってはもちろんのこと、近代以降の日本哲学、日本思想を読み解くうえでの隠れたキーマンとして、清沢およびその周辺人物の思想を基礎から学びたいと考える人にとっても、必読の書であることは間違いない。

本書は、二部から構成されている（序章と終章を除く）。

第Ⅰ部（「清沢満之の思想」）に収められた三本の論文は、清沢の思想そのものに焦点を絞り、その基本的なスタンスについて論じたものである。

清沢満之という人物は、大きく分けて三つの顔をもつ。一つめが、哲学者としての顔、二つめが、真宗僧侶としての顔、三つめが、教育者としての顔である。

第一章、氣多雅子「清沢満之の宗教哲学――自力門・他力門の概念を手引きに」では、これら三つの顔のうち、一つめの顔について論じられる。宗教をめぐって展開される清沢の哲学を読み解くうえで鍵を握るのは、「自力」と「他力」という、宗教に内在する二つの側面が、どのように捉えられて論じられているかという点であろう。本論文は、そのあたりの思想構造に「宗教哲学」の観点から鋭く切り込んでおり、日本哲学全体の問い直しの可能性を含め、極めて刺激的な内容となっている。

第二章、西本祐攝「親鸞と清沢満之」は、これまでほとんど語られてこなかった、『教行信証』や『歎異抄《たんにしょう》』などを中心とした清沢の真宗の学びを、資料的根拠に基づき、詳細かつ丁寧に論じたもので、真宗僧侶としての学問的な背景を見事に浮き彫りにさせている。近年、清沢が道を開いたとされる真宗大谷派の「近代教学」に対する批判が起こっているが、そうした議論に一石を投じる意味でも、本論文がもつ意義は非常に大きいと言える。

第三章、春近敬「教育者としての清沢満之」は、他者との交わりのなかでの生きた思想を我々に伝えてくれる。「哲学」にせよ「信仰」にせよ、それらが思想的な意味をもつのは、社会のなかで具体的なかたちで実践されてこそのことであろう。清沢にとって人生の主たる目的は、つまるところ人間の教育にあったと言っても過言ではない。従来見落とされがちであった教育者としての清沢の思想信条に光を当てることは、その人物像をより豊かに、立体的に描き出すうえで欠かせない作業であると考えられる。

四本の論文を収録した第Ⅱ部（「時代のなかの清沢満之」）では、同時代、さらには後の時代（世代）に、直接間接に与えた影響力といった観点から清沢満之を捉え直すことに主眼が置かれる。

第一章、星野靖二「清沢満之の「信」――同時代的視点から」は、清沢が生きた時代に、「信仰」概念がそのように受容され、それが社会にいかなる影響を与えたのかを、広い視野に立って論じることで、歴史的に清沢が果たした役割を捉え直そうとするものである。近代以降に成立した「宗教」概念ないし「信仰」概念は、近年の宗教研究における一つの主要なテーマでもあるが、思想理解のための補助線として、同時代の「信」のありように着目することで、思想家としての清沢の問題意識もいっそう明確なものとなってこよう。

第二章、長谷川徹「明治文学界の思想的交響圏――満之・漱石・子規の近代」では、これまで漠然としか語られてこなかった、東大文学部の後輩にあたる夏目漱石や正岡子規といった文学者たちとの微妙な接点を、多くの資料的な事実を収集するという斬新な手法を用いて明らかにすることが試みられている。文学界との交流といった側面に着目することで、清沢満之の周辺に形づくられた同時代の知識人たちの思想的交響圏のありようが、鮮明に浮かび上がってくる。

第三章、福島栄寿「甦る清沢満之」では、清沢が一個人を超えたかたちで神格化され、語られるようになっていく経緯が、多様な角度から論じられる。清沢に限らず、思想が形成されていく背景には、常に第三者による関与がある。「精神主義」の思想もまた、そのような他者との相互作用から生み出されたと見ることで、清沢満之の思想を、たんに一個人の純粋な思想としてはではなく、別の視点から評価し直すことが可能となるはずである。

第四章、ジェフ・シュローダー「仏教思想の政治学——金子大榮の異安心事件をめぐって」は、清沢の学問的な影響下にあると目された人物、金子大榮《だいえい》の学者としての浮き沈みを、その背後にはたらく政治力に着目することで、思想がもつ政治性を明らかにする。氏のそうした研究の手法は、清沢の評価や扱いもまた、背後の政治力学に左右されているということ、さらにはそのような政治性を無視して思想を語ることの限界性を鋭く指摘するものとなっているが、従来の仏教思想史の研究になかったアプローチの仕方は、他宗派の分析にも十分に応用可能であることは言うまでもない。

さらに二部で構成される本論とは別に、序章と終章に、学界を代表する二人の碩学の論文を配置した。

近代仏教研究の第一人者でもある末木文美士氏の序章「清沢満之研究の今——「近代仏教」を超えられるか?」は、近年、とみに活況を呈している近代仏教研究の今後の展開を占ううえで、清沢研究者のみならず、広く日本哲学の研究に関心をもつ人にとっても、必読の論文と言えよう。

また、安冨信哉氏による終章「現代思想としての清沢満之——そのカレイドスコープの一視角から」は、長年、清沢研究を牽引してきた研究者（真宗学）の視点から、これまでの研究を総括的に論じた記念碑的論文である。研究史を振り返るというのは、断じて後ろ向き《レトロスペクティブ》な姿勢ではない。後進の者がそれを起点に、これまで見えなかった新たな可能性を見つけ出していくためにも、不可欠な仕事なのである。

なお、巻末の「付録」には、初学者から思想史を専門とする研究者に至るまで、読者の幅広いニーズに応えられるよう、「清沢満之評伝」「関連人物紹介」「参考文献一覧」を収録した。従来になかった視点も多く盛り込まれているので、これらの「付録」も、是非とも活用していただきたい。

山本伸裕

清沢満之と近代日本＊目次

# 凡例

一、大谷大学編『清沢満之全集』（岩波書店）からの引用は、『全集』として巻・頁数を表記した。また、暁烏敏、西村見暁編『清沢満之全集』（法藏館）からの引用は、法藏館版『全集』として巻・頁数を表記した。

一、その他の参考（引用）文献については、本文中に著者名（姓）・刊行年・頁を表記し、巻末に参考文献一覧としてまとめた。

一、引用文中の旧仮名遣いは現代仮名遣いに、旧漢字は基本的に新漢字に直したが、漢字に関しては一部旧漢字のまま残した箇所がある。また、片仮名表記は、基本的に平仮名表記に改めた。

一、引用文中の句読点や改行箇所は、読みやすいように改めた。また、濁点抜けや明らかな誤植と思われる箇所は、編者の判断で適宜修正した。

一、引用文中のルビ（振り仮名）は、編者の観点から適宜付した。その際、原文にもともと付されていたルビと校注者によって付されたルビは特に区別していない。

一、本文中の人名のうち太字のものは、巻末付録の「関連人物紹介」に当該人物の略歴などを記した。なお、各章ごとに初出の部分のみを太字とした。

# 清沢満之と近代日本

# 序章

# 清沢満之研究の今

## ―「近代仏教」を超えられるか？―

末木 文美士

清沢満之の研究は、いま、空前の活況を呈している。なぜ、そこまで注目されるのか。研究の現状と問題点を整理し、注目の理由を探りつつ、新たに見直されるべき、清沢の思想に秘められた可能性を考えていこう。

## はじめに

ここ数年、清沢満之ブームと言ってよいくらい関係する研究書が数多く出版されている。満之個人に限らず、「精神主義」、さらには近代の親鸞受容まで含めて、二〇一〇年以後に出版された関連書を挙げると、以下のようなものがある。

安冨信哉『近代日本と親鸞——信の再生』（筑摩書房、二〇一〇年）
Mark Blum & Robert F. Rhodes (ed.), *Cultivating Spirituality : A Modern Shin Buddhist Anthology*, SUNY Press, 2011.
山本伸裕『「精神主義」は誰の思想か』（法藏館、二〇一一年）
安冨信哉編・山本伸裕校注『清沢満之集』（岩波文庫、二〇一二年）
近藤俊太郎『天皇制国家と「精神主義」——清沢満之とその門下』（法藏館、二〇一三年）
子安宣邦『歎異抄の近代』（白澤社、二〇一四年）
碧海寿広『近代仏教のなかの真宗——近角常観と求道者たち』（法藏館、二〇一四年）
岩田文昭『近代仏教と青年——近角常観とその時代』（岩波書店、二〇一四年）
山本伸裕『清沢満之と日本近現代思想——自力の呪縛から他力思想へ』（明石書店、二〇一四年）
藤田正勝『清沢満之が歩んだ道——その学問と信仰』（法藏館、二〇一五年）
『現代と親鸞』三三「特集・清沢満之研究の軌跡と展望」（親鸞仏教センター、二〇一六年）

その著者は大家から若手にまでわたり、内容も、清沢に内在するものから、その周辺、さらには近代仏教全体に関するものまで広がり、また、思想に集中するものから国家・歴史の中で捉えようとするものまで、きわめて多岐にわたる。しかも、かつては宗門に閉鎖されていたのが、宗門に関わらない研究者によって新しい進展がなされているところも注目される。これらの研究は多岐にわたるが、拡散してばらばらになってしまうのではなく、ある方向を一致して示しているように思われる。それは、近年急速に盛んになってきた「近代仏教」の研究において、清沢がまさしくキー・パーソンであるということである。それゆえ、清沢研究は否応なく「近代」とは何であり、その中での「仏教」はどのような意味を持ったのか、という問いに結びつく。そしてそこから、近代の行き詰まりの中で、改めて清沢が新しい視点で読み直せるかどうかという問いへと向かわせる。

このような問題意識に基づいて、以下近年の研究を検討し、そこから新しい方向がどのように可能か、筆者自身の見方を織り込んで考察してみたい。まず、清沢研究の大きな転換点として、山本伸裕の研究を取り上げなければならない。山本は雑誌『精神界』掲載の清沢論文がどこまで清沢自身のものかという大きな問題提起をしているので、その点を検討したい。その上で、碧海寿広の研究において自覚化されて問われている近代仏教への方法論的な問題を考えたい。その検討は「近代」という大きな問題に関わることになるが、本章では特に思想・哲学的な面に限って、近代の哲学を超える可能性を清沢の中に読むことができるかどうかの検討に進みたい。その検討に際しては、二〇一〇年以前に遡るものであるが、今村仁司の研究を最良の手がかりとしたい。

## 一　清沢満之とは誰のことか――山本伸裕

山本伸裕の著書『「精神主義」は誰の思想か』は、清沢満之名義で『精神界』に発表された論文を精査し、それらのかなりのものにじつは門人たちの手が加わり、「成文」されたものであることを明らかにした。それも決して枝葉末節ではなく、本質的なところで改変がなされていることを実証して、清沢研究者に大きな衝撃を与えた。まさしく「精神主義」と言われるものが「誰の思想か」改めて問い直されなければならず、それどころか、清沢満之という固有名で結び合わされた一群の文章が、清沢満之という固有名を持つ一人物に収斂しないという、きわめてポスト近代的な問題に突き当たることになった。それは清沢研究を大きく一変させるに値する画期的な成果ということができる。

簡単に山本の論証過程を確認しておこう。山本は、門人たちの証言をもとに、清沢が『精神界』発刊に当たって編集作業の大部分を門人たちに任せ、自らの文章さえも門人たちの「成文」のままに、点検もせずに発表することを認めていたことを明らかにした。そこで、どこが清沢自身の文章で、どこが門人たちの「成文」なのか、判断する基準が必要となる。山本は、それを判定するのに五つの基準があるという〔山本二〇一一：四八―五七頁〕。

イ、一人称表現――清沢はほぼ例外なく「吾人《ごじん》」というのに対して、「私共」「我等」「我々」などが用いられているときは、「成文」の可能性がある。

ロ、引文および人名への言及――清沢の文章においては、「経典などからの「引文」や、親鸞をはじめとした高僧らの名が出てくることはきわめて稀である」から、それらが見える文章は「成文」の可能性がある。

ハ、敬体表現の併用――「だ」「である」調の文章の中に「です」「ます」調の敬体表現が適度に加えられている場合がある。これは、「読み手の情緒をかき立て、心情に直接訴えかける」という効果がある。これは、**暁烏**《あけがらす》**敏**《はや》の常用するところである。

ニ、強請性――他人に強いて勧めるような語り口で、これは清沢が嫌ったところであり、「成文」の可能性が大きい。

ホ、恩寵主義的思想傾向――これも清沢自身にはないが、暁烏敏や**多田鼎**《かなえ》に顕著な思想傾向であり、このような思想傾向がある場合は、「成文」の可能性が大きい。

このような基準を設けて清沢のものとされる『精神界』の文章を見直すと、従来清沢の中心思想を表わすと考えられてきた文章にさえ、疑問が持たれることになる。たとえば、「宗教的信念の必須条項」(『全集』六巻)は、しばしば清沢批判の際に引き合いに出される文章で、一方で「真面目に宗教的天地に入ろうと思う人ならば、……国家も捨てねばなりませぬ」としながら、「国に事ある時は銃を肩にして戦争に出かけるもよい」と反転するところが批判の対象になってきた。しかし、山本はこの文章を前記の基準に照らして疑問視する〔同上九四―九九頁〕。

このような検討の結果、山本は『精神界』においては、暁烏敏がかなり主導権を握っていたと見る。そのために、従来清沢の本領がもっとも発揮されてきたとされる「精神主義」時代の清沢には必ずしも高い評価が与えられない。「清沢の思想が「精神主義」以降に一変したとする理解の正しさを裏づける証拠は存在しない」〔同上三六頁〕と言うのである。

こうして、山本の著作はきわめて実証的な方法を用いて、従来の清沢論を大きく覆し、さまざまな問題を提起した。ただそれだけに、まだ詰められていない問題も多く、検討を要するところが少なくない。

まず、上記の五点をひとまずの基準と認めたとしても、それは必ずしも決定的な根拠とはなりえない。絶筆とされる「我信念」（『全集』六巻）のように、自筆原稿がある場合は、「成文」の箇所が明白であるが、そうでない場合はあくまで可能性の問題であり、どこが「成文」なのか決定することは困難である。山本自身が「もちろんどれほど多くの傍証を集めたところで、「宗教的信念の必須条件」が清沢本人の思想を正しく反映していないということの決定的証拠とはならないであろう」〔同上九九頁〕と認める通りである。

それならば、疑念の残る文章を除いて、確実に清沢のものと認めうるもののみでその思想を解釈し直すという方法はあり得る。そうなると、山本がその方向を採っているように、『宗教哲学骸骨《がいこつ》』を一つの頂点とする初期の思想を中心として、「精神主義」の時期もその連続と見ることになるであろう。山本はそのような方向から近代思想史の中に清沢を位置づけようとしている〔山本二〇一四〕。

しかし、そうなると二つの大きな問題が生ずる。第一に、確かに『宗教哲学骸骨』は日本でもっとも早い時期に「宗教哲学」を体系化したという点で、研究史上に名を残すことはできようが、単なる歴史的な存在を超えて今日なお新しい思想を生む力があるかどうか疑問である。後述のように、「精神主義」期の清沢は、宗教的な問題を客観世界と異なる次元に求め、宗教と倫理という大きな問題を提起することになった。それは初期には見えない哲学的に大きな発展と言うことができ、今日なお生命力を持つ問題提起である。山本の成果を生かした清沢の文集である岩波文庫版の『清沢満之集』が、それでもやはり「精神主義」時代の文章を中心にして編集されているのは、その時期を中心としてしか現代における清沢文集が成り立たないということを意味しているのではないだろうか。

第二に、当時の思想界に与えたインパクトは「精神主義」期の言動によるところが大きい。同時代の『新佛教』からの批判なども、「精神主義」の運動に向けられている。たとえ内部的には門人による「成文」が承知されていたとしても、外から見ればあくまでも清沢の署名がある文章は清沢のものであり、「精神主義」は清沢によって主導された運動であった。それゆえ、清沢の影響を論ずるならば、「成文」をも含めた清沢署名論文をひとまとめにして考えざるを得ない。そうとするならば、一方で「精神主義」の運動の中で、清沢自身と門下を切り分けていく作業と同時に、他方でそれらがまとまった形で捉えられた「精神主義」の運動を総体として見る視点もまた必要になるのではないだろうか。

## 二　近代という視点

### 二―一　「改革パラダイム」と「伝統」――碧海寿広

碧海寿広『近代仏教のなかの真宗』は、清沢よりも**近角常観**《ちかずみじょうかん》を中心に据えることにより、従来の清沢中心の近代真宗研究の視野を広げ、近代の中での真宗信仰をより総合的に捉えようとしている。その際、きわめて自覚的に方法論的な反省の上に立って考察を進めているところに、碧海の特徴がある。本書については書評を書いたので［末木二〇一五］、ここでは詳細は略し、その近代化をめぐる捉え方の問題に関してのみいささか検討してみたい。

碧海は、「「仏教の近代化」に重点を置き、それゆえ改革運動の軌跡を近代仏教のモデルの核心とする研究パラダイム」を「改革パラダイム」と呼ぶ［碧海二〇一四：五頁］。「改革パラダイム」は、吉田久一《きゅういち》らの戦後の近代主義的な研究にはじまり、今日の近代仏教研究をリードする大谷栄一にまで修正されながら、引き継がれているという。

碧海は、この「改革パラダイム」が今日行き詰まっていることを認めながらも、それに代わるべき方法が確立していないところから、「当面は「改革パラダイム」をベースにした研究を粛々と進めながら、それを内側から突破していくための知見や洞察を鍛え上げていく」（同上八―九頁）という方法を採る。その際、それを突破していく道として、「伝統」ということに着目する。清沢を中心とした「改革パラダイム」的な近代真宗の語りに対して、それと異なる語りへの道を開くものとして、「伝統」に乗った近角の活動に手がかりを求めようというのである。

碧海の言う「改革パラダイム」は、近代化を肯定的に見ながら、近代に埋没するのではなく、その矛盾を乗り超えていこうとする進歩派的な立場と言うことができる。そのような近代＝進歩派的な見方は、仏教史の見方に限定されるものではなく、むしろ戦後進歩主義に共通する価値観であり、それを仏教に適用したものということができる。しかし今日、戦後進歩主義が行き詰まり、そのままでは成り立たなくなっているのであるから、仏教史における「改革パラダイム」も同様に成り立たないことは明らかである。碧海による方法論的な考察がいささか歯切れが悪く、難渋しているように見えるのもやむを得ないところである。

ところで、碧海により「改革パラダイム」の今日における継承者として名指しされた大谷栄一の場合、方法論的な問題はどのように見られているのであろうか。前述のように、碧海は逡巡しながら「改革パラダイム」にひとまず乗りつつ、それを乗り超える手がかりとして「伝統」という問題設定と、近角という対象を絞っていく。それに対して、大谷はむしろ「改革パラダイム」を相対化しつつ、自覚的に問題領域を限定することで、かえって貪欲に研究対象の幅を広げているように見える。

## 二―二　「近代仏教」という概念――大谷栄一

大谷は、「広義の近代仏教」と「狭義の近代仏教」を分ける。「広義の近代仏教」は四つの象限を持つものとされる。すなわち、ビリーフ／プラクティス、出家／在家という区分を掛けあわせることで、四つの領域に分けることができるという〔大谷二〇一二：二〇頁〕。

（Ⅰ）伝統教団（教義信仰）〔ビリーフ、出家〕

（Ⅱ）近代仏教（教義信仰）〔ビリーフ、在家〕

（Ⅲ）仏教系新宗教（先祖供養・現世供養）、民俗仏教（先祖供養・現世利益信仰）〔プラクティス、在家〕

（Ⅳ）伝統教団（先祖供養・現世利益信仰）〔プラクティス、出家〕

この四つの領域を含む「広義の近代仏教」の中の（Ⅱ）の領域が「狭義の近代仏教」に当たるもので、近代仏教研究はその分野を集中的に研究することになる。それは新宗教教団に対しては伝統仏教教団に属しつつも、それを維持する中核である出家者ではなく、世俗社会の中で活動する在家者を中心に展開する思想と行動が対象とされる。その領域において、社会の近代化に即応した新しい仏教の形態がもっとも顕著に展開されたのであり、「狭義の近代仏教」としてスポットライトを浴びるのは当然とも言える。

大谷は日蓮主義を主要な研究対象としているので、真宗系は直接には取り上げていないが、清沢や「精神主義」の運動もまたこの「狭義の近代仏教」という枠の中で考えることができる。「精神主義」の場合、必ずしも在家者の運動ではないが、真宗の場合、出家者と在家者の垣根が低いし、とりわけ清沢自身は在家の出身であり、そのことが門下と意識のずれを生じていたとされる〔山本二〇一一：三六頁〕。「狭義の近代仏教」は必ずしもすべてが在家者の運動ではなく、出家者も関わっていたが、在家者的な方向性が中心であったということは、この場合も認めてよいと思われる。

大谷は、このような観点から「狭義の近代仏教」の枠を設定して、そのことによって対象の範囲を限定することで、逆にその範囲を網羅的に見る視点を確保することができた。それによって、一方で国家主義的傾向を強く持つ田中智学《ちがく》らの国柱会《こくちゅうかい》系の運動や血盟団、あるいは内蒙古布教に進出した高鍋日親《たかなべにっしん》らを扱いながら、他方で逆に社会主義的な方向へと向かった妹尾《せのお》義郎《ぎろう》や非戦論を唱えた真宗大谷派の竹中彰元《しょうげん》らまで、同じ次元で扱い、近代仏教の包含する広さと多様性を示すことができた。その点で、大谷によってはじめて「狭義の近代仏教」の幅広い全体像の提示が可能になったということができる。大谷のデビュー作『近代日本の日蓮主義運動』（法藏館、二〇〇一年）は、従来イデオロギー的な観点から正当な扱いがなされていなかった田中智学らの運動をきわめて公正な目で評価した点で、画期をなす研究であった。

しかし、そのような成功は、逆にまた大きな問題を含むことにもなっている。すなわち、「近代仏教」を対象化し、研究者自身と距離を取ることで、公平にその全体像が見えてくるのであるが、そのことはその研究を研究者自身の主体的問題と直接に関わらせないという断念を前提とする。吉田久一らの戦後の「改革パラダイム」の立場は、単なる客観的研究でなく、研究者自身が志向する近代＝進歩主義的な立場に基づくものであり、歴史的研究がただちに研究者の理想とする未来への方向付けを示すものになっている。

それに対して、大谷の場合、近代仏教の総体性が解明される一方で、その総体的な近代仏教がどのように今日の実践や未来の展望に繋がっていくのかが必ずしも明らかではない。碧海の指摘するように、そこには「改革パラダイム」を引き継いだ面があることも事実であるが、近代を過ぎ去った時代として直接の実践性から切り離し、対象化することでその総体を展望するという点においては、「改革パラダイム」と明らかに一線を画している。その点で大谷は成功していると見ることができるが、今後大谷の研究が第二次大戦期までで終わらず、戦後から現代まで降るとすれば、はたして破綻なく同じ方法を採り得るかどうか、いささか意地悪な興味が持たれるところである。

二―三　近代天皇制と仏教――近藤俊太郎

大谷が近代仏教を対象化し、かつ対象を「狭義の近代仏教」に限定するという明快な方法を採ったのに対して、碧海の歯切れの悪さは、そのような明快さで捉えきれない領域に満足できず、模索しているところから生じている。そのいずれとも異なり、明確な価値観を表に出して過去を批判するという方法を採ったのが近藤俊太郎の研究である。清沢に対しては、以前から「清沢鑽仰《さんぎょう》論」と「清沢満之批判」の両極の流れがあったことは、近藤の指摘の通りであり［近藤二〇一三：六頁］、近藤は明確に後者の側を支持することを表明する。清沢批判には両方向があり、一方では伝統的教学の立場からの批判があり、もう一方で左翼的な立場から「精神主義」が結局天皇制を補強する理論として作用したということに批判が向けられてきた［モンティロ一九九八、菱木二〇〇五］。近藤の批判は後者の立場を継承するものである。

近代の天皇制と仏教の関係の問題は近代仏教研究の大きな課題であり、その問題を避けて通ることはできない。その点で、批判的な研究は十分に意味のあることである。ただその場合、どのような立場から、どのような方法で研究するのか、また、従来の批判的研究のどこが不十分で、どこに新しい研究の意味があるのかが明らかにされる必要がある。そうでなければ、同じことを繰り返す政治的プロパガンダのようなものになってしまい、研究を深めていくことにならない。実際、清沢批判はしばしば戦後のいわゆる大谷派の改革派教学批判に繋がり、単なる研究に留まらない政治的意味を持つことが稀でなかった。

近藤の批判は、民族宗教対普遍宗教という二項対立論に基づいているようである。「清沢とその門下が踏まえた信仰は民族宗教性に裏付けられており」［近藤同上二三七頁］と、清沢系の信仰は「民族宗教」と特徴づけられ、そのような「民族宗教」は、「普遍宗教を踏まえることで成立する人間とは異なる」〔同上二三四頁〕とされる。このように、「普遍宗教」の立場から「民族宗教」を批判するという構図と考えられるが、具体的にそれらの説明がなく、批判が基づく「普遍宗教」の立場がどのようなものかがわからない。批判的な研究は十分に意義のあるものであり得るが、それにはどのような立場から、どのような対象を、どのように批判するのかを明確にしなければ、結局ある限られたサークル内だけで通用する閉鎖的な自己満足の繰り返しにしかならない。宗派性・党派性を超えた研究態度が要請されよう。

## 三　近代は超えられるか

以上、近年の清沢、およびそれと関係する近代仏教研究について、批判的に紹介した。それらはいずれも思想に重点を置きながらも、それが近代の国家社会の動向の中にどのように位置づけられるかという観点を持っている。それをさらに進めるには、大谷が指摘するように、「〈近代的なるもの〉と〈前近代的なるもの〉の重層的な関係性」とか、「世俗化（脱聖化）と脱世俗化（再聖化）の同時的な拮抗関係」〔大谷二〇一二：三二一―三三二頁〕と言われるような日本の近代のあり方の解明が不可欠となる。それには、近藤がいみじくも指摘したように、近代天皇制（国体）を中核として捉える必要があるであろう。近代の国体の構造については、かつて簡単に触れたことがあり〔末木二〇一四〕、今後さらに詳しく論じたいが、ここではそれはひとまず措き、より思想に内在して、清沢の思想が近代における役割を超えて、近代の行き詰まりを超える今日的な課題に応える内容を持っているかどうか、検討してみたい。

## 三―一　「個」の思想――安冨信哉

清沢が近代的な「個」の宗教の確立に貢献したという見方は、かなり広く受け入れられていると思われる。その点をもっとも明快に説いたのが、安冨信哉『清沢満之と個の思想』（法藏館、一九九九年）である。安冨の清沢論は、「明治期の中盤、満之は仏教、特に浄土真宗の信仰によって、個としての自己を形成するとともに、精神主義の名のもと、仏教を人間独立の教えとして、同時代に生きる人々にアッピールしていった」［安冨一九九九：七頁］と述べるところに、端的にその主張が述べられている。近代が「個」の確立の時代だということは一般に認められるところであるが、清沢がその過程において大きな役割を果たした可能性が考えられる。この点で、清沢はまさしく近代の思想家ということになる。

ただし、その際注意すべきは、第一に、清沢に関して「個」が言われるにしても、あくまでも宗教的な次元に関する問題であり、世俗社会の問題と簡単に同一視できないということである。このことは、西洋に比較して言えば、神の前に立つ単独者というキルケゴール的な個のあり方に近いことになる。ただキルケゴールの場合、近代的な個の確立期の後の時代に、その個を神の前の孤独な単独者として捉えるところに成り立つ。それと較べる時、清沢における個は、近代的個の確立期に当たり、宗教的個が同時に近代を支える個でもあるところが異なる。

第二に、これもキルケゴールの場合と近似するが、有限なる個は絶対無限（者）との関係の中に置かれて、はじめて個となるという構造になっている。すなわち、清沢においては個の問題はただちに絶対無限（者）という他者の問題と密接に関わっていることを示している。この点は後ほど考えたい。

第三に、その個とは何かということである。言うまでもなく仏教では無我を説き、自立的な自我を否定する。ところが、近代仏教の形成期はキリスト教が入ることで、霊魂の実在が大きな問題となり、仏教者も霊魂実在論を説くようになる［末木二〇一四］。清沢もまた、『宗教哲学骸骨』第三章で霊魂論を論じ、霊魂実在論の立場を明らかにする。ただ、清沢の言う霊魂は実体的なものではなく、「自覚作用の本体」とされている。しかし、後期になると、このような霊魂という捉え方もされなくなり、むしろ自己の心（精神）を掘り下げるという方向に向かう。これも後ほど検討したい。

このように、ひとまず清沢を「個」の思想家と見ることは成り立つが、その点に清沢の思想の中核を認めると、結局のところ、それは近代という枠の中に収まるものであり、近代の思想のあり方が行き詰まった今日、清沢もまた、もはや過去の思想としての意味しかなくなるであろう。清沢に近代を超えて、今日の思想を導くような可能性を望むのは無理であろうか。安冨は最近の論文では、「個」という視点を維持しつつ、その内面を掘り下げる方向へ向かっている［安冨二〇〇七］。

### 三―二 「語りえないもの」を語る――今村仁司

清沢は近代の枠の中だけで終わった思想家ではなく、むしろ近代の終わった今日、改めて私たちに問題を投げかけているのではないか。このような観点からの研究は必ずしも多くはないが、その代表として今村仁司の研究を挙げることができよう。岩波版の『清沢満之全集』の編集に携わり、また清沢の著作の現代語訳［今村二〇〇一］を行なった今村は、『清沢満之の思想』（人文書院、二〇〇三年）を経て、『清沢満之と哲学』（岩波書店、二〇〇四年）でその清沢論を集大成した。その思想はさらに没後出版された『社会性の哲学』（岩波書店、二〇〇七年）、『親鸞と学的精神』（岩波書店、二〇〇九年）へと継承発展されていく。

今村の清沢論は、このように今村の晩年の仏教解釈論と終生をかけた社会哲学の総決算の過程に形作られていく。そこでは清沢と今村の思想が融合しつつ、試行錯誤的に展開していくので、決してわかりやすいものではない。『清沢満之と哲学』でも、第一部は比較的清沢に即しながら議論を展開しているものの、第二部になると、今村自身の仏教解釈が正面から論じられてくる。第一部の議論も多岐にわたるが、ここでは、清沢の語りがどのような地平でなされているかという、清沢解釈のもっとも前提となる問題に限定して、今村の論を見ておきたい。

今村は、「清沢が近代仏教史のなかで開拓したのは、事実上は、仏教「神学」（西欧のキリスト教神学からの比喩でいえば）である。すなわち仏陀の学、仏性の学（ブッダの概念＝ロゴス）である」［今村二〇〇四：六頁］と端的に述べる。これはどういうことであろうか。西洋の哲学はあくまでも理性によって世界を解明し、自己を解明する。しかし、理性だけによって語り切れない問題がある。「哲学は非＝理性的な（理性とは違うという意味での）信念を直接にも間接にも「語る」ことはできない」［同上八頁］。しかし、それでもその「語りえないこと」を語ろうとするところに「仏陀の学」あるいは「仏陀学」（Bouddho-logie）が生まれてくるという。「原理的に人間の有限な理性をもっては「語りえないもの」をあえて語るのが仏陀の学である」。

今村は、清沢の語りを、まさしくこの「語りえないことを語る」仏陀学として理解する。そもそも絶対無限が有限なる人智を超えているとすれば、その絶対無限について明示的に語ることができるはずがない。清沢がなそうとしているのは、まさしくこの不可能な語りである。このような今村の指摘は非常に重要である。宗教を絶対無限と相対有限の関係として理解しようとする時、絶対無限と相対有限が平板に同等視されるとすれば、すでに絶対無限は絶対無限ではなく、相対有限の次元に引き下ろされてしまっている。絶対無限を絶対無限として語ろうとするならば、それは「語りえないことの語り」としてしかありえない。

この点は、清沢の前期（『宗教哲学骸骨』）と後期（「精神主義」）の違いを考える上で重要である。今村は、前期の清沢は、「哲学と宗教の両立または相互補完を語る」と言う。清沢はそこでは「「知的形式」を哲学から借用する」が、それはあくまで「知的形式をまとった「比喩的語り」である」と言う〔同上一二―一五頁〕。比喩的であっても、そこでは「哲学と宗教の両立」が図られていた。

ところが、後期の清沢はその両立を自ら否定する。今村は、「晩年の清沢が辿り着いた境地は、理性と宗教の両立とは正反対の、一切の理性的な仕事と手をきった宗教的信念に徹底することであった」と言う。しかし、それならば理性的言語を捨てて、沈黙するのであろうか。そうではない。今村はこう説明する。「晩年の清沢は、けっして沈黙しない。理性的言語（学問知）を否認するかにみえながら、他方では、自力的な学問知を否認するという事実を学問知をもって語る。学問の否定を学問的に語るのである」〔同上一七―一八頁〕。

この今村の指摘は、後期の清沢の営為のあり方をきわめて的確に指摘している。前期には、いまだ「語りえぬこと」ではあっても、比喩的な語りが認められていた。ところが、後期になると、比喩までもが奪われて、語りの不可能性に直面しながら、それでも不可能な語りを紡ぎ出す。後期の清沢はまさしくその不可能に挑む。前期と後期の語りの違いを明確に指摘した点で、今村の研究はまさしく画期をなすものである。この点、従来必ずしも十分に注意を払われていないように思われる。

# 四　清沢をどう読むか

## 四―一　他者としての絶対無限者

それでは、今村の指摘を受けて、後期の清沢の文章をどのように読んだらよいのであろうか。それを多少なりとも試みてみたい。

『精神界』の創刊号巻頭に無記名で掲載され、いわば「精神主義」の宣言とも言える小論「精神主義」は、山本伸裕の検証によっても、清沢自身の文章と認めてよいようである〔山本二〇一一：八一―八二頁〕。この小論には、後期の清沢の方法が余すところなく記されている。その核心は、冒頭にきわめて的確に表現されている。試みにこの箇所を少し丁寧に読み込んでみよう。

吾人《ごじん》の世に在るや、必ず一《ひとつ》の完全なる立脚地なかるべからず。（中略）然《しか》らば、吾人は如何《いか》にして処世の完全なる立脚地を獲得すべきや。蓋《けだ》し絶対無限者によるの外《ほか》ある能《あた》わざるべし。此《かく》の如き無限者の、吾人精神内にあるか精神外にあるかは、吾人、之《これ》を一偏に断言するの要を見ず。何《な》んとなれば、彼《か》の絶対無限者は之を求むる人の之に接する所にあり、内とも限るべからず、外とも限るべからざればなり。（『全集』六巻三頁）

ここではまず、「吾人の世に在る」こと、すなわち私の存在が依拠する「立脚地」となる根拠が問われている。「世に在る（処世）」は、もちろん世俗社会での生活の意ではなく、この世界に存在するということであり、存在の根拠を問うているのである。その私の存在根拠として「絶対無限者」ということが挙げられる。ところが、「絶対無限者」ということに関しては、何の説明もない。『宗教哲学骸骨』では、有限と無限が対比されていたが、ここではそれはなされていない。絶対無限者は有限と対比して説明できるものではなく、そもそも説明自体を拒否するのである。それゆえ、説明なく提示されるしかない。

その絶対無限者は、「精神内にあるか精神外にあるか」わからないという。これは一見、「精神主義は自家の精神内に充足を求むるものなり。故に外物を追い他人に従いて、為に煩悶憂苦《はんもんゆうく》することなし」(『全集』六巻三頁)という箇所と矛盾するかのようである。そもそも「精神主義」という以上、それは「精神内に充足を求むる」のは当然である。それならば、絶対無限者は「精神内」にあるのではないか。そうとすれば、なぜわざわざ「内とも限るべからず、外とも限るべからず」と断る必要があるのか。それは、「精神内に充足を求むる」ことと矛盾しているのではないか。

これは重要なポイントである。もし絶対無限者が精神の内なるものであるとすれば、無限者は有限者の内に閉ざされたものであり、有限者に包摂されてしまって、それではもはや無限者とは言えない。それならば、精神の外であろうか。外であるならば、「精神内に充足を求むる」ことは不可能である。これは二律背反である。このことは、すでに絶対無限者との出会いが通常の論理の枠に収まらないことを示している。精神内に充足を求めながらも、絶対無限者という他者との出会いは、もはや内外という区分に収まらない出来事である。

この点を考えるのに、「精神主義」は唯心論ではないということが注意される。この区別は、「精神主義と唯心論」に論じられている。「唯心論」は、「宇宙万有を以《もっ》て直《ただち》に之《これ》を心的現象と為し、所謂《いわゆる》物質なるものも、亦是《こ》れ心的現象にして独立存在のものに有らずとなす」(同上六七頁)主張であるが、「精神主義」はそのような形而上《けいじじょう》学的理論を主張するものではない。唯心論であろうが唯物論であろうが、そのような問題には無関心である。もっと素朴に外界の実在をそのまま認めてもかまわない。「精神主義は強《あなが》ちに外物を排斥するものにあらず」(同上三頁)であって、外物がそのまま存在すると見てもかまわない。むしろ自然のままの「主観と客観との対立」(同上六七頁)はそのまま認めてしまってよい。その上で「主観的精神」のみに自足しようというのである。

もしあえて比較するならば、これは現象学の方法にもっとも近い。現象学では、唯心論とか唯物論とかいう形而上学を拒否する。外界を見ているという自然の認識をそのまま前提としてかまわないが、ただ、それを自然的態度として判断停止(エポケー)して、カッコに入れる。それが現象学的還元である。その上で認識する側の意識のあり方を記述していく。それは自然的態度ではなく、超越論的次元において展開される。

清沢においてもまったく同様である。まず形而上学を排除し、次に自然的態度の外界認識はそのまま認めるが、それはカッコに入れられ、どこまでも精神(心)のあり方に専注していく。そうして精神の奥底まで見透していくならば、そこに必ず絶対無限者という他者に行きつくことになる。その方法を清沢は「内観《ないかん》」と呼んでいる(「先《ま》ずすべからく内観すべし」)。現象学との比較で言えば、絶対無限者との出会いは自然的態度において成り立つものではなく、いわば現象学的還元を施された超越論的次元においてなされるのである。

これは、前期の宗教哲学の方法とはまったく異なる。その点で今村の指摘は適切である。前期の宗教哲学は形而上学として理性によって形成される。後期の方法はそうではなく、形而上学を否定することで、心を見つめ、現象学的な心の記述によって絶対無限者への到達を確認するのである。今村を除いて、これまでの研究者はすべてこのような方法の違いを無視してきた。今村においても修正を必要とするのは、決して後期清沢は哲学を放棄するのではなく、理性的言語によって構築するような哲学を放棄するのである。現象学的な方法をも哲学と認めてよいのであれば、後期清沢の方法もまた哲学と言ってよい。もちろん清沢は当時いまだ形成過程にあったフッサールの現象学の方法を知っていたはずもないが。

ここで注目されるのは、先に触れたように、精神への専注によって絶対無限者という他者に出会うとしても、その他者に関する記述がないことである。これは、絶対無限者が自然的態度で出会われる事物と次元を異にしている以上、当然である。ただ、「彼の絶対無限者は之を求むる人の之に接する所にあり」と言われるように、「求め」というはたらきに対応して現われるのである。「精神主義と他力」では、この絶対無限者のはたらきは、「無限大悲」と言われている。すなわち、内観によって自己の精神の奥底へ目を向ける時に出会われるのは、決してモノ的な他者ではなく、「無限大悲」のはたらきである。他者は個体的な何ものかではなく、個体性を超えたいわば大悲の光として私を包んでくる。

「無限大悲」は、出会わない限り知られることはないが、出会われた時に、じつはそれがはるか私に先立ってあったことが知られる。「仮令《たとい》無限大悲は所謂《いわゆる》客観的には実在せるも、夫《それ》が吾人の精神上に感ぜざる以上は、精神主義は之《これ》に関係せざるなり」（同上七四頁）と言われる通りである。私が求めることで「無限大悲」が作りだされるわけではない。その光は、私の気付きには関係なく、私に対してははたらきかけている。ただ、それを自覚しない限り、それは私にとって無意味である。そこには二重性がある。第一に私が気付こうが気付くまいが、はたらき続けている「無限大悲」があり、第二にそれに対して私が気付くことで新たに絶対無限者との関係が結ばれることになる。今村の言葉を借りれば、無償の贈与とそれに対する応答である。どんなに私の心の奥底に逃げ込んでも、逃げれば逃げるだけ深く他者の「無限大悲」がはたらきかけてくるのである。

こう見てくるならば、清沢の「精神主義」の思想は近代的な「個」の信仰の確立というだけに留まらない。内面に深く籠もることによって、かえってそこに絶対無限者という不可避の他者に出会わざるを得ないのである。注意すべきは、これは決して特定の真宗の信仰を前提とした宗教理論ではないということである。「無限大悲」はあらゆる人に平等にはたらく。ただ、それに気付く人と気付かないままにやり過ごす人との違いがあるのである。このように、前期ではいまだ理性的な宗教哲学理論の構築に終始していたのが、後期には現象学的な「内観」によって、まったく新しい他者との出会いを記述することになった。清沢が単に過ぎ去った過去の近代仏教の思想家に留まらず、今日でもなお新しい哲学への導きとなりうるのは、この点においてである。

## 四―二　俗諦としての道徳

後期清沢において重要な問題として提起されるのは、宗教と倫理の問題である。最後にその点に簡単にだけ触れることにしたい。後期の清沢が宗教と倫理の問題を鋭く対立させることはしばしば指摘されることであり、私自身、そのような見方をしてきた。しかし、上記のような他者論を前提として「宗教的道徳（俗諦《ぞくたい》）と普通道徳との交渉」を読み直すと、そこに新しい見方が可能となりそうである。このやや長い講話において、清沢は「宗教的道徳（俗諦）」と「普通道徳」との相違があることを指摘する。このことは、真宗においてしばしば真諦《しんたい》と俗諦の二諦説を主張し、俗諦＝世間道徳（清沢の言う「普通道徳」）と解することで、国家主義道徳をも含めた世俗の倫理をそのまま無批判に認めてしまうのと、明らかに異なっている。清沢においては「俗諦」はあくまで「宗教的道徳」なのであって、世俗の「普通道徳」と異なっている。「真俗二諦の教法が、世の所謂《いわゆる》倫理道徳を超絶したものなることは無論」（同上一四八頁）と言われるのである。

それでは、「俗諦」とは具体的にどのようなことであろうか。「真宗の俗諦は、其実行が出来て我等が立派な行いをする様になるのを目的とするのではないのである。従て立派な行いを目的とする一般普通の道徳と真宗の俗諦とは、大いに其趣《おもむき》を異にするものである」（同上一五二―一五三頁）。では、その目的とは何か。「其実行の出来難いことを感知せしむるのが目的である」（同上一五三頁）。すなわち、俗諦はその不可能性を知らせ、道徳から真諦としての宗教へと進み入ることが目的である。

従来、この俗諦としての道徳の重要性がともすれば見逃されがちであった。それは、俗諦としての道徳がそれ自体として自立せず、真諦としての宗教への通路としての意味しか持たないと考えられたからである。しかし、この俗諦としての道徳はきわめて重要な意味を持つ。それは、この問題が親鸞の三願転入《さんがんてんにゅう》の理解と直結するからである。三願転入は『教行信証』化身土《けしんど》巻に説かれ、第一九願（自力諸行）→第二〇願（自力念仏）→第一八願（他力念仏）という段階を経て、他力念仏に帰入するとされる。そこには、親鸞自身の体験が反映されているとされる。

この三願の展開は、単純に前の段階から後の段階へと進んで、前の段階が捨てられていくという単純なものではない。とりわけ第二〇願と第一八願の関係は、自力を押し詰めるところで、自力の限界に至って他力に転ずるのであるが、その転換は決して一回限りで済む問題ではなく、常に転じ続けなければならない。ひとたび他力に転じたらそれで終わりというわけではない。自力の努力があって、はじめて他力への転換が生まれるのであり、いわば自力と他力は常に緊張関係にありながら、相互に関連して展開していくのである［末木二〇一六］。

このような親鸞の思想構造と対照させるならば、清沢における俗諦と真諦もまさしく同じ構造を持っていることが明らかである。自力の俗諦はその限界に突き当たって真諦に転換しながら、なおかつ俗諦として自力の意志的行為をなそうとするのであり、俗諦と真諦は相互に往復する循環構造を持つと考えるべきである。そのように考えれば、真諦に入ってしまえば俗諦がなくなるというわけにはいかない。宗教的道徳としての俗諦の重要性はどこまでも変わらないのである。

ただ、清沢の問題点は、真諦と俗諦との相互関係は明白であるが、宗教的道徳としての俗諦と純粋に世俗的な普通道徳の間が見えにくくなり、あたかも相互の関係が断絶しているかのようになってしまったことである。それが清沢における宗教と道徳のアポリア（哲学的難問）を生むことになった。本来であれば、宗教的道徳である俗諦が世俗の普通道徳を導くという関係がなければならないのが、その関係が見えにくいために、宗教の領域は世俗道徳から切り離された別領域のようになってしまい、世俗に関与していくことが困難になってしまったのである。そのような問題点を含みつつも、真諦と俗諦の関係において宗教的真理と実践活動の不可分性を明確に指摘したという点で、清沢の宗教道徳論は今日改めて検討する価値を有しているように思われる。

## おわりに

以上、本章では近年の清沢研究を振り返りながらその問題点を指摘し、清沢を過ぎ去った近代仏教という枠の中に収めず、近代が行き詰まった今日、近代を乗り超える思想として機能し得るかどうかという問題の検討へと進んだ。その検討は肯定的な答えを得られそうである。もちろん、上記の清沢解釈はあくまでも筆者の試行錯誤によるものであるが、もう一度今村仁司を手がかりとしながら、今日の新しい哲学の可能性を示すものとして、清沢を読み直すことは十分に可能と考えられるのである。

# 第Ⅰ部

# 清沢満之の思想

# 第一章 清沢満之の宗教哲学

## ―自力門・他力門の概念を手引きに―

氣多 雅子

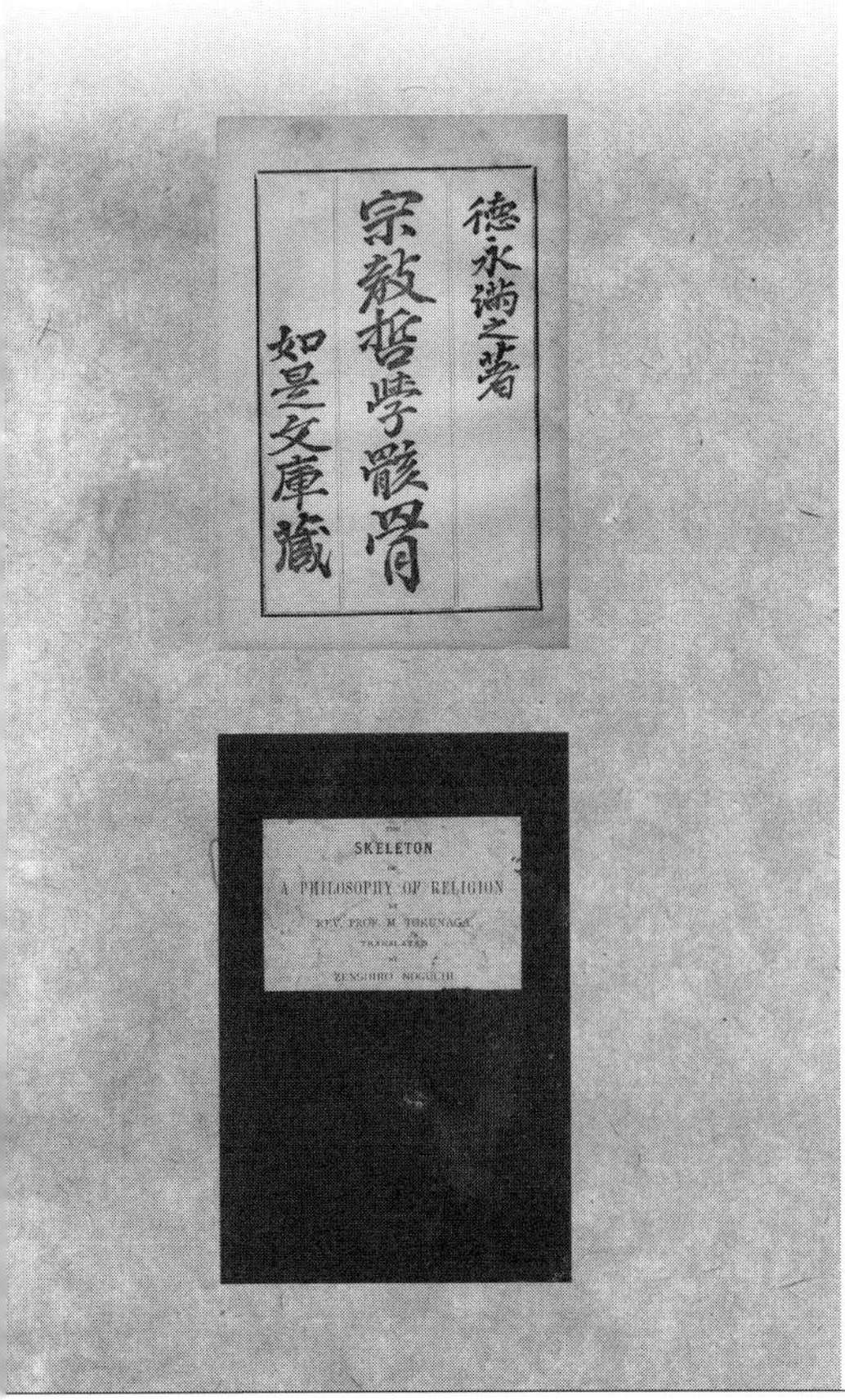

清沢の「宗教哲学」は、西田幾多郎らの「京都学派」の系統とは異なる、独自の方向性をもつものであった。その「宗教哲学」の内容を、テキストに寄り添いながら、基礎となる「自力」「他力」の観点から丁寧に読み解いていこう。

# はじめに

清沢満之は日本で初めて宗教哲学の書を著わした人であり、西田幾多郎《きたろう》より以前に、日本の宗教的伝統のなかで哲学的思索を展開した先駆者である。編者から求められたのは、京都学派との連関で清沢の宗教哲学について論ずることであった。その観点で清沢の著作を扱うとするならば、まず『宗教哲学骸骨《がいこつ》』（一八九二年）、そしてそれと連関して「他力門哲学骸骨試稿」（一八九五年）という二著を主に取り上げるべきであろう。この二著は、純粋に宗教哲学書として読むことが可能な理論的な著作だからである。

哲学書を読む場合、基本的にテキストは著者から独立したものとして扱われる。清沢の生涯における体験や出来事、宗教的境位などはテキスト理解の参考になることはあるにしても、それ以上のものではない。本章で考えてみたいのは、清沢が何を考え、どのように生きたか、ということではなく、清沢が宗教哲学者として何をなしたか、ということである。清沢は四〇歳を目前にして亡くなったこともあって、その宗教哲学的思索は未成熟な面を残しているが、それだけにまた他に類を見ない可能性を秘めたものであるように思われる。

清沢の宗教哲学を展望するには、彼の自力門と他力門という概念が何を意味しているかを解明することが手引きとなるであろう。この二つの概念は清沢の独自の意味で用いられており、その用い方が彼の哲学的思惟の核心に関わっていると推測されるからである。

# 一　『宗教哲学骸骨』における自力門と他力門

## 一―一　『宗教哲学骸骨』の構成と主題

まず、『宗教哲学骸骨』（以下、『骸骨』）の構成と主題を概観しておきたい。

第一章は「宗教と学問」であり、この書が、道理心を用いて諸宗教の原理を研究するところの宗教哲学の書であることが、最初に示される。ここで、哲学と宗教との共通点と相違点が論じられ、これが清沢の思索の大枠を理解する手がかりになる。清沢は「宗教心」と「道理心」とを対比させて、両者に共通することとして、無限なものに関係するということを挙げる。道理心は有限にも関係するが、無限にも関係し、無限に関係する領域が哲学となる。他方、両者の違いは、道理心は無限を「追求する」のに対して、宗教心は無限を「受用する」というところにあるとされる（『全集』一巻六頁）。無限の「受用」は無限の存在の「確信」から出発するのであるが、後述するように、清沢はその「確信」のなかにいわば高次の知を見て取っている。清沢にとって、哲学と宗教とは深い親和性をもつものだと言ってよかろう。その上で、彼は「哲学の終る所に宗教の事業始まると謂《い》うべし」（同上六頁）と述べる。宗教心と違って道理心は誤りを正す方途をもっており、そこに宗教にとっての意義があるが、道理心の性質は不完全でその探求には限界がある、というのが清沢の考えである。

第二章「有限無限」では、有限と無限とが彼の宗教理解の根本概念として提示され、「有限無限は相離る能《あた》わざる関係を有するものなり」（同上八頁）というテーゼから万物万化の論が始められる。この章の内容は清沢が「純正哲学」（形而上《けいじじょう》学《がく》）と呼んでいるものであり、その議論は「其（宗教の）要とする所は共に一無限力の活動によりて有限が転じて無限に進化するにあるなり」（同上一二頁）という結論に至り、それを承けて、第三章「霊魂論」が展開する。そこでは、有限の無限への進化は「吾人《ごじん》の実際に於ては各自の霊魂或は心識が開発進化して無限に到達する」（同上一二頁）ことと捉え直される。霊魂は多くの有限のなかの一つとされるが、霊魂において究明されることは一切の有限に当てはまるということから、霊魂が有限の手本として考察される。全体の構成を見渡すと、霊魂開発ということを中心に章立てがなされており、これが宗教の「実際」であり、この書の主題であると言ってよいであろう。霊魂開発は我々の実際の経験の事柄と見なされているが、その考察は経験そのものの分析から始まるのではなく、有限と無限の関係から考察されているのが特徴的である。

第三章で霊魂の実在が確認された後、第四章「転化論」では「霊魂の開発は万有転化の一分なるが故に、先ず転化の理論より考究すべし」（同上一六頁）と述べて、万有の生成変化を先に考察しようとする。宇宙万有の生成変化として考えられているのは、天体の運動、地上の自然現象、物質元素の結合離散、動植物の生死盛衰、さらには社会的歴史的な文明の変化、政治・経済・製造・工芸などの自然と人間の営みの一切である。霊魂の生成変化はその一部であり、それは持戒修行が効力をもち、転迷開悟が成り立つような転化を指す。

ここでは万物の生成変化の説明から霊魂の転化を説明しようとするわけであるが、その逆の方向も述べられている。「吾人が霊魂に就て究明し得る所は一切の有限に推及し得る所の事なるなり」（同上一二―一三頁）として、霊魂の発展の究明から宇宙の万物の生成変化を解明しようとする。このような相反する二方向があることを、どのように理解すべきであろうか。清沢にとって、この二方向はまったく相反するものではなかったと言ってよいであろう。無数の有限が相互に集まって無限な統一体をなすというのが清沢の考え方であるが、その統一体のあり方は「有機組織」と捉えられていた。霊魂はその有機組織の一部分であるとともに、それ自身が一つの有機体である。

おそらくこの有機組織という考え方が、二つの方向を矛盾なく成り立たせるものなのであろう。

しかしそのように理解したとき、清沢が宗教哲学を哲学全体のなかでどのように位置づけていたかということが気になる。それはこの書には明記されていないが、清沢がこの書をテキストとして真宗大学寮で行なった講義が『宗教哲学講義』として遺されており、そこに記載がある。それによれば、清沢は哲学全体を、純正哲学と特殊哲学とに分けて、特殊哲学のなかの実践的哲学の一つとして宗教哲学を位置づける。興味深いのは、「宗教哲学は哲学の一部分の末に属す。然るに其の内容を見れば、哲学の根本を尽すが如き広大なるもの也」（同上五一―五二頁）という理解である。清沢は宗教哲学がそういうものになる理由を、「宗教なるものは、純正哲学が実際に発現したるものなれば、純正哲学が実際に転ずる為の階梯《かいてい》となるべきものが、宗教哲学也と云うて可也」（同上五二頁）と述べている。そこから、「純正哲学は宗教哲学の為の道具となる也」（同上）という大胆な言い方が出てくる。

これを見ると、清沢が一九世紀の宗教哲学の状況をかなり的確に理解していたことがわかる。宗教哲学を構想しようとするとき、形而上学との関係が一つの鍵となるが、清沢はそれを強く自覚していたと言える。その場合に清沢の基準となったのは「実際（実践）」と「論理（理論）」という区別であり、「実際（実践）」に最終的な焦点が置かれる。この区別は、哲学と宗教の関係にも当てはめられる。この書の第三章「霊魂論」と第四章「転化論」は、純正哲学を宗教哲学のための道具と見なすことで、納得のゆくものとなる。

さらに第四章「転化論」、第五章「善悪論」、最後の第六章が「安心修徳」という構成は、この書が霊魂開発を主題とする宗教哲学を講じたものであることを明瞭に示している。「善悪論」は善因善果悪因悪果の規則に従った霊魂の転化が成り立つということ、つまり持戒修行が意味をもつということを示す議論であり、「安心修徳」は霊魂の無限への到達という目的とそのための具体的な行為を論ずるものである。『宗教哲学講義』にも「安心修徳」という章があるが、「本章は宗教哲学中、最も重要の点にして、已上の諸章は皆な其の準備也」（同上九六頁）と述べられている。霊魂の開発は個々の人間における実際の経験の事象であり、清沢はそのことをしばしば強調している。だとしたら、この経験の事象そのものを解明するという態度をとることが考えられるが、その場合は清沢の哲学の分類で言うと、特殊哲学の理論的分野で心の事実を扱う部門である心理哲学が、宗教哲学のための「道具」となるであろう。ある意味では、それをしたのは西田幾多郎であると言える。他方、清沢は「純正哲学が実際に発現した」のが宗教であるというところから、哲学の意義を受け取っている。その態度は、宗教哲学の正統的なものだと言える。

## 一—二　有限と無限

それでは、清沢が有限と無限についてどのように論じているかを見ておこう。自力門と他力門の区別もそこから導出される。有限と無限はまず次のように説明される。すなわち、万物万化はすべて有限である。なぜなら個々のものは互いに相異、差別があるからであり、差別があるのは互いに限界があるからである。しかし万物万化は唯一の無限である。なぜなら万物万化は全体を包括するものであって、その外に限界づけるものがないからである（同上八頁）。この説明は、有限と無限の定義と言ってよい。そしてそこから清沢は有限と無限とを性格づけてゆき、有限＝依立＝相対＝単一＝部分＝不完全、無限＝独立＝絶対＝唯一＝全体＝完全という二種の等式を導出してゆく。ここでの論考において要となるのは、この無限と有限が同体であるか異体であるかという問題である。二者が本体において異なっているとするなら、無限の外に有限が在ることになり、無限の意味に反する。したがって無限と有限とは本体においては同一でなければならない。そして有限が無数である場合にのみ、有限は無限と同体であることになる。このように清沢は推論する。

それでは、無数の有限と唯一の無限とが同体であるとするなら、両者はどのような仕方で同一であるのか。清沢は、無数の有限が寄り集まって無限の一体をなしている状態を「有機組織」と捉える。それはあたかも、有機体の各器官が互いに依存し合い関係し合って全体を構成し、その相互的な連関によって各器官が独自の働きをすることができるのと同様だからである。そして、この無数の有限が有機組織をなして、それぞれの機能を十全に果たすためには、無数の有限は「主伴互具」の関係になければならないとされる。すなわち、一つの有限が主公（主人）となるときは、他の一切の有限はその伴属（従者）となって互いに限定し合い、この相互関係のなかに無限の全体が尽くされるというのである。別の有限が主になる場合でもこの相互関係は常に無限の全体を尽くすことになるが、その無限の内部の関係はそれぞれの場合で異なっている。このように、各々が無限の全体を尽くしながら各々異なっている、各々が全宇宙にゆきわたり、しかも互いに障りなく一つに融け合っている、こういう関係が主伴互具の関係である、と清沢は説明し、これを万物の組織化の原理と見なしている。

そして、「宗教の要は此関係（主伴互具の関係）を覚了せしむるにあり」（同上一一頁）と規定する。主伴互具の関係を覚了することが、霊魂が無限に到達することになるわけであるが、ここで「覚了」という語が用いられていることに注意したい。次項で触れるように、清沢は「事物の認識」について語っており、それが一般的な意味での認識の問題、知の問題になる。しかし認識に関する彼の本来の関心は、事物認識ではなく、霊魂の転化における認識のあり方にある。清沢の考え方では、霊魂の転化は「有覚の転化」、つまり意識的な変化発展である。言い換えれば、安心（信心）と修徳（修行）による変化発展である。「有覚の転化は常に目的に応ずる動作なるが故に必ず知的、行的二種の元素なかるべからず。則ち知的の元素は目的を認信し、行的の元素は目的に応動するものなり」（同上二八頁)。つまり、そこでは「事物の認識」ではなく、「目的の認信」が問題なのである。清沢の用語はまだ安定していないが、目的に関して用いられる「認信」や「覚信」という語は、いずれも信を含んだ実践知であることを示しており、「認信」より「覚信」の方が直覚的性格が強いと解してよいであろう。ただ、いま「目的の認信」が問題だと述べはしたが、清沢は事物と目的という対象の違いによって認知のあり方が違うというように分析的に考えてはいないようである。有限が無限に対向するというあり方に知的な要素が含まれているため、清沢はその対向を認識の構造から説明するのであるが、認識論として考察されているわけではないことに注意する必要があろう。

### 一―三　自力門と他力門

さて、有限と無限のこのような捉え方のもとで、自力門と他力門の区別が導出される。清沢は、有限が無限に対向する仕方に、無限を因性とする仕方と果体とする仕方の二種類がある、と述べる。無限を因性とするということは、無限がまだ無限として顕現せず、有限の内部に存すると考えられる。それに対して無限を果体とするということは、無限が既に無限として顕現しており、有限の外部に存すると考えられる。この二種類のあり方が宗教の根本的な区別となる。「宗教の実際に於ては有限が其内部の因性を開発し、進で無限に到達せんとするあり。又有限の外部にある果体は来りて有限を摂引し、無限に到達せしめんとするあり。前者を自力門といい、後者を他力門という」(同上二一頁)。この区別が重要なのは、この二門のどちらかによることによって初めて宗教の実際に入ることができるからである。実践の仕方が、二門において異なるのである(同上二八頁)。無限な存在の認知・認信について言うと、自力門は心の外に自分とは別の実体は存在しない(心外無別法)ことを根基とするゆえに、各自の心の内に無限性を認知し、それによって自分の無限への進化が可能であると確信して安心を得る。他力門は各自が有限で微劣であることを根基とするゆえに、無限は自分の外に存在すると認信し、その無限の存在によって救済されることを確信して安心を得る。徳の修得について言うと、自力門は無限の誤った知と誤った知の習慣とを抑えて断ち切ることを表面とし、無限の正しい知と正しい知の習慣とを養い育てることを裏面とする。他力門は前者を裏面とし、後者を表面とする。清沢は以上のように説明している。

清沢がここで、有限が無限を因性として自分の内に存在すると見るか、果体として自分の外に存在すると見るか、という区別の根拠としているのは、「蓋《けだ》し吾人が事物を認識するは、或は之《これ》を因とし、或は之を果とせざる能わざるなり。今無限を認むるも亦《また》然り」（同上一一頁）ということである。だが、すべての認識は因果に基づくということを、我々は簡単に受け容れることはできないであろう。疑問に思われるのは、有限なものが無限を認識するということを因果の関係によって説明している点である。無限の認識は因果の原理で説明できないのではなかろうか。

清沢もその点に気づいており、第四章「転化論」で、「絶対界相対界の間には因果の関係あるものにあらざるなり」（同上二二頁）と述べて、無限界と有限界の関係を因果によって捉えることをはっきりと退けている。有限と無限とは因果の関係ではないゆえに、無限（真如）がまずあってその無限が滅して有限（万物）が生ずるというわけではないということが明言されている。一元が二元に自ら発展し、絶対が相対に生成発展するということは、我々の思考を超えた事柄であり、因果はもっぱら有限と有限との間の理法だというのである。だが、それならなぜ清沢は有限の無限への対向関係を因果によって説明しようとするのであろうか。

霊魂が有限の一つであるといっても、霊魂の転化は特別な転化である。一般的には、万有の生成変化はどこまでも有限界のなかでの変化であり、有限と有限との関係に止まるのに対して、霊魂の変化は有限から無限に到達するという変化だからである。この二つの変化を同じ概念装置でもって扱うことは許されないはずである。それにもかかわらずこの二つの変化を別々のものとしないということが、清沢の宗教哲学の眼目であるように思われる。というのは、清沢の因果の概念はそもそも有限から無限に到達するという変化を見越しているところがあるからである。とはいえ、有限な霊魂はどれほど開発が進展しても、無限に転化することはあり得ないということを、清沢も確知している。彼は、霊魂の変化は本体の変化ではなく、「境界」の変化であると捉えることで、そのジレンマを乗り越えようとする（同上一二三頁）。

しかし、清沢のこれまでの議論は霊魂が本体として実在するということをめぐって展開されてきた。清沢はまず、我々の統一的な自覚作用が成立するためには霊魂という本体が必要であることを主張している。さらに、万物の生成変化は因果関係を前提としていることから、生成変化の前後を貫く本体が存在しなければならないという「一体貫通の原理」を主張し、この原理によって万物の一つである霊魂の実在の主張を根拠づける。因果の原理は、因果の原理を踏まえた「一体貫通の原理」と一緒になって主張されている。霊魂という本体が変わらないまま、霊魂が無限の境界に至るということは、宗教とは有限が無限に転化することであるという根本規定を空洞化することになるように思われる。

清沢は最後には、始めは内部でのみ光り輝いていた珠玉が、磨かれることで十方に向けて燦爛たる光輝を放つようになる、という比喩を出して決着をつける。「（この珠玉が）琢磨《たくま》の功により十方を照燿《しょうよう》するに至れば、其体十方に弥満《みまん》せりと言うを得べき歟《や》。若し然りというを得ば、彼の有限の覚知が開発し進んで無限の境界に住するに至るとき、其体も無限に転化せりと謂い難きにはあらざるべし」（同上一二三頁）。これは、『骸骨』の思惟がその限界に直面したことを示すとともにその限界を回収しようとする比喩であろう。その限界の向こうは、「宗教の事業」に属すると言える。

## 一―四　因縁果の理法

自力門・他力門の規定において因果の理法が重要であることから、清沢の因果の考え方について付言しておきたい。彼が自然現象、社会現象、歴史的事象から自他関係や霊魂の開発まで、一切の事象を、因果の関係によって規定されていると考えていたことは、その因果の観念が仏教的なものであることを示すであろう。西洋近世の哲学では、因果律はもっぱら自然現象の内に見出されるか否かについて議論されてきたと言える。人間的・社会的事象において問題になる自由に関して、自由による原因性ということが語られることもあるが、その場合の原因・結果は法則的ではなく、因果関係は比喩的でしかない。清沢のように人間的事象や霊魂の開発にまで因果の範囲を広げた場合、それらの多様な事象が原因と結果の関係のみによって説明できないことは明らかである。清沢は生物の進化の問題から考えて、そこでの生成変化に正系と傍系があるとする。個人の霊魂の開発を考察の主題とする立場から、霊魂の開発が正系であり、親子の遺伝が傍系ということになる。正系となるものと傍系となるものとの間には、先述の主伴互具の理法が妥当するとされる。

そして、個人の霊魂の開発において、傍系となるものの生成変化が広大な範囲に及んでゆくことを、清沢は論じる。彼は、一人の人間が床の上に立っているという例を挙げる。すなわち、この人が立っていることができるのは床板があるからである。床板は柱脚に支えられており、柱脚は地面に支えられており、その地面は大地の上層に、その上層は下層に支えられている。下方だけでなく、上方の天井や空気、左右方向や前後方向の空間なども、この人が立っていることを可能にしている。さらにまた、この人が立っていることができるのは身体の力に依ることを考えると、その身体の力は結局飲食物に依存している。飲食物には肥後の米、伊丹の酒やイギリス産のもの、アメリカ産のものなどさまざまである。これらの飲食物の生産を通して、この人が立つということには世界中の自然や人間の営みが関わっている。

このように清沢は、一人の人間（霊魂）を因としたとき、この因に関係する一切が「縁」となると主張する。つまり、縁は宇宙の万有となる。因果は一物一体が原因から結果に発展する関係であるのに対して、因縁果は一物の生成変化において万物全体が生成変化するという関係になる（同上二〇—二一頁）。そして、西洋哲学で生成変化の論理として提出されたヘーゲルの弁証法を、この因縁果の理法という観点から、批判しつつ修正する。興味深いのは、この因縁果の生成変化が「万物全体の作用」であるということから「唯一無限の作用なり」と言われている点である。因縁果の理法はあくまで有限と有限との間の関係を律するものであって、有限と無限との間の関係を律するものではない（同上二二頁）。しかしその一方で清沢には、有限が無数集まることで無限と同一体になるという考え方がある（同上九頁）。したがって、一つの有限を因としたときに、この因に関係する縁は無数であり、この縁の無数性において因縁果の理法には無限が映し込まれていると解される。

## 二　「他力門哲学骸骨試稿」における自力門と他力門

### 二—一　根本の撞着

以上の『骸骨』の思想は、「他力門哲学骸骨試稿」（以後、「試稿」）において新たな展開を示す。この二つの書には思想的な連続性が見られるが、間の時期に清沢の宗教的な転換があったと言われている。彼は「ミニマム・ポッシブル」と称する禁欲生活の実験を行ない、その果てに肺結核の診断を受け、それを契機として他力の信に目覚めたと推察されている。「試稿」は文字通り「試稿」であり、公刊されたものではない。その点を考慮する必要があるが、思想内容の水準としてはきわめて充実したものである。

「試稿」は宗教の定義から始まり、『骸骨』の英訳において列挙したものを復載する旨が記されている。仏教でも浄土真宗でもなく「宗教」という枠組みで考える態度、宗教を有限と無限の関係として捉える考え方が、論考の出発点となっている。「試稿」が『骸骨』を思想的に受け継いだものであることは、明らかである。「試稿」ではその内容がより深められ、自力門と他力門の意味内容も格段の奥行きをもつようになっている。

この「試稿」の「〔二〕無限」では直ちに、「宗教上精神の対境となるべきもの、之を称して悲智円満の尊体と云う。阿弥陀仏とは之に対する梵語なり」（『全集』二巻四四頁）と述べられ、形而上学的概念としての無限ではなく信仰の対象としての無限、すなわち阿弥陀仏が提示される。無論『骸骨』でも、阿弥陀仏は考察の視界に入っているが、そこでは阿弥陀仏は、概念としての無限の一つの現われ方にすぎない。

清沢自身においては、形而上学的概念としての無限と「宗教上精神の対境となるべきもの」との違いが重要なものであると考えられていないようである。違いを明記する場合、「無限」と「無限の境遇」という言い方が用いられるが、「時間を問わず空間を問わず徳性を問わず、凡そ吾人精神作用の境遇となるべき一切の点に於て無限なるもの、之を略称して無限の境遇（或は単に無限）と云いたるなり」（同上四四頁）とあるように、直ちに言い換えられ得るものと見なされている。しかしながら、「〔二〕無限」で阿弥陀仏を提示した後に、「〔三〕有限無限」の哲学的な考察をするという順序は、(1) 清沢が「試稿」において無意識の内に『骸骨』とは違う立ち位置にあることをうかがわせる。『骸骨』では有限と無限は西洋哲学思想における既成概念として示されるだけであったが、「試稿」〔三〕では有限と無限について彼自身による検討がなされているのは、そのことと関係するであろう。

清沢は、有限と無限の関係が通常の甲と非甲の関係と異なることを明らかにする（同上四五頁）。通常の甲と非甲の関係では甲と非甲は同等の資格をもつのに対して、有限と無限の関係では、無限は有限の上位にあることを論じている。そしてさらに、無限の意味は限界がないということであるから、その意味に従えば、有限は無限の外にはないとしなければならない。そうであるなら有限は無限と体に関して同一でなければならない。しかし、一個の有限は無限と同一であることはできないから、有限は無数に存在するのでなければならない（同上四六頁）。清沢はこのように論ずるが、そこからまた多くの問題が生ずることを指摘する。そして、ここでの多くの矛盾が、無限と有限とが同一体であるということ自体に含まれる「根本の撞着」に帰着せしめられるとする。そして清沢は、有限と無限とが同一体であることに根本的な撞着が含まれているということから、有限の外に無限があるという新しい主張が生じると考える（同上四七頁）。有限の外に無限があるということは、有限と無限とは体が異なるということを意味する。そこから、有限と無限とが同体であるという説の含む矛盾は、有限と無限が同体であるとする説と、有限と無限が異体であるとする説とが共に成立するという矛盾へと捉え直されてゆく。清沢の思惟は、無限と有限の関係、無限の観念と有限の観念との矛盾、有限と無限との関係についての対立する所説相互の矛盾へと動いていく。そしてこの矛盾から、有限と無限が同体であるという説が自力門で、異体であるとする説が他力門である、という規定が導出される。これが、「試稿」における自力門・他力門の規定である。清沢が「根本の撞着」に行き当たったということは、実はヘーゲルを始め多くの哲学者たちが無限を思惟するその出発点に、清沢もまた立ったということである。無限を無限として思惟する営みは、ここから始まる。

さて、本章では自力門と他力門に着目するので、有限と無限とが同体か異体かという二説の矛盾が重要である。この二説は、「無限を基想」として立論するか、「有限を基想」として立論するか、という違いによって成立すると考えられている（同上四七頁）。清沢によれば、有限を基準にして構想するならば、有限は限定や区別があることを本質とするから、限定や区別がないことを本質とする無限と同一体であることはできない。その場合、無限がもし存在するとすれば、無限の本体は有限の外に存在すると考えるよりほかない。これが他力門であると清沢は言う。無限を基準にして構想した場合についても、無限と有限が同体であることから、有限な我々の内部に無限があるということを導出して、自力門を説明する。最終的には、無限が有限の内にあるか外にあるかということによって自力門と他力門を規定する点は、『骸骨』の論考と同じであるが、『骸骨』では因果の理法をその論拠とするのに対して、「試稿」では「有限無限の一体表裏の関係」を論拠としている点が異なっている。

## 二―二　無限の概念をめぐって

以上のような展開を見せる清沢の無限の概念にはいろいろと疑問が起こってくるであろう。無限の問題については、西洋の哲学の歴史において、アリストテレスからデカルト、カント、ヘーゲル、二〇世紀のフッサール、リクールに至るまでさまざまな議論がなされてきた。清沢の考察がいちばん参照されているのはヘーゲルの思想だと思われるが、ヘーゲルの術語を用いるなら、清沢の議論をわかりにくくしているのは概念として「悪無限」と「真無限」を区別していない点であろう。清沢は無限を有限の上位にあるものだとしたが、このような無限はヘーゲルによれば有限化された無限であり、「悪無限」に当たる。他方、有限を自己自身の内に含む無限は、悪無限をも契機としてその内に含むものであり、これが「真無限」と言われる。悪無限は有限者に対立する他者であるため、有限者との関係においてのみ無限者であり、有限者と無限者との交互規定に陥る、とヘーゲルは言う。その交互規定は無際限の累進として現象する。

清沢は「無数の有限」という言い方をするが、この「無数」は『骸骨』では「無限の数」とか「其数無量」などとも言い表わされる（『全集』一巻三二頁）。この無限は、果てしなさとしての無限であり、ヘーゲルの「悪無限」に当たる。「抑《そもそも》無限は其外に一物の存するを許さざるものなり」（『全集』二巻四六頁）と言われるときの「無限」は真無限に当たると差し当たって言えるであろう。この区別をしなかったことが、『骸骨』において、有限な霊魂が無限に転化するということを突き詰めて思惟することなく、珠玉の比喩で決着をつけるような形をとった一因とも考えられる。「無限」と「無限の境遇」を同一視していることも、この区別をしていないことと関係している。

とはいえ、悪無限と真無限の区別をすれば、清沢の語ろうとしていることがはっきり見えてくるというわけでもない。有限と無限とが同一体であることの内包する矛盾は、「有限無限は一体表裏」という言い方で繰り返し表現されている。「〔一一〕補訂」ではこの「一体表裏」ということを図によって考察し（同上二巻五四頁）、有限と無限とが同体であることが、有限から無限へ、無限から有限への転化を「大要義」とするということが示される。有限と無限との相互的な転化が同一体であることの枢要の意義であるとするなら、この同一体はヘーゲルの真無限を意味すると解するべきであろう。この後、心霊（有限）の無限への転化が論じられて、この議論は「無限の存するや無数にあり得べしとせざる可《べ》からず」（同上二巻六一頁）という驚くべき結論に至る。

これが驚くべきであるのは、『骸骨』と「試稿」の〔二〕から〔一〇〕までの議論は基本的に、無限は唯一であるということで組み立てられていたからである。それが突然に、無限は無数であるというテーゼが提示され、これ以降の議論は、無限は無数であるということを基礎にして展開される。もっとも『骸骨』においても既に「覚者即ち無限界の住者は其数無量ならざるべからず」（『全集』一巻三二頁）と言われていた。清沢の無限の議論をわかりにくくしているのは、悪無限と真無限の区別という問題以上に、無限を形而上学的な意味で用いているとともに、

「覚者」の意味で用いていることによる。覚者の意味で用いることで、無限が無数にあるというテーゼが出てくる。だが覚者が無限であるということを哲学的に述べるには、覚者はどういう意味で無限であるのかということが本来、丁寧に論じられる必要がある。しかしそれは、心霊開発という事柄そのものを論じることであり、ここには循環がある。

この循環は清沢にとって不可避の循環であったのかもしれない。『骸骨』では、無限が無数ということはそれ以上の論の展開を導かなかったのに対して「試稿」では、それが新しい展開の鍵となっているということに、注目したい。「試稿」の叙述は、〔一七〕「無限無数」の議論の後に、〔一八〕「無神論有神論」、〔一九〕「一神論多神論」、〔二〇〕「汎神論万有開展論」と続いて、宗教の類型論のような論考が続く。そして、〔二一〕「自利利他（上）」のあたりから、仏教の概念を用いた思惟へとどんどん重心が移ってゆくように見える。無限の概念についても、〔二八〕「疑難」で「無限に絶対相対の二面あり」（『全集』二巻七四頁）として、絶対無限は「凝然真如」、相対無限は「随縁真如」であるというように、仏教の概念によって考察されるようになる。さらに、さまざまな仏教の概念を用いて、清沢はこの書の最初の箇所よりもいっそう緻密に無限と有限との関係を論じている。先に、清沢はヘーゲルの悪無限と真無限とを区別していないように見えると述べたが、仏教の概念を用いて考察するようになると、そのような区別をきちんとしているように思われる。

仏教の概念を用いた説明はさらに、〔四一〕「他力信行」以降、他力門の信行の説明へと限定されてゆく。「自力門の断惑証理は茲《ここ》には之を略し、主要なる他力門の信行は今正に其説明を為す可き所なり」（二巻九三頁）という一文が、その限定を宣言している。「他力門哲学骸骨」という題名は、〔四一〕から〔四五〕という最後の五節がこの書のめざすところであったことを示している。そしてそこでは、他力門奉教者の不退位は自力門奉教者の不退位よりも優れているということまで論じられる（同上九六頁）。このような性格の議論は前の箇所では見られない。

本章で注目したいのは、無限をめぐる議論の内容ではなく、「試稿」では複数の位相において説明の移行があるということである。基本となる移行は、西洋の哲学の概念を用いた思惟から、仏教の概念を用いた思惟への移行である。これは、日本の宗教哲学の形成に際して常につきまとう問題である。哲学という言葉は西洋語のフィロソフィの訳語であり、この言葉を用いて思索のあり方を問題にするのは明治期に西洋の学問が移入されて以降のことである。したがって、西洋の哲学思想を学ぶところから、哲学という営みが始まるわけであり、清沢もそのようにして哲学することを自己化している。哲学するということ自体は一つであり、西洋や東洋といった違いがあるわけではない。それゆえ、哲学することを十分に自己化し得たならば、西洋の哲学の概念も仏教の概念も自由に用いて思惟することが可能なはずである。

しかしそう簡単にゆかないのは、西洋の哲学の概念と仏教の概念とはいわば文脈が違うからである。一つの概念でも、思索者たちによって用いられてきた歴史があり、根元的な概念であればあるほど大きな歴史を背負うことになる。そして、その歴史を背負った概念を用いて知を紡いでゆく、その知の紡ぎ方が、西洋の哲学と仏教とでは違う。明治期の思索者たちは、異なる文脈にあるそれぞれ豊かな知の集成をいかにして自らの哲学の営みにおいて統合するかという課題に直面したのである。さらに、宗教哲学の場合には、その文脈の違いに宗教の違いが表立って関わってくる。西洋の哲学史には、ユダヤ教・キリスト教の思想が深く入り込んでいるからである。もっとも、清沢の場合は、西洋の哲学の文脈と仏教の文脈だけで、その宗教哲学の形成を考察してよいと思われる。

西田幾多郎は、西洋の哲学の土俵で新しい概念と論理を作り出すという仕方で、異なる哲学の文脈を統合したと言ってよい。西田の哲学では仏教の文脈は背景に止まり、西洋の哲学の文脈と仏教の文脈との葛藤は彼の強靱な思索の営為のなかに収め込まれる。清沢の宗教理解が『善の研究』をはじめとする西田の哲学思想に影響を与えたことは、藤田正勝が丁寧に追究している。西田や西谷啓治の仕事から振り返ると、清沢のように、西洋の哲学の文脈から仏教の文脈へとただ移行するということは、初期の未熟さを示すと見なされるかもしれない。だが、西欧以外の精神的土壌をもつ地域に哲学が根を下ろす、その発端の時期には、西田や西谷とは異なる方向に展開する可能性があったかもしれない。我々はこう問うべきである。清沢が行なった哲学の文脈の移行に、哲学的観点から積極的意義を見出すことははたして可能であろうか、と。

## 二―三　他力門哲学

「試稿」の中盤において、もう一つ重要な位相の移行がある。

清沢は「吾人が之（無限）を認むるに当りては、現に之を因性の唯一なりとするか、或は之を果体の唯一なりとするかの、何れか一方に出でざるを得ざるなり」（『全集』一巻一二頁）と述べて、「宗教の実際に入る」ためには自力門と他力門のどちらかの立場へと出で行かなければならないとする。「宗教の実際」に対比されるのは、「道理」であり「理論」である。「蓋《けだ》し道理なるものは事物に当りて常に其理由を求めて止まざるものなり。……愈《いよいよ》得れば愈進み到底休止する所なきが道理の原性なり。故に若《も》し道理にして休止立脚の点を得んと欲せば、其点は当に一信仰たるべきや必せり」（同上一巻七頁）。哲学の特質は、討議が無際限に進行するところにあるが（同上二巻四八頁）、自力門と他力門のどちらかへ出ることは、その無際限の進行を停止させる働きをする。進行が停止することで初めて、実践の基礎が得られるわけである。すなわち、修行することのできる場に立つことになる。

ここに、宗教一般の論考から他力門の論考への移行を認めることができる。清沢はここで他力門へと出るわけであるが、自力門と他力門とはどちらへ出るべきであるというように道理によって説明され得るものではない。それはある種の選択であるが、この選択はそれ自体が自力によるか他力によるかという問いに直ちにさらされるものである。この選択そのものが自力と他力の関係を内包しているわけである。それは矛盾をはらんだ関係であり、たとえば、キェルケゴールはこの選択を主体性の情熱的な「決断」として論じているが、同時に信仰を根源的には神の恩寵によって与えられたものであると考えている。自力門か他力門か「何れか一方に出る」ということは信仰の飛躍であり、それが「試稿」では論考の文脈の移行として現われていると解される。

〔一八〕「無神論有神論」、〔一九〕「一神論多神論」、〔二〇〕「汎神論万有開展論」の宗教の類型論的考察は、「宗教の実際」が一つの立場の選択によって開かれることを指し示していると解することができよう。その選択は「決断」という性格のものではないにしても、「宗教の実際」が理論的思惟とは違う開かれ方をすることを示唆している。

「宗教の実際」といっても、「試稿」で展開されるのは「宗教の実際」そのものではなく、「宗教の実際」についての哲学的思惟である。したがってそこでの移行は、宗教の理論の思惟から宗教の実際の思惟への移行である。そうであるゆえに、この移行は先述の西洋の哲学の文脈から仏教の文脈への移行と重なることができる。そして、移行後の仏教の文脈は、次に浄土真宗の文脈へと移行する。浄土真宗の文脈への移行は、宗教の実際の思惟の内部で起こることであり、宗教の実際にいっそう徹底することになる。

以上のように考えたとき、「他力門哲学」と呼ばれる哲学は、これらの移行によって成立するものであることが見えてくる。清沢は他力門哲学がどのように成り立つかということについてはまったく論じていないので、叙述の奥から掘り起こすよりほかない。さて、西洋の哲学の文脈から仏教の文脈への移行に積極的意義を見出すことは可能か、という先ほどの問いに答えるにはどのようにしたらよいであろうか。この移行を簡単に認めることができないのは、仏教が仏陀の教説であるところに一つの大きな要因があるように思われる。古代ギリシアから連綿と受け継がれてきた哲学という愛知の営みは、無前提であることを一つの理念としていると言えよう。教えが前提となるような思惟は、どれほど高度な内容を展開したとしても、ドグマーティッシュであるように見える。だが、西洋の哲学のなかには、教えに基づく言明が正当なものであることを証しようとする視点を見出すこともできる。エマニュエル・レヴィナスの『全体性と無限』における次の一節は、我々にとっての手かがりになる。

言説をとおして〈他者〉に近づくこと、それは、したがって、〈自我〉の容量を越えて〈他者〉を受容することであり、無限の観念を抱くとはまさにこのような仕方で〈他者〉を受容することなのだ。だが、無限の観念を抱くこと、それはまた教え（enseignement）を受けることでもある。……教えは外部から到来し、私が内包するより多くのものを私にもたらす。非暴力的な教えの他動性のうちで顔の公現そのものが生起する。能動知性に関するアリストテレスの考察は、入り口をとおって到来する絶対的に外的な動作主としての能動知性を発見した。そしてこの能動知性は、絶対的に外的なものであるにもかかわらず、理性の至高の活動を損なうことなく、この活動を構成する。アリストテレスのこのような考察はすでに産婆術に代えて師の他動的な活動をたてている。というのも、能動知性に関するアリストテレスの考察においては、自己放棄することなしに他なるものを受容することが理性にとって可能となるからである。

［レヴィナス一九八九（一九六一）］

レヴィナスは、他者の表出という仕方で無限が顕現し、言葉として到来する事態を、「教え」という語で語っている。そして、外部性の無限の生起そのものである「教え」は、教えの外部性そのものであるところの「高さ」を教えると述べている。アリストテレスの『デ・アニマ』にある「すべてをつくるヌース」と「すべてになるヌース」という二つの知性の解釈から、能動知性（intellectus agens）と可能知性（intellectus possibilis）という概念が西洋中世の哲学・神学において盛んに用いられるようになり、そのあり方についてはいろいろな説があるが、レヴィナスは、外部から到来する「教え」を受け取る理性の働きが我々に在ることを、能動知性という語でもって示そうとしている。

アリストテレスの能動知性で思い起こされるのは、西谷啓治の『アリストテレス論攷』である。この書の最後の章が能動知性（理性）の論究にほかならない。西田の思想は宗教論を含むが、その全体はあくまで「哲学」と呼ぶべきものであって、「宗教哲学」という性格のものではない。京都学派において宗教哲学を自覚的に形成したのは西谷であるが、彼の宗教哲学思想には、西洋の哲学の文脈と禅仏教の文脈との自由な往来がある。その往来を支え、その往来を必要とする問題連関が、彼の思索のなかにあることによる。その往来する思索を可能にする哲学的立場は、アリストテレス研究によって獲得されたのではないかというのが、筆者の推測である。清沢とレヴィナスにはまったく思想史的関係はないが、西谷の宗教哲学の在りようから照射するならば、清沢が見ようとしたものとレヴィナスが語る事柄とは深く通じているように思われる。なお、西谷の場合、釈尊の仏教ではなく禅仏教であることが、西洋の哲学の文脈との往来を可能にしている一つの要因である。

教えを受けるという言い方で指し示されるのは、信仰の飛躍によって開かれる知の開けであり、人間がその開けへと出ることのできる存在だということである。教えがこのようなものであり得るならば、他力門哲学は教えを受け取るという出来事を記述し、その出来事の根柢を問い確かめる営為として、哲学であり得るであろう。他力の信は、哲学的思惟を人間的な「宗教哲学」の思惟から、教えの外部性としての「高み」へとシフトさせる。このシフトによって、哲学的思惟に見えるものは違ってくる。教えの学、すなわち「教学」は、教えが釈尊の教え（阿含《あごん》）という特定のものとなるとき、釈尊の教学となる。

ここで用いる「教学」は、仏教の文脈のなかで言われる「教学」のことではない（前出の「選択」も仏教語ではない）。とはいえ仏教の教学と無縁ではない。「教学」という一つの語のなかで、西洋の哲学の文脈と仏教の文脈とが響き合ってくるからである。また、清沢の他力門哲学は『骸骨』における宗教哲学を前提とし、その延長線上に出てくるものである。したがって他力門哲学は、広義の宗教哲学のなかに包摂されるものであろう。

## 二―四　無限を基想とする立論と有限を基想とする立論

清沢は自力門、他力門という語を仏教の文脈からはずして、宗教哲学の用語として用いている。この二つの語だけでなく、因縁や成道などの言葉ももとは仏教語であるが、清沢はそれらを自らの宗教哲学の用語としている。このような言葉の用い方は、ここで言う文脈の移行とは別のことであるが、文脈の移行を容易にするものでもある。

さて、自力門・他力門は清沢の宗教哲学の特質を最もよく示すものであるから、これらを既出の「基想」という論点からもう一度考えてみよう。清沢によれば、有限と無限が同体であるという説は無限を基想としており、これが自力門であった。また有限と無限は異体であるとする説は有限を基想としており、これが他力門であった。『骸骨』は有限と無限とが同体であるという主張を基本として論が展開されていたわけであるから、『骸骨』全体で無限を基想とした思惟が行なわれていたと考えることができよう。道理心が無限に関係するところの思惟が哲学だとされるわけであるが、この道理は「事物に当りて常に其理由を求めて止まざるものなり」という点で「其性質不完全を免れざるもの」であると言われる（『全集』一巻七頁）。このような道理心の性格はカントの理性の理論的使用に典型的に現われるものであり、清沢はこの箇所ではカントを念頭においているように思われる。その思惟は有限な人間の認識能力の枠内で展開されるものであり、そこでは無限は到達不可能なものになる。到達不可能であるからこそ、無限は目標として追求され、無限をめざして思惟が秩序づけられることになる。このような道理の立場を「無限を基想として考える」ものと見なすことができるであろう。そして、自力門が各自の心の内に無限性を認知するという仕方で心の平安を得る宗教の形態であることを思うならば、この道理心の在りようを自力的と呼ぶことができるであろう。この道理心は人間の内在的理性に相当する。

それでは、有限を基想とする立場はどうであろうか。「試稿」において、有限と無限が同体であるという説が孕む根本撞着が洞察されるところには、有限を基想とする思惟が介入していると言ってよいであろう。根本撞着の洞察はいわば無限を基想とする思惟の挫折であり、その延長線上では出てこないからである。無限を基想とする思惟を挫く何ものか、あるいはその思惟とは異質の何ものかが、そこに関わっていると考えられる。その何ものかが無限の顕現であるか、無限の顕現から始まるものであるとするなら、そこで有限を基想とする思惟が動き出すと考えてよいであろう。無限の顕現とは、有限の外に無限を見ることだからである。有限を基想とする哲学的思惟が他力門哲学であり、この他力門哲学は無限が言葉として到来する「教え」の学としての教学への道をつけ、具体的な教えに基づく仏陀の教学へと橋渡しする。仏陀の教学は『骸骨』でなされた哲学の思惟のあり方には収まりきらないものとなるであろう。なお、この場合の無限の顕現は、他力門へと出てゆくところで「宗教の実際」となるものであるから、その教えは無条件の仏陀の教えではない。それは、他力門の観点から仏陀の教え（阿含）を捉え直したものとなる。その意味では、ここでの仏陀の教学は他力門の教学と言い直すことができる。

以上のように見てゆくと、自力門・他力門はそれぞれ哲学的思惟の様態を表わす概念でもあると見なすことができる。清沢は自力門・他力門を宗教の二形態として提示しているわけであるが、その提示の源にある、無限を基想にする、有限を基想にする、ということのなかに、そのような意義が潜んでいると解される。宗教の二形態としての自力門・他力門のなかに、哲学的思惟の二様態がそれぞれ映り込んでいると言ってよいかもしれない。哲学的思惟の二様態のなかに宗教の二形態が映り込んでいるということは、言うまでもない。清沢の自力門・他力門は、哲学と宗教の両方に跨がりながら、両者の相関のダイナミックな在りようを指し示す構造的な概念となっていると解することができる。

『骸骨』は自力門の哲学的思惟が展開される書であり、「試稿」は基本的に他力門哲学の思惟が展開される書であると、一応言うことができるかもしれない。ただし、自力門の哲学的思惟と他力門の哲学的思惟とは対になっているわけではない。それは、哲学がそもそも自力的だからである。それに対して、宗教形態としての自力門・他力門は清沢の思惟において基本的に対となって考察されている。『骸骨』ではもちろん、「試稿」においても、考察の対象が他力門であることは明らかであるにもかかわらず、自力門へも同等の視線が向けられる。それは、自力門と他力門とは対となって宗教の構造を示すものであり、その宗教の構造が他力門哲学のあらゆる思惟のなかに映り込んでいるからである。その上でなお、「試稿」においては、対となった宗教の構造そのものが他力門の視座から受け取り直されているということが言えよう。逆に『骸骨』では、対をなす宗教の構造全体が自力門の視座から考察されていると言うことができるであろう。その違いは、どちらの書にも登場する成道の可得不可得についての議論によく現われている。『骸骨』ではそれは「他力門も其《その》究竟根底には自力成道の可得を定置するものたるなり」（『全集』一巻三三頁）という角度から自力門・他力門共通の根本問題として議論されており、「試稿」では他力回向の願行成就という角度から『骸骨』の議論を踏まえて成道の可得不可得が論じられている（『全集』二巻七六頁以下）。

先ほど、哲学がそもそも自力的であると述べた。他力門哲学はそのような自力性の否定のもとに成立するはずであるが、それ自身哲学である以上、そのような自力性が他力門哲学のなかに否定を介して差し込まれていると言わねばならない。他力門哲学は無限の顕現によって突如として生じるようなものではない。換言すれば、他力門哲学は自力門の哲学を前提にしており、自力門の哲学を宗教哲学の原型とするなら、その転回として成立する。ただし、宗教哲学の原型が自力門の哲学であるということは、他力門の哲学が登場して初めて知られることである。自力門の哲学において捉えられた「有限無限は同体」であるということがその矛盾を露にし、「有限無限の一体表裏の関係」として捉え直されることが他力門哲学の出発点となる。

他力門哲学への転回に関して付言しておかなければならないのは、他力門と自力門のどちらかを選択することで、思想的に変容するのは何かということである。「主伴互具」と「因縁果の理法」は二つの書で展開される清沢の主要な思想であるが、これらの思想はこの選択がなされる前と後とで、まったく異なる姿を見せる。これらの思想が仏教の影響を強く受けていることは疑いないにしても、清沢は既存の思想を、主体の立ち位置を明確にする仕方で受け取り直しているように思われる。選択は「主伴互具」の主を決定することになり、主が決定されることで伴が決定される。選択はまた「因縁果」の因を決定することになる。因が決まることによって縁が決まってきて、因と縁が決まることで果が見えてくる。「主伴互具」「因縁果」という思想は、主と因が決まることで、この思想の実践的な展開に向けていわばスイッチが入る。つまり、無限へと至ろうとする者にとって、そこから自分を取り巻く現実世界の在りようが内実をもって動き出し、それを自分に見えるようにする思想となる。これらの思想が世界の変化を客観的に説明する理論であることを止め、修行者が現実世界を覚信する理法となるということが、他力門哲学への転回にほかならない。管見では、清沢の純正哲学は宗教の問題場面でこそ本領を発揮するものである。

原型的な宗教哲学の他力門哲学への転回は、宗教の事象への根本的な洞察に基づいている。そして、この転回は西洋の哲学の文脈から仏教の文脈への移行と連動し、その根本洞察が文脈の移行を必然的なものにしている。その根本洞察は、仏教の文脈において思惟することへ清沢を押し出したのである。ただ清沢は単に、仏教の文脈で思惟するようになったわけではない。根本洞察に導かれることによって、仏教の文脈が成立するそのもとから思惟するように促されている。それによって彼の思惟は哲学であり続け、西洋の哲学の文脈と仏教の文脈とは彼自身のなかで一つになって脈動し続ける。自力門と他力門という言葉はその脈動を伝えている。清沢にとってそこに作られてくる新しい文脈が、日本の宗教哲学の文脈であると解される。

## おわりに

本章でめざしたのは、初期の二つの著作を考察し清沢満之の宗教哲学思想の骨格を取り出すことによって、京都学派に繋がる日本の宗教哲学史のなかに清沢の場所を見出すことであった。清沢の思惟が宗教の実際と哲学の道理との厳しいせめぎあいのなかを動いていることは、宗教哲学としてのレベルの高さを示していよう。彼の宗教哲学は他力門哲学へと発展し、さらに仏陀の教学へと橋渡しされる。それは、明治期の日本の宗教的ないし学問的状況と結びついた独特の宗教哲学のあり方だと言ってよいであろう。そこには、萌芽的ではあるが、西田とも西谷とも違う宗教哲学の一つの方向性があったように思われる。

## 註

（1）「他力門哲学」は四五の項目から成り、一から七までに日付はないが、八から四四までには日付が記されている。そこから項目の順序で思索がなされたことが推測でき、全体はおよそ二カ月という短期間で思惟されたと考えられる。

# 第二章 親鸞と清沢満之

西本 祐攝

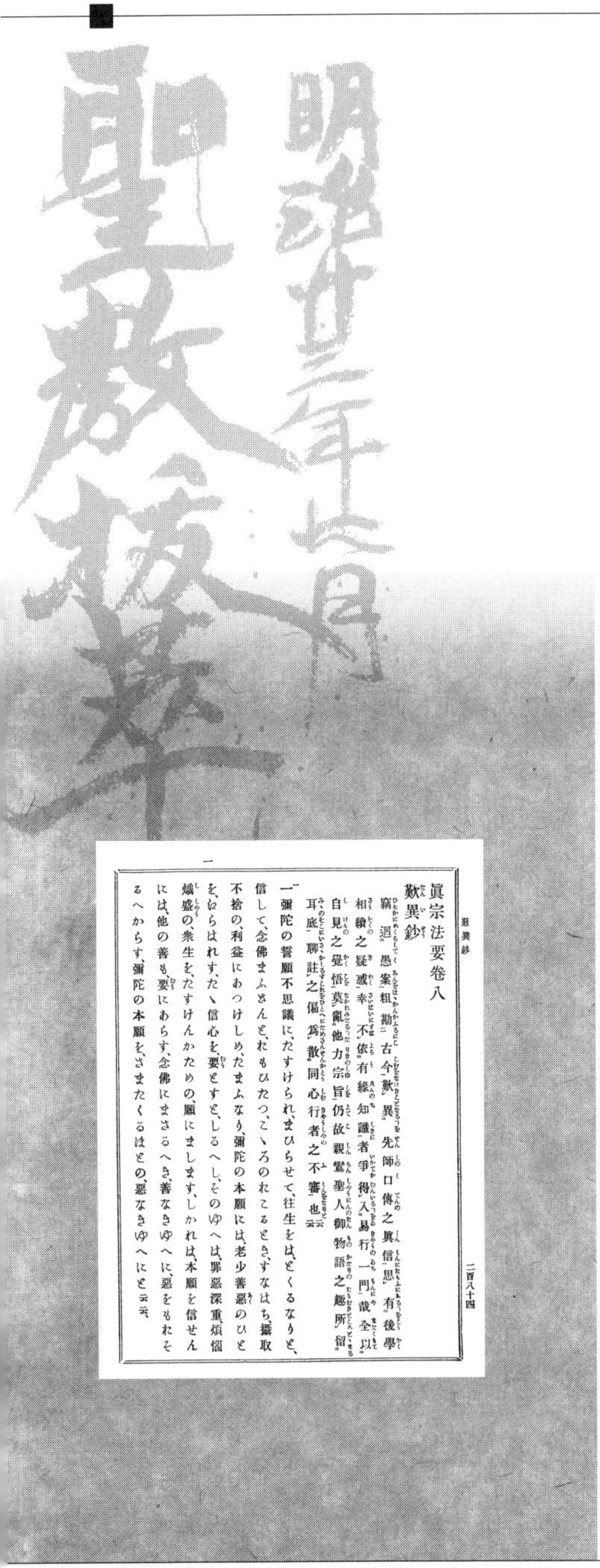

歎異抄

眞宗法要卷八

歎《たん》異《い》抄《せう》

竊迴愚案粗勘古今歎異先師口傳之眞信思有後學相續之疑惑幸不依有緣知識者爭得入易行一門哉全以自見之覺悟莫亂他力宗旨仍故親鸞聖人御物語之趣所留耳底聊註之偏爲散同心行者之不審也云云

一

一彌陀の誓願不思議に、たすけられまひらせて、往生をは、とくるなりと、信して、念佛まふさんと、おもひたつ、こゝろのおこるとき、すなはち、攝取不捨の、利益にあつけしめ、たまふなり、彌陀の本願には、老少善惡《あく》のひとを、えらはれす、たゝ信心を、要《えう》とすと、しるへし、そのゆへは、罪惡深重、煩惱熾《し》盛《じやう》の、衆生を、たすけんかための、願にまします、しかれは、本願を信せんには、他の善も、要《えう》にあらす、念佛にまさるへき、善なきゆへに、惡をもおそるへからす、彌陀の本願を、さまたくるほとの、惡なきゆへにと云云

二百八十四

真宗僧侶であった清沢が、『教行信証』など、宗祖親鸞の教えが記された書物を読んでいたことは、実はほとんど知られていない。実際のところ、清沢はそれらの書物をどのように読んでいたのだろうか。その実態を明らかにする。

# はじめに

『精神界』誌上に述べられる清沢満之の思想は浄土真宗の宗教的伝統に根差すとされるが、その親鸞思想了解はしばしば批判の対象ともなってきた。その批判点を端的に言えば、満之の思想は「臘扇記《ろうせんき》」執筆中に大きな影響を受けた『エピクテタス語録』の如意不如意論に基づくという視座に立ち、満之の親鸞思想了解を批判的に論証するものである。この研究状況を課題的に受けとめるならば、満之が親鸞思想をどのように了解していたのか、この考察が不可欠であろう。本章における筆者の関心は、満之が親鸞の思想に何を学んだのか、という一点にある。

満之が親鸞思想に言及する際、『歎異抄《たんにしょう》』を重視したことはよく知られている。しかし、満之が『歎異抄』に何を学んだのかということについての実証的な研究は乏しいと言わざるを得ない。また、親鸞の主著『顕浄土真実教行証文類』（以下、『教行信証』）についても、満之は『教行信証』を読んでいない、あるいは満之が早逝したためにその思想内容を詳しく論じていないと指摘される。確かに近代親鸞教学における**曽我量深《りょうじん》**や**金子大榮《だいえい》**らによる『教行信証』への言及と比較すれば、まとまった講義録はなく、思索の記録も多いとは言えない。しかし、本章で扱う「在床懺悔録」には、満之による親鸞思想の考究がなされ、またそれは『教行信証』を実際に読む中でなされていることをうかがわせる記述がある。本章では、満之が親鸞の教えに何を学んだのかを、「『歎異抄』と満之」「『教行信証』と満之」の二点に集約して考察する。

# 一　『歎異抄』と満之

## 一―一　研究の方向性

『歎異抄』と満之。このテーマにはすでにいくつかの先行研究があり、こと改めて論ずべきことはないとも思われよう。だがそうではない。そのことをまず述べておきたい。

満之は『歎異抄』を『口伝鈔《くでんしょう》』とともに「親鸞聖人御安心の極致を伺う」(『全集』八巻四四八頁)書として重視し周囲にも勧めていた。住田智見《ちけん》や赤沼智善《ちぜん》らの回想によれば「予の三部経」の一つと呼んだとも伝えられる。満之が浄土三部経になぞらえて、『歎異抄』とともに「予の三部経」と呼んだとされる「阿含《あごん》経典」『エピクテタス語録』からは、日記等に大部の抜書をしていることに対し、満之の著述に『歎異抄』からの引用・抜書がほとんどなされていないという見解が多くの先行研究で共有されている。このことは満之と『歎異抄』の関係を了解する上で一つの謎とされてきたし、満之が『歎異抄』から何を読み取り、学んだのかをあきらかにすることを困難にしていると考えられてきた。

しかし、現在確認される満之の全著作、日記等を丁寧に尋ねると、実は満之が『歎異抄』からの引用・抜書をしばしば行なっていることが知られる。筆者の管見に入ったところでは、「(大学第四年度ノート)善悪」(一八八六〈明治一九〉年)三文、「聖教抜萃《ばっすい》」(一八九〇年)六文、「臘扇記」(一八九八年)一文、「三誓の文」(一九〇一年二月)一文、「世間と出世間」『心霊の修養(五六)』(一九〇一年五月)一文、「将来之宗教」(一九〇二年四月)一文、「倫理以上の安慰」(一九〇二年九月)一文である。[1] 満之はこれらの文献に『歎異抄』の同じ文を繰り返し引用、抜書している。それは満之の『歎異抄』に寄せる関心の一貫性をうかがわせるものである。

特に、大谷大学編『清沢満之全集』（二〇〇二―二〇〇三年、岩波書店）の編集の際に内容を確認できた「聖教抜萃」では、大部にわたる『歎異抄』からの抜書が確認された。満之が留意する『歎異抄』の文を通した考察が『歎異抄』と満之の関わりを究明する際に不可欠であることは言うまでもない。また、『歎異抄』に限定して満之と当時の伝統的な宗学との関係に注意すれば、満之が深励《じんれい》述『歎異鈔講義』（護法館、一八九九年）を購入し座右に置いていたことを**安藤州一**は伝えている。しかし、深励の『歎異鈔講義』に代表される当時の『歎異抄』了解と満之の了解がどのような思想的交渉を有するのかという研究は充分になされていない。

このように、満之と『歎異抄』との関わりについては依然、考察すべき問題が少なくない。満之がどのような課題の下に『歎異抄』を「親鸞聖人御安心の極致を伺う」書として選びとるのかを、上記した問題点の考察を通しつつあきらかにする。さらに、満之がどのテキストで『歎異抄』を読んだのかという、従来あきらかにされていない点についても述べる。

## 一―二　勧信誡疑の書としての『歎異抄』

深励が『歎異抄』をどのような書として了解しているか、次の文に明確に示されている（傍線筆者、以下同）。

此章十八章も一言に云い尽《つく》す弁《べん》じ方も有るべきなり。恐れ乍《なが》ら私し存するに此鈔一部は勧信誡疑《かんしんかいぎ》の四字を以て大綱とす

〔深励一八九九：八頁〕

深励は『歎異抄』の大綱を一言で言い尽せば、「勧信誡疑」（信を勧めて、疑いを誡めること）であるという。さらに、浄土真宗の伝統においては、釈尊が『仏説無量寿経』（以下、『大経』）に説く開顕智慧《かいけんちえ》段の教えが「勧信誡疑」の根本であるとし、七高僧がこれを相承することを述べ、親鸞の一生涯の教化も「勧信誡疑」の外にはなく、それは釈尊以来、三〇〇〇年相承されたものであると結論する〔同上：九―一〇頁〕。深励は親鸞を基点として、浄土三部経と真宗の七高僧の書、さらに『口伝鈔』『六要鈔』『報恩記』『御文』等の文と照応しつつ『歎異抄』の内容を講義していく。そして、『歎異抄』の大綱を「勧信誡疑」と了解すべき視点として、次のような問題を指摘する。

此鈔一部十八章勧信誡疑を述た聖教ぢやと云眼を明けずに見るときは兎角謬《あやま》る事有。夫はいかんと云に前にも列た十八章の中第一章に本願を信ぜんには他の善も要に非ず念仏にまさるべき善なきが故に悪をも恐るべからず弥陀の本願を妨る程の悪なきが故と云る（中略）是から始めて夫れから第三章已下処々に悪人正機の旨をお明しなされた善人なを以て往生す況や悪人をやと常々御教化ならば悪人さへ往生する者善人はなを以て往生を逐《マヽ》るに相違は無いとの玉う処なり（中略）或は唯円房へ対しての御教化にも煩悩具足の凡夫としては弥々往生一定と思へと勧め玉う。此等をもし取違えたらば悪苦しからずとの御教化ぢやと思うて邪見に落ちまい者でもない〔同上一一〇頁〕

深励は「勧信誡疑」という視点を抜きに『歎異抄』を読むと誤解を生じ邪見に落ちるという。その誤解を生じる象徴的な文として第一章の文を挙げ、この文と関連して第三章以降に展開される「悪人正機」について誤解が生じること、さらに、第九章の唯円と親鸞の応答について邪見に落ちる危険性があると指摘する。「歎異」という言葉についても「吾祖より御物語の中から肝要なることを抜出して是を鏡として異義を正す鈔ぢやと云ことを題して歎異鈔とあり」〔同上一七頁〕と述べる。深励は、真宗の教えに対する異義を批判し正していくことが「歎異」であると了解しており、『歎異抄』を異義批判の書と了解する姿勢が顕著である。満之が真宗大谷派（以下、大谷派）の宗門に身を置き、学び、活動する時期の学寮（大谷派の学事施設、一六六五年創設）における『歎異抄』了解も深励の学説を継承していることは、宮地義天《ぎてん》らの講義（『歎異抄講録』一八八七年）を通しても知られる。

正弁二一部之大綱一は。是亦先輩香月院は。勧信誡疑の四字を以て。一部の大綱と定め。（中略）浄土真宗の法門広しといえども。帰するところは。勧信誡疑にあり。（『真宗全書』四三巻二三八頁）

このように深励以来、『歎異抄』の大綱は「勧信誡疑」であるとの了解が大きな趨勢であり、その学説の継承が重視されてもいた。満之の『歎異抄』了解は「勧信誡疑」という了解を継承するものであったのか。この問題について次節以降尋ねていく。

## 一―三　大学第四年度ノート「善悪」

満之と『歎異抄』の最初の接点はどのようなものだったのか。満之は友人の小川空恵《くうえ》の勧めで、一八七八（明治一一）年、一六歳のときに空恵の寺である覚恩寺衆徒として得度、大谷派の僧侶となり、大谷派の英才教育機関として開設された育英教校に学んでいる。一八七五年に定められた育英教校課業表（カリキュラム表）には『歎異抄』の講義を見出せないが、乙科第二級に「仮名聖教通解」という開講科目があり、その中で『歎異抄』の講義がなされていたことは十分考えられる。しかし、満之の育英教校時代の資料として現在確認することができるものは「〔教校時代詩文〕」のみであり、『歎異抄』に関する記述を見出すことができない。

満之と『歎異抄』との最初の接点として明確に認めることができるのは一八八六年、帝国大学在学中に記された「〔大学第四年度ノート〕善悪」である。そこでは『歎異抄』のみではなく、曇鸞《どんらん》の『論註』を始め、『安楽集』『観《かん》経疏《ぎょうしょ》』『智度論』などが「善悪」について説く言葉を書き留めている。そしてその記述に続き、「究竟の標準は如何」(『全集』四巻一六四頁)と問いを出し、「利害」「幸福」「良心の直覚」「聖賢の垂訓」等が善悪の究竟の標準となり得るのかを問題にする。どのような批判にも本来性を失わない、善悪の究竟の標準とは何かという問いを提出しているのである。そして満之はこれらの標準がいずれも究竟の標準とはなり得ないと述べていく。その中で満之は「聖賢の垂訓」について次のような問題を指摘している。

聖賢の垂訓
退歩説と化するを如何
時代識者の輿論?
之を査定するの法なきを如何せん

(『全集』四巻一六三頁)

満之は聖者や賢者の教えであっても退歩説となり、また同時代の識者の考えであってもその是非を査定する基準が明確でないという。この問題は深励らの学説に絶対的権威を見出していた当時の伝統的宗学に対する批判が込められているとも考えられよう。この問いを受けて、満之は「宗祖曰く」として、親鸞の説示する『歎異抄』と『正像末和讃』の文を記す。

宗祖曰く

（4）　善悪のふたつ惣じて以て存知せざるなり

（3）又曰く　念仏は地獄の種か極楽の業か

（5）又曰く　唯信ずるあるのみ

（1）又曰く　善悪の字知り顔はおおそらごとのかたちなり

（2）又曰く　是非知らず邪正もしらぬ此身にて

小慈小悲もなけれども名利に人師をこのむなり

（『全集』四巻一六二頁）

満之は最初に記した文の順序を入れ替える指示を上覧に付している。このことから善悪という課題のもとに満之が記す『論註』から『歎異抄』までの一連の言葉は、聖教に散見される善悪に関する文言を単に羅列したものではなく、明瞭な課題をもった思索の跡であることが知られる。満之の入れ替えの指示に従い考察すると、最初に記した「善悪のふたつ惣じて以て存知せざるなり」（『歎異抄』後序）の文を、善悪という課題を結ぶ文として配していること、さらに善悪という課題の究竟の標準を探究する中で、問題を「唯信」の一語で結論する意図には十分な注意を払う必要があろう。満之は「利害」「幸福」「良心の直覚」「聖賢の垂訓」が究竟の標準となり得ないことを示し、これらによって「是非・邪正・善悪」の標準を定めようとする立場に対し、別の善悪の基準を提示するのではなく、究竟の標準は「唯信」という浄土真宗の宗教的自覚においてのみ応えられ得ることを書きとめる。それは、様々な世間的善悪の標準が究竟の標準とはなりえないことを意味するものであり、「唯信」においてのみ世間的善悪の標準が内包する問題に自覚的であり得ることをも意味している。満之において「善悪のふたつ総じて以て存知せず」とは善悪を不問のこととして抛擲《ほうてき》するのではなく、究竟の標準たる「唯信」において覚知される事柄であり、それは何らかの世間的な善悪の標準に縛られて生きることからの解放が「唯信」において実現することを意味している。

親鸞が『唯信鈔文意』で説示するように、「唯」とは「ただこのことひとつ」「ふたつならぶことをきらう」言葉であり、他のいかなることにも代置されえない究竟の標準を明確にする言葉である。「唯信」、それは何らかの世間的善悪に執われて苦悩するあり方からの解放を願う阿弥陀仏の本願に信順する「信」である。満之にこの「唯信」が究竟の標準として確かめられている。

満之が「善悪」という規定において問うた課題は、単に倫理研究という学究的関心から起こされたものではなく、自らは何を究竟の標準、依り処として生きるべきかという実存的関心に根ざした課題であった。満之は『歎異抄』の文言を通して、この課題が倫理的地平ではなく「唯信」という宗教的地平において捉えられるべきものであることを明示し、その宗教的地平を自らに拓く聖教として『歎異抄』の文を受けとめていることが知られるのである。

## 一―四　「聖教抜萃」

満之は「〔大学第四年度ノート〕」「善悪」」の四年後、「聖教抜萃」と題する一冊の書物に再び『歎異抄』からの抜書を行なっている。「聖教抜萃」は『真宗宝典』からの抜書である。「聖教抜萃」の記される一八九〇（明治二三）年七月は、満之が京都府尋常中学校の校長を辞し、剃髪《ていはつ》し着衣を洋服から僧衣に改め「ミニマム・ポシブル」と称する修道生活を始める時期である。この頃の日記には『真宗宝典』についての記述が散見される（『全集』八巻四三―四四頁）。従来の研究では満之が『歎異抄』をどの書物で読んだのかはあきらかにされていないが、『真宗宝典』を座右の書とし『歎異抄』に親しんでいたことが知られる。(2)「聖教抜萃」には『歎異抄』以外に『観経疏』『選択集《せんじゃくしゅう》』『改邪鈔《かいじゃしょう》』等の文が抜書されている。「聖教抜萃」は書物の名称が示すとおり聖教からの抜萃のみであり、それらの文に対する満之の了解は一切記されていない。そのため、この書における満之の思想的営為を明瞭にすることは困難であるが、試みに満之が留意する文に抜書の意図を尋ねてみたい。

最初の『観経疏』からは多様な文が抜書されるが、満之は、善導が『仏説観無量寿経』「流通分」の教意を尋ねた次の文で抜書を結ぶ。

上来雖説定散両門之益望仏本願意在衆生をして一向専称弥陀仏名
（上来、定散両門の益を説くと雖《いえど》も、仏の本願の意を望まんには、衆生をして一向に専ら弥陀仏の名を称せしむるに在り）

この文は、衆生に称名念仏の一行を選びとらせることが阿弥陀仏の本願の意であることを、善導が明らかにする文であり、念仏一行を選び取り諸行（念仏以外の行）を捨てることが『仏説観無量寿経』の教意であると明確にする文である。ここには阿弥陀仏の本願によって選びとられる称名念仏への満之の注目がある。称名念仏による浄土往生は真宗の核心と言うべき教えである。その念仏往生の教えの根源である弥陀の本願の意、それは善導の示唆を受け、法然に「念仏往生の本願」と了解される。

続いて満之は法然の『選択集』（本願章）勝劣・難易の「難易の義」の文を抜書する。念仏は易であり、諸行は難であることを説くこの一段の法然の主張は、単に諸行は難しく念仏は簡単であるということではない。法然は、阿弥陀仏が、貧しい者か富める者か、智恵なき者か才能ある者か、博学の者か否か、浄らかに戒を持つ者か破戒の者かで区別せず、一切の衆生を救う平等の慈悲に促されて念仏を往生の行として選び取ること（選択本願の行）をあきらかにする。念仏は救いに人間の側の諸条件・境遇・能力等を要求しない、誰もが修めることができる易行《いぎょう》であるということである。あらゆる人間存在に通じ仏道を成就する選択本願の行としての称名念仏への満之の着目がある。さらに、満之は続いて『改邪鈔』の「本師聖人のおおせにいわく某《親鸞》閉眼せば賀茂河にいれて、うおにあたうべしと云々」の文に留意する。これは、親鸞の語る世間的な価値観を超えた生の内実を示す文という視点からの抜書であろうか。これらの文を受けて抜書されるのが『歎異抄』の文である。

満之は第一章、第三章、第一二章、第一三章の文を抜書する。その中で満之は、深励が「勧信誡疑」の基点として問題とする第一章、第三章の同じ文に留意する。

△本願を信ぜんにに（ママ）、他の善も要にあらず、念仏にまさるべき善なきゆえに、悪をもおそるべからず、弥陀の本願をさまたぐるほどの悪なきゆえにと

△善人なをもて往生をとぐ、いわんや悪人をや。しかるを、世の人つねにいわく、悪人なお往生す、いかにいわんや善人をやと。この条一旦そのいわれあるににたれども、本願他力の意趣にそむけり云々

しかし、深励が「勧信誡疑」の相承において注目する聖教の文と満之が注目する『観経疏』『選択集』『改邪鈔』の文には視点の異なりが明確であり、おのずから『歎異抄』への関心も異なるものであったと言わねばならない。

満之は続いて第一二、第一三章の文に留意する。特に、第三章の文意に呼応する第一三章の文に注目すると、抜書の箇所が特徴的であることを指摘できようか。

たとい諸門こぞりて、念仏はかいなきひとのためなり、その宗、あさしいやしというともさらにあらそわずして、われらがごとく下根の凡夫、一文不通のものの、信ずれはたすかるよし、うけたまわりて信じそうらえば、さらに上根の人のためにはいやしくとも、われらがためには、最上の法にてまします。たとい自余の教法はすぐれたりとも、みずからがためには器量およばざれば、つとめがたし。われもひとも、生死をはなれんことこそ、諸仏の御本意にておわしませば、御さまたげあるべからずとて云々

△よきこゝろのおこるも、宿業のもよおすゆえなり。悪事のおもわれせらるゝも、悪業のはからうゆえなり。故聖人のおおせには、兎毛羊毛のさきにいるちりばかりもちりばかり（ママ）もつくるつみの、宿業にあらずということとなしとしるべしとそうらいき

△一人にてもころすべき業縁なきによりて害せざるなり。わがこゝろのよくて、ころさぬにはあらず。また害せじとおもうとも、百人千人をころすこともあるべしとおおせのそうらいしは、われらがこゝろのよきをばよしとおもいあしきことをばあしとおもいて、本願の不思議にてたすけたまうということをしらざることを、おおせのそうらいしなり

御消息にくすりあればとて、毒をこのむべからずとこそあそばされてそうろうは、かの邪執をやめんがためなり。また〳〵悪は往生のさわりたるべしとにはあらず。持戒持律にてのみ本願を信ずべくは、われらいかでか生死をはなるべきや。かゝるあさましき身も、本願にあいたてまつりてこそ、げにほこられそうらえ。されば

とて、身にそなえざらん悪業は、よもつくられそうらわじものを。また、うみにあみをひき、つりをして、世をわたるものも云々

第一三章の中で、満之が注目するのは「宿業」という言葉で説示される『歎異抄』の人間観である。それは「業縁」の一語に確かめられるように人間存在の事実を、我々のはからいを超えた縁起性において了解することである。またそれは『観経疏』『選択集』の文に見出された本願念仏に帰す宗教的自覚に実現する人間観であり、満之が『改邪鈔』に見出した世間的な価値観に縛られることのない生の内実を意味する言葉である。これは満之が「(大学第四年度ノート)」で「善悪」という課題のもと問うた究竟の標準に「唯信」という一語で応答したことと別のことではない。「唯信」に実現する自己存在への確かな信知、それが宿業の身を生きる自己の自覚に他ならないからである。このような信心の智慧を『歎異抄』では人間理性による知的理解を意味する「善悪のふたつ総じてもって存知」することに簡《えら》ぶのである。

この「聖教抜萃」は、満之が「ミニマム・ポシブル」を開始する直前の一八九〇年七月三一日に書き結ばれたものである。満之の「ミニマム・ポシブル」の動機については、当時の仏教界における「僧風の衰頽」が最も大きな要因であったと言われる。仏者のあるべきすがたとは何か、その思いに動かされての修道生活であった。同時に「ミニマム・ポシブル」は「可能な最小限」という意味の言葉である。言い換えれば、他のものはなくとも人間に唯一要求されるべきものは何かという人間存立の基盤を見定めていく求道生活を表明する言葉とも言えよう。それはかつて満之に「究竟の標準」という言葉で問われ「唯信」の一語で応答されたことと等質の内容を有するものであると言えよう。

満之は『歎異抄』を、伝統的了解である「勧信誡疑」を説く異義批判の書としてではなく、親鸞における信心の極致が語られる書として選びとる。満之が『歎異抄』に見出した生の内実は、世間的善悪に縛られることのない宿業の身の自覚を生きる生に他ならない。満之のこの了解は大学時代、「ミニマム・ポシブル」実践の時期のみならず、その後の満之の生涯を貫いて底流する知見であった。そのことは満之の「処世の完全なる立脚地」「倫理以上の安慰」「倫理以上の根拠」等の言葉に十分に確かめられよう。満之がこれらの言葉で語る宗教的信念の表明には、『歎異抄』と同内容の宗教的信念の内実を見出すことができる。また、「倫理以上の安慰」「世間と出世間」等の論稿に引用される「善悪のふたつ総じてもて存知せず」という『歎異抄』の言葉は、満之に世間的善悪を超えた宗教的安住の地平を開示した文言であったのだと言えよう。

## 二　『教行信証』と満之

### 二―一　「在床懺悔録」

満之は、一八九〇（明治二三）年七月から「ミニマム・ポシブル」と称する厳しい修道生活を実践する。その影響から体調を崩し一八九四年四月、肺結核の診断を下される。六月三日、満之は**沢柳政太郎**、**稲葉昌丸**《まさまる》、**今川覚神**《かくしん》、**青木（井上）豊忠**《ぶんちゅう》ら友人達の懇切な情誼《じょうぎ》に折れ、播州垂水《たるみ》の舞子海岸に一軒の家を借り療養する。この療養中の満之の論稿に「在床懺悔録」「他力門哲学骸骨《がいこつ》試稿」（以下、「試稿」）がある。満之はこの頃の日記に「宗教は死生の問題に就いて安心立命せしむるもの也」（『全集』八巻一一一頁）としばしば記しているが、そこには結核を患い死生の問題に直面する中での切実な救済への要求がうかがわれる。

さらに満之は日記に「愚蒙《ぐもう》の改悔《かいげ》それ此の如し。穴賢《あなかしこ》々々《あなかしこ》」（同上一三七頁）と記し、また後年この当時を回想して「回想す。明治廿七八年の養痾《ようあ》に、人生に関する思想を一変し略《ほ》ぼ自力の迷情を翻転し得たりと雖《いえ》ども」（同上四四一頁）と記す。「愚蒙の改悔」とは「懺悔」に通ずるものであり、真宗で言う懺悔は回心懺悔を意味するものであるから、それは宗教的回心を意味する言葉である。「在床懺悔録」はこの信仰の転機以降の最初のまとまった思索録であり、満之が「在床」「懺悔」「録」と称した心情をうかがえよう。その執筆の動機は①切実な救済への要求、②大谷派宗門における教学・教育の充実を願い、沢柳を大谷尋常中学校校長兼教学顧問に招聘した宗門改革が頓挫したこと、③『宗教哲学骸骨』（以下、『骸骨』）（総関宗教哲学）に続く「試稿」（特殊宗教哲学）執筆に向けた親鸞教学の究明等が挙げられよう。

満之は「在床懺悔録」で『浄土三部経』『教行信証』を通し、親鸞思想の核心である「教・行・信・証」の四法を論じ、真宗の綱格を明らかにする。二三項目にわたって自ら問を設け答えるという形式をとっているが、その構成は次の通りである。

「〔一〕から〔六〕までが「仏陀」（特に阿弥陀仏の本願）」

親鸞が真実の教と仰ぐ『大経』に説かれる阿弥陀仏の本願は、苦悩の衆生を分け隔てせず見捨てることなく救う願であること、この本願の教説を法然が『選択集』で説き述べ、法然の教えを通して親鸞が「教・行・信・証」の四法を建てること、その四法に真宗の大綱が尽されていること等を述べる。

「〔七〕から〔九〕までが「教」（真実の教え『大経』）」

親鸞が『教行信証』で真実の教と仰ぐ『大経』は他力門の経典であり、釈尊の出世本懐の経であること、『浄土三部経』の『仏説観無量寿経』『仏説阿弥陀経』は『大経』の一分を敷衍したものであり、それらは純粋な他力門の経である『大経』の教えに導くために説かれた経であること等を述べる。

「〔一〇〕から〔一六〕までが「行」（真実の行）」

親鸞が真実の行とする称名念仏が、自力の行ではなく他力の行、すなわち阿弥陀如来の大悲回向《えこう》の行であること、親鸞が『教行信証』「行巻」で「南無阿弥陀仏」の六字名号を釈する名号釈を通して、名号は本願招喚の勅命（阿弥陀如来が衆生を浄土に招きよぶよびかけ）であること、またその名号を称える称名念仏は、釈尊に代表される諸仏が阿弥陀如来の本願の名号を讃嘆（讃える）する行であり、その称讃を聞いて衆生は如来の大悲本願を領受すること等を述べる（＝諸仏称名の願に基づいて）。

「〔一七〕から〔二二〕までが「信」（真実の信）」

満之は『教行信証』「信巻」における三一問答に言及する。三一問答とは、阿弥陀如来の本願の三心（至心、信楽、欲生）と本願を信ずる一心とが一つであることを推究する問答であるが、この問答を通して親鸞における真実の信心は他力回向の信であることを述べる。さらに「信」と「行」の関係について、ともに他力回向の行信であること。また、善導の二種深信に言及し、さらに信心の利益等を述べる（＝至心信楽の願に基づいて）。

「〔二三〕が「証」（真実の証）」

親鸞の現生正定聚《げんしょうしょうじょうじゅ》の思想、すなわち、念仏者が正定聚に住し必ず大涅槃（滅度）に至るとされる思想内容を、浄土往生の者（国中人天）とは何か、正定聚とは何か、滅度とは何か、正定聚と滅度の関係はどのようなものか等の点から詳述する（＝必至滅度の願に基づいて）。

満之は親鸞の『教行信証』に基づき、真実の教を『大経』に、真実の行、信、証をそれぞれ『大経』所説の諸仏称名の願、至心信楽の願、必至滅度の願において確かめ、その願意を一貫して推究する。そこには阿弥陀仏がすべての衆生の救済を誓う本願他力の教えを究明する姿勢が貫かれている。このことは「教・行・信・証」の四法について論じるに先立って、次のように述べていることにもあきらかである。

阿弥陀如来は（中略）仏陀中の元祖なり。常に無縁の大悲に促されて度心遣る方なく茲《ここ》に一大方便により現して法蔵比丘《びく》となり第五十四仏（世自在王仏）の所に於て発心立誓し非常の修行成就して遂に吾人往生の大途を開き玉えり。

（『全集』二巻六頁）

『大経』所説の阿弥陀如来の本願とその成就について述べる文である。阿弥陀如来はあらゆる仏の元祖であり、苦悩する衆生を悲しむ心に促されて「度心」、すなわち苦悩の衆生を救おうとする大悲の願心を発し、すべての生きとし生けるものの浄土往生の道を開いたのであると言う。「茲に一大方便により」という言葉で述べられている内容は「試稿」でも「無限の方便」として論じられていく。

満之が親鸞思想のオーソドックスな主題について正面から論じたこの論稿は、従来、伝統的な教学を継承すると評され、あまり顧みられることがなかったように思う。しかし、真実行である称名念仏を「阿弥陀如来の大悲を伝える導器」と了解する点、また『骸骨』の有限無限、主伴互具を基想とし親鸞思想をあきらかにする点など極めて独創的な思索が展開されている。真実証を現益《げんやく》（念仏者が獲る現生の利益）と当益《とうやく》（念仏者が得る当来の世の利益）という範疇で了解することなどには伝統教学の視点があるが、これについても有限無限の関係において究明されている点は、満之独自の視点を認めねばなるまい。

満之は本論稿の末尾で「〔一二三〕証とは必至滅度（第十一願成就）とは如何」と題し、『骸骨』の有限無限論によって、親鸞の「現生正定聚」の思想を次のように了解する。

有限無限の関係に就て之を云わんか。有限が一旦無限に対する関係を認得するや翻て前の有限箇立の思念に返る能わず。主伴互具の関係は湛然として不動なる。是れ所謂《いわゆる》不退転の義相なり　（同上二三―二四頁）

他語以て之を説んか。箇存の有限が初めて無限に対する関係を覚知するや其有限は最早従来箇存の観念を脱却し有機組織の観念に転入す。是れ歴然たる一段の変転なり。而して此新観念たるや決して消滅することなく永く相継して不変たるや勿論なり。豈《あに》正定聚一《(ママ)》退転にあらずや　（同上二五頁）

この了解を踏まえて必至滅度の願を次のように訓読し、その内容を図示している。

是に由て更に経文を展閲すれば弥此関係を明領し得べきを見る（中略）第十一願成就の文は其訓読左の如し仏阿難に告はく。其れ衆生の彼の国に生ずる有んものは皆悉く正定の聚に住せり。所以は何となれば、彼仏国の中には諸の邪聚及不定聚たりしもの無ければなり」

（同上二六頁）

我々は自らを他者と別々に独立してある存在と認識して生きる迷妄の凡夫（有限。有限箇立の思念、箇存の観念に基づき生きる存在）である。その凡夫が信心獲得において有限無限の関係に目覚め、自らの迷妄を自覚し、かつ同時にあらゆる有限存在が相依相待の有機的関係にあるという「有機組織」の観念に進み「主伴互具」の関係性を回復しつつ生きる者となることを、満之は現生正定聚の内実として了解する。この思索は「試稿」でさらに展開されていくが、そこでは現生正定聚について「宗教実際上最も重要なる地位」と言い切り、「宗教上の大安心」が実現する位であると確かめていく。満之は本論稿でも「豈に来生を待つの必要あらんや。現生速達なること勿論なり」と救済の現在性に力点を置き、宗教上の救済が現生正定聚において実現することを強調して述べていく。これは満之が『精神界』誌上において「精神主義は現在の安住を主要とするものなり」と述べることに展開していくこととなる。

従来の研究では、満之の親鸞思想了解は『歎異抄』によるものであり、『教行信証』を読んでいないという見解がしばしば示される。しかし、「在床懺悔録」では親鸞思想の核心である教行信証についての思索を展開している。

さらに、真実行の名号釈について論述する中で、

細詳を欲するの士は更に開祖行巻の妙釈を仰窺すべし

（同上一一三頁）

と、『教行信証』の精読を勧めていることは注意されよう。筆者が『歎異抄』について論じる際に挙げた『真宗宝典』の漢文部には、『教行信証』と『六要鈔』（初の『教行信証』の注釈書。親鸞没後百年頃、親鸞の玄孫存覚著）が会本の形式で収録されている。満之は、一八九五（明治二八）年二月一日付の稲葉昌丸宛書簡で、『真宗宝典』を届けてもらうよう依頼している。「在床懺悔録」はこの時期に執筆されており、満之はこれらの書によって親鸞の

『教行信証』を読む機会をもったと考えられる。

## 二―二　研究史における満之の意義

現在でこそ、親鸞思想研究の中心に『教行信証』が据えられるべきことは当然のこととして研究者に共有されているが、その研究に必須のこととして『教行信証』が広く学ばれるようになるのは、ごく最近のことと言ってよい。満之が身をおいた大谷派の学寮では近世に至るまで『教行信証』の講義は行なわれていない。かわりに『浄土文類聚鈔』や『教行信証大意』が講義されている。また、住田智見が「『教行信証』拝読及び研究の沿革」で伝えるように、『教行信証』は一派の宝典であるため、講者による講義はなされず、「会読《かいどく》」という形式で読まれていた。会読とは仲間内で読み研究討論する形式のことである。深励の『広文類会読記』冒頭には「今般御望に応じて会読を致しまするこことで講釈ではござりませぬ会読なり。」(『真宗大系』第一三巻一頁)と述べられている。学寮では大正時代に至るまで『教行信証』の講義はなされていない。

また、近世大谷派のテキスト研究の場合、随文解釈という方法が主流であり、その際、文々句々の語義を厳密に確かめていく訓詁註釈が主な学問方法であった。しかも『教行信証』は一派の基軸となる聖典であるため自由な解釈が制限されていた。明治時代に入っても、この伝統は守られていたと言えよう。その伝統的学問方法はやがて、先輩の学説から軌道を逸することを許さないあり方になっていく。そのことは、明治中期に活躍した学僧であり、東京移転前の真宗大学(一八九六年開設)において学監を務めた占部《うらべ》観順《かんじゅん》の「異安心《いあんじん》」事件に見ることができる。占部は親鸞の文を規範とする自由討究によって先輩の学説を取捨したことから「異安心」として問題にされる。具体的に問題となった事柄は蓮如の『御文』における「タノム、タスケタマヘ」の意味理解についてであり、占部は先輩の学説と意見を異にしたのである。

占部の「異安心」事件に象徴されるような閉ざされた学風の転換をはかったのが、教学振興を願う満之らを中心とした宗門改革運動（一八九六―一八九八年）であった。占部の学説に対し異安心の烙印を押した学寮を中心とする保守派の人々によって結成された組織を「貫練会《かんれんかい》」というが、この「貫練会」の学問姿勢に対して、満之は厳しく批判する。

一、貫練会は現時真宗の徒にして宗義の改竄《かいざん》を企図する者ありとすること
一、貫練会は其所謂先輩の軌轍に合せざる宗学上の解釈を以て邪義不正義とせんとするものなること
一、貫練会は宗学上に於ける学者の見解に対し自ら真偽邪正を決判するを得とするものなること
一、貫練会は「同志を糾合」して其所謂邪義不正義を撲滅せんとするものなること
（中略）

宗義と宗学　夫れ宗義と宗学とは截然其区別あり、決して混同すべきものに非ざるなり、宗義は宗祖の建立に係り宗学は末学の討究に成る、（中略）宗義は一定不易ならざる可らずと雖ども、宗学は発達変遷あるを妨げず、我真宗の宗義は載せて立教開宗の聖典たる広本六軸の中に在り、

（『全集』七巻一一二―一一三頁）

満之の主張は概ね次のようなものである。「貫練会」は宗義と宗学を混同している。「宗義」は親鸞があきらかにした教えであり、不変のものである。「宗学」は末学の討究であるから、種々な解釈があったとしても真偽邪正の別を立てるべきではない。「貫練会」が先輩の学説を標準として占部の是非を決定しようとするのは不当であり、

宗学は自由に討究されなければならない、ということである。
宗義は「先輩の学説」にあるとする「貫練会」に対し、満之は親鸞の「広本六軸」すなわち『教行信証』の中にあるとし、宗学は「先輩の学説」の「遵守」にあるとする「貫練会」に対し、満之は『教行信証』を基点とする自由討究であるべきと主張する。これは宗学における自由討究の解釈学的基準を『教行信証』におくべきとした意義深い指摘である。この指摘は当時の学問方法の常識からすれば空前絶後のことであり、現代の親鸞研究においても大きな意義を有することである(3)（以上、本節は［安富二〇〇二］参照）。

## おわりに

一九〇一（明治三四）年一〇月一三日、満之を初代学監として真宗大学が東京巣鴨に移転開校する。その開校の式で、満之は次のように宣言する。

本学は他の学校とは異りまして、宗教学校なること、殊に仏教の中に於て浄土真宗の学場であります。即ち、我々が信奉する本願他力の宗義に基きまして、我々に於て最大事件なる自己の信念の確立の上に、其信仰を他に伝える、即ち自信教人信《じしんきょうにんしん》の誠を尽すべき人物を養成するのが、本学の特質であります

（『全集』七巻三六四頁）

「貫練会を論ず」では『教行信証』の中にあると語られていた「宗義」が『教行信証』の思想の核心である「本

願他力」へと先鋭化して語られていく。ここには、自他ともに阿弥陀如来の本願を立脚地として生きることを課題とする、「本願他力」の教えに基づく人物教育が宣言されている。満之は後年、本願を立脚地として生きた親鸞を憶念し、『精神界』誌上（「講話」欄に掲載された「清沢満之」の記名がある論稿。法藏館版『全集』は、「安藤州一成文」と伝える）の「倫理以上の安慰」と題する論稿に次のように述べる。

「心を弘誓の仏地に樹て、情を難思の法海に流す」と、自己の信念を表白せられた親鸞聖人の御口から、「親鸞に於ては、善悪の二つ総じて以て存知せざるなり」と仰せられたは、決して偶然ではありませぬ。全く自我をすて、一心を挙げて如来海中に投じた上は、凡ての事が皆如来威神力の所為となるから、是非善悪の区別は更に無く、唯威神力の活動を見るばかりである（『全集』六巻一二二頁）

満之は『教行信証』に尋ねた阿弥陀仏の本願を立脚地とする生の具体的内実を、『歎異抄』が伝える親鸞の善悪不存知の教えによって語る。本願を依り処とする仏道を生きた親鸞の信念の表白を聞く。満之は「他力門の要は切々聞法し即得往生するにあり」（『全集』八巻三九〇頁）とも述べているが、その聞法によって、世間を生き抜く信心の智慧を賜ることを語るのである。

満之は一六歳で育英教校に学び、その授業の合間には浄土三部経を読誦する生活を送っていた。その後、東京留学を経て、京都府尋常中学校長に就任し帰京した頃には、毎朝、東本願寺に参拝する聞法生活を送っている。その聞法生活を通して、満之が阿弥陀如来の本願に「処世の完全なる立脚地」を獲得し生きたことを、我々は満之の「精神主義」「（他力の救済）」「我は此の如く如来を信ず（我信念）」に知ることができる。

## 註

（1）「三誓の文」は『精神界』第一巻第二号に「浩々洞註」との撰号のもと掲載されているが、稲葉昌丸・関根仁応《にんのう》究の満之書簡で、『精神界』同号所載の「万物一体」「公徳問題の基礎」とともに、自身の論稿であることを記しているのでここに挙げた。また、「倫理以上の安慰」は安藤州一の成文であることに注意しなければならないが、ここに引用する『歎異抄』後序の文は、満之が他の著述でもしばしば留意する文であり、満之が『歎異抄』に何を教えられたのかを究明する上で重要な引用の一例であると言えよう。

（2）この時期に満之が読んだ『歎異抄』がここで指摘する『真宗宝典』である根拠として、（一）満之の蔵書目録である「如是文庫目録」に『真宗宝典』の書名が確認されること。（二）当時の日記「随筆偶録」等に『真宗宝典』の書名が散見されること。（三）満之自坊西方寺に現在も『真宗宝典』が所蔵されていること。（四）「聖教抜萃」における抜書の上覧に附される頁数が、『真宗宝典』の頁数にのみ符合することを挙げることができる。『真宗宝典』（天・地）は一八八九（明治二二）年一二月に「漢文之部」が、翌年六月に「和文之部」が山本貫通を「編纂兼発行者」として、東京の真宗宝典出版所から発刊されている。

（3）後に金子大榮が「私が初めて『教行信証』を披いたのは、真宗大学に於てその講義を聞ける時であった」（『金子大榮著作集』第六巻〈春秋社、一九八一年〉）と伝えるように、学寮で講義されていなかった『教行信証』が真宗大学で講義されていくこととなる。また、山辺習学・赤沼智善著『教行信証講義』（一九一三〈大正二〉年二月）が浩々洞から出版されていく。さらに、『教行信証』の全文を初めて単独で収録した『真宗聖典全書』（一九〇七〈明治四〇〉年）、『教行信証』を初めて書き下し文で収録した『真宗聖典』（浩々洞、親鸞六五〇回忌記念、一九一〇年）が出版される。このように『教行信証』が広く研究に資するかたちで公開される道が開かれていく。

【附記】「聖教抜萃」の自筆稿は現在、清沢満之自坊西方寺に所蔵されている。本論ではその影印を閲覧・翻刻し、一部を掲載した。閲覧・翻刻に際しては、大谷大学真宗総合研究所清沢満之研究班のご協力をいただいた。

# 第三章 教育者としての清沢満之

春近敬

思想家・宗教家として知られる清沢だが、彼は教育に尽力した一流の教育者でもあった。同時代の教育論を踏まえつつ、その教育者としての側面をクローズアップすることで、清沢満之という人物の多面的な姿に迫っていこう。

## はじめに

清沢満之は真宗大谷派の僧侶であり、宗教哲学者であり、近代における仏教改革運動の担い手である。しかし清沢は同時に――あるいはそれ以上に――教育者でもあった。

清沢の思想や信仰と教育との関係については、これまでも一定の研究が重ねられている。久木幸男は、清沢の思想に占める教育思想のウェイトの大きさに着目し、その思想が当時の「天皇中心主義教育理念」と対立するものであったと指摘している［久木一九六八］。安冨信哉は、清沢の教育を清沢自身の「自己の探求」を経て「他己の開発」に展開する宗教的実践として位置づけ、総体的に論じている［安冨一九九九］。鈴木朋子は、道徳という観点から清沢の思想にアプローチを行ない、彼の道徳教育が自律性の育成を目的としていたことを明らかにしている［鈴木二〇一二］。

本章の趣旨は、これらの研究を踏まえつつも、清沢を一貫した「教育者」として捉え直すものである。「〈思想家〉清沢満之における教育」ではなく、「〈教育者〉清沢満之の思想」と視点を転換させたところから彼の生涯を概観し、その思想の解明を試みたい。

### 一　「教育者」清沢

清沢は、大学を卒業してからの生涯の大半を教育者として過ごしている。まずは、清沢の教育の経歴を順に辿ってみたい。

### i．第一高等中学校・哲学館〔一八八七年七月―一八八八年七月〕

清沢は一八八七（明治二〇）年七月に帝国大学を卒業し、大学院に進んで宗教哲学を専攻した。あわせて、同級生である後の文部大臣岡田良平と共に、第一高等中学校（現・東京大学教養学部）の史学講師となった。清沢はフランス史を、岡田はイギリス史を担当した。岡田は、任に堪えないと思いながらも当時は歴史学を専門とする者がいなかったことから、清沢ともども「やむことを得ず」引き受けたと述べている（無我山房版『全集』三巻三〇五頁）。**暁烏**《あけがらす》 **敏**《はや》によれば、清沢自身も晩年に「大嫌いの歴史を持たされて困った」と語っていたという。

また、清沢は同年九月に設立された哲学館（現・東洋大学）の評議員となり、心理学と純正哲学の講義を担当した。純正哲学では主にロッツェの『形而《けいじ》上学《じょうがく》』に基づいた講義を行なった。

翌一八八八年七月、本山の命により京都府尋常中学校の校長に就任したため、第一高等中学校と哲学館での講義は一年で終わった。一高を離任する際に教え子から記念に硯を贈られているが、送り状の生徒名の中には尾崎徳太郎（尾崎紅葉）の名が見られる（法藏館版『全集』一巻六三八頁）。

### ii．京都府尋常中学校〔一八八八年七月―一八九三年三月〕

一八八八（明治二一）年三月、京都府は尋常中学校の経営を真宗大谷派に委譲した。これは第三高等中学校の誘致設立のために尋常中学校の経営が財政上困難になっていた京都府と、学校経営を企図していた大谷派の思惑が一致したことによる。尋常中学校委譲の交渉にもあたっていた大谷派参務の**渥美契縁**《かいえん》は、校長として清沢を指名した。清沢は大学院に進学して第一高等学校と哲学館で教え始めたばかりであったことから、その任を引き受けるべきか躊躇したが、最終的には受諾し、同年の七月に京都に移住した。当時の心境を、清沢は人見忠次郎に次のように語ったという。

「人は恩義を思わざるべからず。（中略）余は国家の恩、父母の恩はいうまでもなく、身は俗家に生れ、縁ありて真宗の寺門に入り、本山の教育を受けて今日に至りたるもの、この点に於いて、余は篤く本山の恩を思い、之が報恩の道を尽さざるべからず」と。

（法藏館版『全集』三巻六〇九頁）

当時、大谷派は同年に名古屋に大谷派普通学校、金沢に共立尋常中学校を設置し、京都と同じく僧俗共学の中等教育の経営に乗り出していた。僧侶養成専門の学校とせずに僧俗共学とした理由は、俗人教育を担うことで大谷派の社会における有益性がアピールできること、高等中学校への進学を視野に入れた進学校であるから僧侶養成機関としての教育水準も向上できること、また在学する自派の僧侶が徴兵猶予特典を得られることにもあったといわれている［谷川二〇〇八］。大谷派普通学校の校長には南条文雄《ぶんゆう》、共立尋常中学校の校長には**今川覚神**《かくしん》が就任している。南条はオックスフォード大学でマックス・ミュラーに梵語学を学んで帰国し、このとき帝国大学講師であった。今川は清沢や**井上円了**と同じく大谷派の給費生として東京大学に留学した僧侶である。いずれも学校経営に際して宗門の若い世代のエリート僧が派遣されたのであり、校長就任時点で二五歳であった清沢もその一人であったのである。

清沢自身はここでは英語、歴史、論理などの授業を受け持った。清沢は学生に対して、各科目を平等に学ばなければならないと説いた。当時の学生であった藤岡勝二によれば、清沢は学生を講堂に集めて「動物学と投影図とは、一寸かけはなれた学問のようであるが、その根底にはちゃんと共通点が通っておる。その他どんな学科でも、学校の与えたものは必ず、連絡のあるものである」（法藏館版『全集』三巻六一三頁）と話したという。全ての学科は一見かけ離れているようでも根底において繋がっているという理解は、後述する清沢の「因縁果の理法」および全ての事物は連関するとする「万物一体」の思想にも通ずるものである。

一八九〇年七月、清沢は校長を辞職する。剃髪《ていはつ》し、それまでの洋服から黒衣に改め、「ミニマム・ポシブル」と呼ばれる禁欲生活に入った。校長職は**稲葉昌丸《まさまる》**に譲ったが、授業自体は本山の要請もあって継続した。それから三年後、一八九三年に京都府尋常中学校は府に返還されて大谷派の経営から離れることとなった。

### iii. 大谷尋常中学校〔一八九三年九月―一八九四年六月〕

尋常中学校を府に返還した大谷派は、一八九三（明治二六）年九月、京都に大谷尋常中学校を開設した。清沢は稲葉昌丸や今川覚神と共に嘱託教員に任じられた。ここで、清沢は帝国大学の同級生であった文部官僚の**沢柳政太郎**を校長兼真宗大谷派教学顧問として招聘した。宗門の学校として再出発したことを契機に、教学の充実を図ったのである。清沢自身は引き続き英語や歴史などを担当し、スマイルズの『自助論』の原著を読み、ベインの『論理学』、スウィントンの『万国史』などを扱った。

この頃、暁烏敏・**佐々木月樵《げっしょう》**・**多田鼎《かなえ》**など、晩年に東京で「浩々洞」と呼ばれる共同生活を送ることとなる門弟たちが学生として編入学している。暁烏も多田も、黒衣姿で学内を歩く清沢の姿を見て、はじめは清沢が教師であるとは思わなかったと述懐している。

### iv. 真宗大学寮〔一八八八年一月―一八九三年三月〕

真宗大学寮とは、一六六五（寛文五）年に創設された東本願寺学寮に始まる大谷派の学術機関である。清沢は一八八一（明治一四）年一月に「科学哲学宗教之関係」という題で講話を行ない、七月の京都移住とともに真宗大学寮にも関わっていく。

清沢は一八八九年一〇月から一八九四年四月まで西洋哲学史を講じた。また、一八九一年九月から翌四月までは「宗教哲学」を、一八九二年九月から翌三月まで「宗教哲学骸骨《がいこつ》講義」を講じた。

## v．岡崎御学館〔一八八八年一月—一八九四年六月〕

御学館とは当時東本願寺の法主後継者であった**大谷光演**（句仏）のための学問所であり、京都の東本願寺岡崎別院に併設されていた。一八八八（明治二一）年一月、清沢は光演に「幼学綱要」を進講し、あわせて宗教と教育について意見を述べた。一八九一年三月、清沢は稲葉・細川千巌・楠潜龍らと共に御学館の組織改革を建議しており、同年六月には御学館の用掛を任ぜられている。

このように東京で高等教育、京都で中等教育・宗門教育・新法主への進講と様々な形で教育に携わった清沢であるが、激しい禁欲生活が原因で健康を損ね、一八九四年四月に結核の診断を受ける。そして六月、稲葉・今川・沢柳らの強い勧めによって兵庫県の垂水《たるみ》に転地療養をする。ここで、清沢の職務上の教育のキャリアは一旦途切れる。この後、宗門改革運動への参加と挫折を経て、清沢が再び公の場で教育に携わるのは五年後の一八九九年のことである。

## vi．新法主教導〔一八九九年六月—一九〇二年秋〕

一八九八（明治三一）年八月、京都に居住していた大谷光演が東京に移住する。一八九九年六月、改革運動に敗れて愛知県大浜の自坊に帰住していた清沢は、この新法主に招かれて東京に転居し、一九〇二年まで光演の補導を務めた。この間に、進講のメモとして「御進講覚書」を書き残している。

清沢が東京で補導を務めることが光演自身の意志によるものであったのかは定かではない。暁烏は清沢の東上について、「東京の**近角常観**《ちかずみじょうかん》、常盤大定《ときわだいじょう》等の諸君が相図り、先生を東京に招いて、日本の思想界の指導をしていただくという計画で、ちょうどその頃浅草本願寺に居られた大谷光演師のために哲学を講ずるという名義で、本願寺をして東京に駐在せしめることにしたのであった」（法蔵館版『全集』八巻二一〇頁）と回想している。

### vii 真宗大学（一九〇一年九月―一九〇二年一一月）

真宗大学寮は、一八九六（明治二九）年に真宗大学と真宗高倉大学寮の二機構に改組された。宗門改革運動の沈静後、大谷派は清沢ら宗門改革運動の参加者を本山や真宗大学の職務に登用しようと試みたが、はじめ清沢は応じなかった。

一八九九年、清沢は改革運動参加者らとの協議を経て、以下を条件として真宗大学の業務を引き受けることにした。一、真宗大学を東京に移転すること。二、経費として年二万五〇〇〇円を支出すること。三、教育上の方針、学課の編成をはじめ教育に関する一切を清沢に任せて干渉しないこと（法蔵館版『全集』八巻二〇七―二〇八頁）。これを本山は受諾し、一〇月、議制局において真宗大学の東京移転が議決された。一九〇一年九月に東京の巣鴨に移転し、清沢は三七歳で真宗大学学監（学長）に就任した。

一九〇一年一〇月一三日に開かれた開校式で、清沢は次のように述べている。

本学は他の学校とは異なりまして、宗教学校なること、殊に仏教の中に於いて浄土真宗の学場であります。即ち、我々が信奉する本願他力の宗義に基づきまして、我々に於て最大事件なる自己の信念の確立の上に、其の信仰を他に伝える、即ち自《じ》信教人信《しんきょうにんしん》の誠を尽すべき人物を養成するのが、本学の特質であります。

（『全集』七巻三六四頁）

清沢は、真宗大学の特質を「自信教人信の誠を尽すべき人物を養成する」ことにあるとする。「自信教人信（自ら信じ、人を教えて信ぜしむ）」は善導の『往生礼讃』にある言葉で、親鸞も『教行信証』に引用している[1]。

清沢は哲学の教授に朝永三十郎を招くなど、真宗大学を従来の僧侶養成機関とは一線を画した近代的な大学として整えた。しかし、その精神はあくまで他の学校と違って「宗教学校」であると強調した。授業が始まった後も、清沢は「真宗の学生中に、この大学に中学校教員養成の資格を得たしと望む学生のあるは嘆ずべきこと」（法藏館版『全集』八巻三四九頁）であると門弟たちに語っている。

ところが、学生はそのような清沢の意図と裏腹に、真宗大学が「ふつうの私学」［久木一九六八］となることを望んだ。開校から一年経った一九〇二年一〇月、学生らは大学主幹であった関根仁応《にんのう》の排斥運動を起こす。清沢はその責任をとって大学を辞職し、東京を離れて帰郷する。これが清沢が教育に関わった最後となり、翌年六月に大浜で三十九年十一カ月の生涯を閉じた。その後、真宗大学は高倉大学寮と併合して一九一三年に京都に再移転し、大谷大学として現在に至る。

## 二　行動原理としての教育

### (1)　宗門改革運動

清沢の「教育者」としてのキャリアが中断した一八九四（明治二七）年から一八九九年の間、清沢は大谷派宗門の改革運動を起こしている。清沢は一八九五年七月に稲葉・今川・南条・**井上豊忠**《ぶんちゅう》・**清川円誠**《えんじょう》・村上専精《せんしょう》ら一二名の連名で東本願寺に対して寺務の改革の建言を提出した。翌年一〇月には京都の白川村で雑誌『教界時言《きょうかいじげん》』を発行し、同誌において改革の必要性を訴えた。

清沢が求めた改革の眼目は、教学を宗門運営の根本に据えることであった。『教界時言』に掲載した「革新の要領」という記事では次のように述べている。

抑《そもそ》も余輩の所謂《いわゆる》根本的革新なるものは、豈《あに》唯制度組織の改良をのみこれ云わんや。否、制度組織の改良は寧ろその枝末のみ。其《その》称して根本的革新というものは、実に精神的革新に在り。即ち一派従来の非教学的精神を転じて、教学的精神と為し、多年他の事業に専注したる精神をして、一に教学に専注せしむるに在り。夫《そ》れ教学は宗門命脈の繫る所、宗門の事業は教学を措て他にこれあるを見ざるなり。

（『全集』七巻二二頁）

清沢にとって、宗門の改革とは場当たり的な制度の改良ではなく「精神的革新」である。教学は宗門の命脈に関わるものであるから、全ての宗門の事業は教学を根拠に置くべきだと主張したのである。

そして、教学を宗門の中心に据えるということは、従来教団内で権威化していた真宗の教理の解釈を、学術的な自由討究の場に開くことでもあった。清沢は「貫練会《かんれんかい》を論ず」という文章で、真宗の「宗義」と「宗学」（教学）を区別して、両者を混同してはならないと主張する。「宗義」は親鸞の「広本六軸」、すなわち『教行信証』のみであってその内容は不変である。しかし「宗学」は親鸞以後の学者の解釈や研究であって、その内容がどれほど優れていようとも、またいかに高名な人物の理解であろうとも、全ては「末学の私見」に過ぎず、新たな討究によって学問的に乗り越えられうるものだとした。しかるに現在の大谷派宗門は学者に従来の学説の踏襲を迫り、それに背くことを親鸞の立てた「宗義」に背くことだと断ずる。これを改めて、宗学に討究の自由を与えよというのが清沢の主張である（同上一一三頁）。

これは親鸞以外に教義上の権威を認めないというものであるが、「宗義」を親鸞の「広本六軸」に限るということとは、歴代の宗学の講師のみならず、たとえば蓮如の『御文』など親鸞以降の聖典すらも「宗学」のうちに含まれていることも暗に意味する。改革はあくまで宗祖に立ち返って歩み直すのだという意図が示唆される。

そして、そのような権威に束縛されない自由討究を可能にするような教育の場こそが必要であると清沢は訴えた。次に挙げるのは「真宗大学新築の位置に就きて」という文章である。

余輩の称して教育と為すものは、所謂精神的教育にして、かの記《き》誦《しょう》詞《し》章《しょう》の学には非ざるなり。記誦詞章の学は死学のみ。死学は活ける知識を産し、活ける道徳を生ずること能わざるなり。識見や気節や正義や博愛や胆勇や力行や、皆死学の産する所に非ず。其之を産すべきものは一に精神的教育に在り。（同上八七頁）

あるべき教育とは、従来の知識を頭にたたき込んで暗唱させるような「記誦詞章の学」ではなく、「精神的教育」であると論ずる。それが実現できる環境として東京が適切であると主張したのである。

一八九七年二月、清沢は稲葉・今川・井上・清川・**月見覚了**らともに、「一派の寺務を非議し、為に門末の人心を激昂せしめ、派内の静謐を妨げ」た（法藏館版『全集』五巻五一三頁）ことを理由に宗門より除名処分を受ける（翌年四月に復帰）。かくして宗門改革運動は、運動としては改革の実現をみることなく挫折に終わる。しかし、先述のとおりこの一連の運動が真宗大学の東京移転に密接に関わってくるのである。

## (2) 浩々洞

東京で光演の補導を務めていた清沢は、本郷森川町にあった欧州視察中の近角常観の留守宅に居住していた。一九〇〇（明治三三）年一〇月、京都の真宗大学を卒業した暁烏・佐々木・多田の三人が上京して清沢のもとに集い、同居を始めた。この共同生活の場を「浩々洞」と呼ぶ。浩々洞からは雑誌『精神界』が発行され、同誌に掲載された清沢や暁烏らの思想は「精神主義」の名の下に広く喧伝された。浩々洞は一九〇二年六月に近角が帰国してからは本郷東片町に移転し、清沢の没後も都内で場所と入居者を変えながら大正初期まで続いた。

浩々洞には、暁烏らに加えて**近藤純悟**や和田龍造など清沢を慕う学生たちが数名居住した。彼らはここで生活を共にしながら、清沢を交えて様々な議論に明け暮れる日々を送った。常盤大定は当時の浩々洞の様子を、あたかも「古代の僧伽《サンガ》」が現前したかのように評している。

先生を中心とする洞の生活は、恰《あたか》も古代の僧伽を目前に見るが如くに感ぜられた。仏教の僧団にはいうべからざる美《うる》わしい長処を含むのであるが、其のうるわしさを現代に実現したのが洞の生活であったと思う。
(法藏館版『全集』八巻二九七頁)

清沢は大の議論好きで、しかも負けるのが嫌いであったことは清沢に出会った人々が口を揃えるところである。斎藤唯信は、あるとき清沢と朝から晩まで議論を続けてついに決着をみなかったことを回想して、清沢を「敗け嫌いの人」「痩せ我慢の強い人」「議論はいかにも強い人」であり、さらには「箸箱の様な人」と評している。「どんなに投げられても、いつでもかったかったというて居る」ということである(同上二三二—二三三頁)。しかし、議論の場では遠慮がなくとも、洞人の活動自体には口を差し挟まずにさせるがままにしていた。彼らが雑誌などで不用意な発言をして清沢自身が批判を受けることがあっても、清沢は発言者の責任とせず、ただ自らの不徳の致すところであると謝るのみであったという。**曽我量深**《りょうじん》は、そのような清沢を「自己を弁護せざる人」だったと評している(「自己を弁護せざる人」『精神界』九巻六号、一九〇九年六月)。

浩々洞では毎週日曜日に「精神講話」(東片町移転後は「日曜講話」に改題)と称する会が催された。洞人たちが先に話をしてから清沢が総括する形で講話をするもので、毎回三〇人ほどの参集があったという。この頃、同じ東京の角筈では内村鑑三が聖書講読会を開いており、両者は当時の社会状況と自身の実存との間に苦悩する青年たちを引きつける「強力な磁場」[安冨一九九九:一六八頁]であった。浩々洞は、次節で述べる清沢の教育論が体現された空間であり、そこに集った仏教青年たちにとってまさに教育の場だったのである。

前節で触れたとおり、経歴上でも清沢は生涯の大半において教育者であった。しかし、職務として教育に携わった以外の場でも、教学と教育は常に清沢の思想や行動の一大原理として存在していたのである。

## 三　清沢の教育論

### (1)　教育の意義

清沢は、教育の意義についてどのようなものであると考えていたのか。一八九九（明治三二）年に書かれた『転迷開悟録』では、清沢は「教導感化の要は、卑賤窮困を救うにあり」（『全集』二巻一八四頁）と述べている。救済には「反面的消極的救済」と「正面的積極的救済」の二つの様相がある。「反面的消極的救済」とは、未だ困窮していない者が困窮に陥らないように手段を講じるもので、「正面的積極的救済」は現に困窮している者に救いの手を差し伸べるものである。この困窮も「有形的物質的」な困窮と「無形的精神的」な困窮に分類される。この「無形的精神的」な困窮の救済が「教導感化」であると清沢は位置づけている。

「有形的物質的」な困窮の救済についてはただ金品を支給するのではなく、児童には育児院を、健康な者には就業の場を、老人や病人には救急院をといった具合に、現状に応じて適切な施しを行なうべきであるとする。しかし、物質的には恵まれていても精神的に困窮する者もいれば、物質的に恵まれなくとも精神的に困窮していない者もいる。したがって「無形的精神的」な救済を物質的な救済に先立って救済の根本とすべきであり、さもなくば「有形的物質的」な救済も十分な効力を発揮しないという。「教導感化の業」である精神的な困窮の救済をいかにすべきかについては、その範囲は広くて取り上げるべき事柄は多いものの、全体としては「因果法の制裁を確知しむる」こと、つまり善因善果悪因悪果といったように、万物は因果に基づいていることを認識させることにあるという。

ここで用いられているのは「教導感化」という語であって、「教育」という表現こそ使っていないが、個人の成長の段階に応じて「家庭的」「学校的」「社会的」感化があると述べていることから、いわゆる教育について語っていると考えられる。そして、教育とは物質的な救済に先立つ精神的な救済であると位置づけているのである。

なお、『転迷開悟録』では、このうち「家庭的教化」についてのみ触れられている。宗教の「譬喩因縁」はわかりやすく、児童の教化に適しているかのようであるが、これは一定の年齢に達していないと妙味を感じられず、学んだ知識を軽んじ、父母の威信を減ずるのみならず、宗教そのものに対する懐疑をも生み出してしまう。家庭教化の訓戒は「日常現実なる明白々地なる事実」について行なうべきであるとする。宗教については父母や年長者が「自己の信念の溢るるが儘に」実行する姿を見せるにとどめるべきであり、強いて仏像や絵像を拝ませたり、「神仏の冥見冥祐」を信じさせようとしたりは決してしてはならないという。そして、家庭における教化の要義は、子供に嘘をつかせないことと、大人が子供の前で嘘を見せないことであるとしている。神仏を強いて拝ませたり神秘性を信じさせたりすることは、家庭教育においてはすべきではないとしている点は注目に値する。

## (2) 因縁果の理法

清沢の教育理論の根幹をなすのが、因縁の考え方である。次に挙げる文章は、『愛知教育雑誌』第一六四号（一九〇〇年）に掲載された「愛知教育会総集会ニ於ケル文学士清沢満之君演説」である。

> 殊に教育と云う事に於て、或は注入的教育とか或は開発的教育と云う事を申しますけれども、坊主の側から云えば矢張り因縁と云うに適当してある。（『全集』七巻三四九頁）

清沢に言わせれば、教育も「因縁果の理法」に依らなければ説明ができないと述べている。ここで言及されている「注入的教育」とは、従来の漢文素読のように文言をまず生徒に覚えさせる方法の教育である。「開発的教育」とは明治初期に日本に紹介されたペスタロッチ(2)の教育法で、知識より先にまず物を与えて五感を刺激させ、そこから生まれた生徒の直観を重視して能力を引き出す教育である。いずれの方法にしても、教育は因縁を踏まえなければならないという。すなわち、教育においては「原因」(因=状況)と「事情」(縁=事柄)が適合しなければならない。「注入的教育」は文字どおり知識や技術を生徒に「注入」するものであるが、この適合を軽んじて、教師が持てる知識をそのまま生徒に注ぎ込もうとするのは、「事情」ばかりを重んずる行為であって適切な教育ではないと論ずる。一方で「開発的教育」とは生徒の生来の能力を「開発」するものであるが、これについても、いくら生徒が能力を秘めているからといって放置しておけば自然と「開発」するものだとしてしまうのは、生徒の「原因」を専ら重んずるばかりで、生徒が育つための「事情」を無視することになるから良くないとしている。本当の教育をするならば、教員と生徒が相対して片方が因、片方が縁となり、その両者が適合しなければならない。

真正の教育と云ったならば、教員と生徒と相対した所で、一方が縁となり事情となって、一方の原因と云う所にうまく適合せなければならぬ。そこで初めて真正の知識の開発が行われて来るのであると云う事は、今日明かな事になって居ると存じます。矢張り坊主流から申せば教育の主義は三千年の昔に釈迦牟尼仏が既に其事を発揚したものであると思う。(同上三五〇頁)

因縁を基本とする教育理論であるから、その根源は釈迦の説法に求められる。しかし、同時に因縁であるから、教える者と教えられる者との関係性は一方的なものではないとする。

人間の働の内で最も根底となるものは、人間の相感ずると云う事が即ち根本である。感ずると云う事から総てが起って、知情意と云う事になって物を知るとか動くとか欲すると云う働が出来て来る。（中略）或時は受動的、或時は活動的と云う事はない。どうであるかと云えば、受動的でも活動でもない二つのものがあるとしますれば、其ものが互に同じように感じ合う。夫が因縁である。

（同上三五四―三五五頁）

人間のはたらきの根本は、互いに「相感ずる」ことである。因縁である以上、どのような方法を採るにしても、教師が一方的に生徒に教えるのみという非対称的な関係ではなく、教師と生徒の間に相互影響をもたらす関係性が成立しなければならない。これは、清沢の基本思想である「万物一体」の考えに通底するものである。

### (3)　無一物の態度

雑誌『無尽灯』第五巻第一号（一九〇〇年）の論文「ソクラテスに就きて」では、具体的に教育においてあるべき姿勢について述べている。ソクラテスの教育の特徴を「問答の手段に依れること」と「自家無一物の態度を取れること」と「問題を日常卑近の事物に寓せること」として、これらが「開発的教育の妙施設」であると評価する（『全集』七巻二六七頁）。

書籍の講述はどれほど工夫を凝らしても、既存の知識や概念、および教える側の理解が優位に立つ。これに対して問答の形式であれば互いに議論を交わすことで両者が遺憾なく学ぶことができるので、「精細切実なる教育は問答法に限る」と言っても過言ではないと述べている。そして、この問答法を実現させるものが「無一物の態度」である。

而して、無一物の態度は正に此法の精神を貫徹するの妙致にあらずや。師と弟子とが同等の資格にあるにあらずば、必らず注入的の傾向に陥り、師の余智を以て、弟子の脳中に強いて注入するの弊を免かれざるを覚ゆ。是れ弟子の方に於いて、言語文句を盲誦暗記するの止む能わざらしむ原因たるが如し。盲誦暗記の苦痛の結果、所謂死学問、活字引を養成するは、決して善良の教育法にあらざるなり。無一物の師、無邪気の弟子、問難往復、以て事理を討究する、是れ開発的教育に至当の方法たらずや。かくの如くして達し得られたる知識こそ、真個に真個に活動的の学殖たるを得ん。（同上）

ここでは注入的な教育は明確に否定される。師と弟子が対等でない限りは、教育は必ず注入的となり、師の知識を「弟子の脳中に強いて注入する」こととなる。そうなれば弟子は言句の暗記に終始することとなり、ただ言葉を覚えているだけの人間を養成するのみとなってしまう。教育は対話と議論を方法とすべきで、教える側と教わる側の双方が共に何も持たない「無一物の態度」で臨むべきであるとする。

しかし、共に「無一物」であるといっても教師が生徒にへりくだるのではなく、前節で述べたように、むしろ相手が誰であろうとも対等に本気で議論をたたかわせることも意味する。多田鼎は、浩々洞での清沢の姿を「談論の間、我等の論城に肉薄し来りて、之れを打ち之を攻め、而して時に痛罵をも交えらる。このために心動き、眼暗みて遂に敗るれば、独り哄然として笑う」と回想する。議論で清沢に完膚なきまでに叩きのめされて腹が立つこともあったが、落ち着いて考えれば清沢の論は理路整然と自らの誤謬《ごびゅう》を正したものであり、かえって感謝の気持ちが起こったと述懐している（法藏館版『全集』八巻二七六―二七七頁）。

このような清沢の教育方法が「ソクラテス的」であることは当時も認識されていたらしく、暁烏敏は「先生は卓励たるソクラチックの論法を以て我等を開導し給」わったといい、**安藤州一**は「嗚乎、先生は近代のソクラテスなり」と述べている。ただし、この「ソクラテス的」な教育姿勢も、前項で述べたとおり、その理論的根拠はあくまで仏教の因縁であった。

## (4) 道徳と教育

清沢の思想において、道徳とは人間が人間同士の間で定めた「相対有限」のものに過ぎず、人間社会における一定の重要性は認めつつも、「絶対無限」（如来）の前には相対化されるものとして位置づけられる。たとえば、平重盛が後白河法皇への忠と父である清盛への孝の狭間で苦悩し、「忠ならんと欲すれば孝ならず、孝ならんと欲すれは忠ならず、重盛の進退維《ここ》に谷《きわ》まる」と死を願ったとする当時の美談も、「倫理以上の根拠」がなかったためであって賞賛すべきものではないとしている。

一九〇〇（明治三三）年から一九〇二年にかけて雑誌『政教時報』に連載された、「心霊の諸徳」と呼ばれる清沢の一連の論考がある。これは真宗中学の生徒に向けて仏教倫理を説いたものであるが、ここでも清沢は因縁果の理法に基づいて因果を主体的に受け止める姿勢を求めている［鈴木二〇一三］。忠孝などのように他者や共同体に対する義務によって成り立つ道徳ではなく、あくまで自律的に生きる人間の育成を試みているのである。

それでは、当時のいわゆる「徳育」、すなわち道徳教育そのものについて清沢はどのように考えていたのであろうか。先にも挙げた「愛知教育会総集会ニ於ケル文学士清沢満之君演説」では、次のように論じている。

因縁果の理法から云えば、（中略）吾々と云う者は無限に開発し得べき者であると云う事を一つ自分に信ずると云う事になって来なければならぬ。所謂自暴自棄と云う事は、飽く迄排斥しなければならぬ。大抵の人は、多くは自ら限ると云う事が総て発達上の弊害であると思う。自から限ると云うはどう云う事かと云えば、自分は斯《こ》う云うものであるから、もう是より上に進む事は出来ないと云うて自暴自棄する。そこで人間の発達が止まる。止まると其人の品位が下《く》だる。そう云うものではない、自分と云うものは非常なる性能を備えたものである、どこどこ迄も発達する事が出来るものであると云う所で以て其《その》精神気力を養い、それで以て其人の品性と云うものが高まるようになって来る。是が即ち徳育上の根底であると思う。（『全集』七巻三五一頁）

教育において、人間は無限の開発の可能性を持った存在であると自ら信じることが重要である。自分はこれ以上向上しないのだ、と自暴自棄になって自らの可能性を限ってしまうと、その時点で人間としての成長が止まる。成長が止まれば、その人の「品位」が下がってしまう。自分の可能性を信じることで気力が養われ、その精神的余裕のために品性のある振る舞いをすることができるようになるのであり、それこそが「徳育上の根底」であるという。つまり、清沢にとって道徳は教育によって結果的に本人にそなわるものであって、道徳そのものを教えることを教育の目的とはしていないのである。また、宗門改革運動のときも「夫《そ》れ教育は活ける知識を産するのみならず、又能く活ける道徳を生ず」（同上八七頁）と、道徳は結果として生まれるものと位置づけている。

この道徳の扱い方は、真宗の真俗二諦論に対する清沢の理解にも通ずる。当時の真宗では、「真諦《しんたい》」とは死後の浄土往生を指し、「俗諦《ぞくたい》」とは世間一般における道徳を意味するという理解が主流であった。真諦と俗諦が互いに依ることで真宗の教理は成り立っているのであって、阿弥陀仏の本願を信ずることと合わせて社会道徳を遵守することが宗義に適うとされていた。これに対して、清沢は最晩年の論文「宗教的道徳（俗諦）と普通道徳との交渉」において、「真宗の俗諦の教は真諦の信心の外に、別に積極的に人道の規定を与うるものではない」（『全集』六巻一五五頁）として、俗諦を真宗の教えから離れた社会道徳とする理解自体を否定している。清沢にとって、俗諦の目的は道徳の実践そのものではない。「其実行の出来難いことを感知せしむる」（同上一五三頁）ことが目的である。我々が道徳を実践しようとしても、どこかで限界が生じて完璧に実践し尽くすことはできない。この実践できないという壁にぶつかることで罪悪深重の凡夫たる自覚が生まれ、真諦の信心に関心が向けられる。俗諦は真諦に目を向けさせるためのものである。仮に俗諦によって道徳的な人格をそなえた人間になったとしても、それは付随的な効果であって本来の目的ではないというのである。

道徳は「相対有限」であり、忠孝ですら最終的な根拠をおくべきものではない。この清沢の道徳論は、同時代に明治政府の方針に沿って井上哲次郎らが展開していた国家主義的道徳論と対立するものであった〔山本二〇一四〕。実際、真宗大学の開校式でも本来学監が行なう『教育勅語』の奉読を「不得手」であるからという理由で南条に任せるなど、清沢には当時の体制の道徳のあり方に距離を置いたかのような姿勢がしばしば見られる。とはいえ、道徳の持つ価値内容を頭から否定するのでもなく、「結果的にそなわる可能性はあるが、道徳の獲得自体は主目的ではない」とするのが清沢の語りのひとつの特徴であり、教育論においても同様の姿勢がうかがえるのである。

## (5) 同時代の教育論との関係

清沢は教育において「注入」による方法を否定し、一方で「開発」という言葉を多用している。それでは、清沢のいう「開発」は、明治時代に紹介された教育学者ペスタロッチの理論である「開発主義」とどのように関係するのであろうか。

ペスタロッチの教育思想は一八七八(明治一一)年に東京師範学校に導入され、各地に広められた。彼の教育理論は、人間は元来「直観」をそなえているものだとする人間観に基づく。それを引き出していく(「開発」)ことが教育の目的とされる。言葉や概念の詰め込みではなく、まず生徒に物を直接与えて五感を刺激させ、それによって得られた直観を体系化していく。これは、言説の(特にキリスト教的な)権威性を離れた近代的な科学観を教育内容に反映させる試みでもあった。しかし、日本においては「道徳」と「実用」を軸とした臣民育成が教育の前提とされたため、物体を前に直観を述べるにしても正答ありきの問答として形式化された。結果、本来の趣旨が失われた上に教育効率の悪さも指摘され、明治二〇年代末からは代わってヘルバルト主義が導入された。

ヘルバルト[3]は、教育によって獲得すべき徳として「内的自由の理念」「完全性の理念」「好意の理念」「権利の理念」「公正の理念」の五つを提示した。しかし、これも日本においては「内的自由の理念」は教師に対する「誠意」、「権利の理念」は「尊法」、「公正の理念」は皇室・父母・教師・社会に対する報恩心にそれぞれ読み替えられ、これが日本における公教育の定型として定着した。

清沢が教育に関係した頃は既にヘルバルト主義の時代であったが、彼はヘルバルトの理論には特に言及しておらず、また参照した形跡も見られない。ペスタロッチについては友人であった沢柳が大いに影響を受けており、また清沢自身の蔵書にも著者不明の *Pestalozzi* という書籍がある。言説の権威性を離れて自らの主観を重視するという観点から見れば、清沢は日本式に改変される前のペスタロッチの「開発主義」教育を部分的に受け入れていたと考えられなくもない。

しかし、清沢の教育理論の根底は仏教の因縁であり、教える側と教わる側の相互性を重視する。また、清沢において人間の五感は「相対有限」のものであるから、そもそも「直観」による事物の把握なるものに信頼を置いていない。したがって、清沢の「開発」がペスタロッチの「開発」とどの程度繋がりうるかは、慎重に考える必要がある。

清沢には、そのとき既に世間で使われている言葉や他人から提示された言葉を捉えて、自分なりに再定義して用いる傾向があった。先述した「俗諦」もその例であるし、晩年の思想のキーワードである「精神主義」の語も、初めは門弟から提示されたものである。また、清沢の「精神主義」は世間的な価値よりも自らの心の平穏を旨とする思想であることから「アキラメ主義」との批判が起こったが、清沢はこれを受けて「精神主義は過去の事に対するアキラメ主義なり。精神主義は現在の事に対する安住主義なり。精神主義は未来の事に対する奮励主義なり」（『全集』六巻九一頁）と、投げかけられた批判の言葉に意味を付与し直して用いている。このことからすれば、「開発」もペスタロッチの教育論が意味した内容ではなく、清沢によって新たに意味づけられた言葉として考えるべきではないかと思われる。

# おわりに

京都在住中の一八九一(明治二四)年、清沢は東京の文学士で出色の人物を挙げるならば誰かと問われて、三宅雄二郎(三宅雪嶺《せつれい》)、嘉納治五郎、井上円了の三人であると答えたという(法藏館版『全集』三巻六四五頁)。嘉納も井上も教育者であり、この逸話も清沢の教育への関心の高さを表すものとして受け取ることもできる。いずれにしても、清沢にとって教学と教育は生涯を通じた関心事であった。

大学卒業後の清沢は、結核で療養していた一年ばかりの時期を除けば、ほぼ常に何らかの活動に従事していた。そして、その大部分は教育分野であり、それ以外の場においても教育は清沢の行動を規定する一大テーマであった。その意味で、世間に出てからの彼はまぎれもなく「教育者」であり続けた。その思想にせよ信仰にせよ、清沢という人物を考察するにあたっては、彼の「教育者」としての側面を欠かすことはできない。

清沢にとって教育とは精神的な救済であり、また教える者と教えられる者は相互に影響を及ぼす関係が結ばれるべきであり、そこに権威性が介在すべきでないと考えていた。教学にあっては宗門の先師たちによる権威を否定して自由討究の場を求め、自らが教え子に向き合うときは「無一物の態度」で対等に議論を交わした。また、道徳の遵守など、政府や社会が教育に期待していたような発想に無批判に応じることもなかった。

真宗大学の開校の辞で語られた「自信教人信」は真宗のキーワードの一つであり、蓮如もしばしば言及している。しかし、清沢は門弟が説教者たらんとするような態度は強く批判した。門弟のなかでも「一伝道者」を自認して旺盛な伝道意欲を隠そうとしなかった多田鼎は、清沢に「化他の道に急いではならぬ」とたびたび諌められていたことを述懐している（「願わくば我が昨非を語らしめよ」『精神界』一四巻一一号、一九一四年）。これも「無一物の態度」に反して、教える側が優位に立って教えられる側に物事を「注入」することにほかならず、清沢の理念と相容れない姿勢であったからである。

清沢は教育の根源を釈迦の僧伽の空間に求め、因縁を教育論の思想的根拠とした。清沢は開校の辞で真宗大学を「浄土真宗の学場」と表現している。これは自らの理想とする大学が国家や社会が求める即戦力のような人材を育てる場でないというだけでなく、権威性をもって注入的に僧侶養成を行なう場でもないという表明でもあった。対等な関係性によって生まれる自由な空気のもとで主体性を持った人格が養成されることが、清沢が真宗大学において求めた教育であった。京都再移転後に大谷大学第三代学長に就任した佐々木月樵はこの清沢の理念を受け継ぎ、「大谷大学樹立の精神」において同学の目的を「宗教的人格の陶冶」としている。

清沢の日記である「臘扇記《ろうせんき》」に、「独尊子は独立自在の分を守るものなり。是れ常に其尊貴を失わず、威厳を損せざる所以《ゆえん》なり。亦能く常に其の安泰を持し、自適を得る所以なり」（『全集』八巻四〇三頁）という一文がある。「独尊子」とは、釈迦の誕生時の言葉である「天上天下唯我独尊」に由来する語である。尊貴を失うことなく、独立した自己を持った「独尊子の育成」〔安冨一九九九〕こそが、清沢が教育において最終的に目指したところであった。そのような清沢の教育のあり方は、いわば「人間成就の教育」〔同上〕と呼びうるものであったのである。

**註**

（1）「教」は使役の意味を表わすため、通常の読み方では「自ら信じ、人をして信ぜしむ」となるが、ここを親鸞はあえて「人を教えて信ぜしむ」と読んでいる。

（2）ヨハン・ハインリヒ・ペスタロッチ（Johann Heinrich Pestalozzi　一七四六―一八二七）。スイスの教育家。人間の自発性と直観を教育の原理とし、その思想と実践はフィヒテやヘルバルト、フレーベルらに影響を与えた。

（3）ヨハン・フリードリヒ・ヘルバルト（Johann Friedrich Herbart　一七七六―一八四一）。ドイツの哲学者・教育学者。倫理学によって教育の目的を、心理学によって教育の方法を定めることで、体系的な教育学を構築した。

# 第Ⅱ部

# 時代のなかの清沢満之

# 第一章

# 清沢満之の「信」
## ―同時代的視点から―

星野靖二

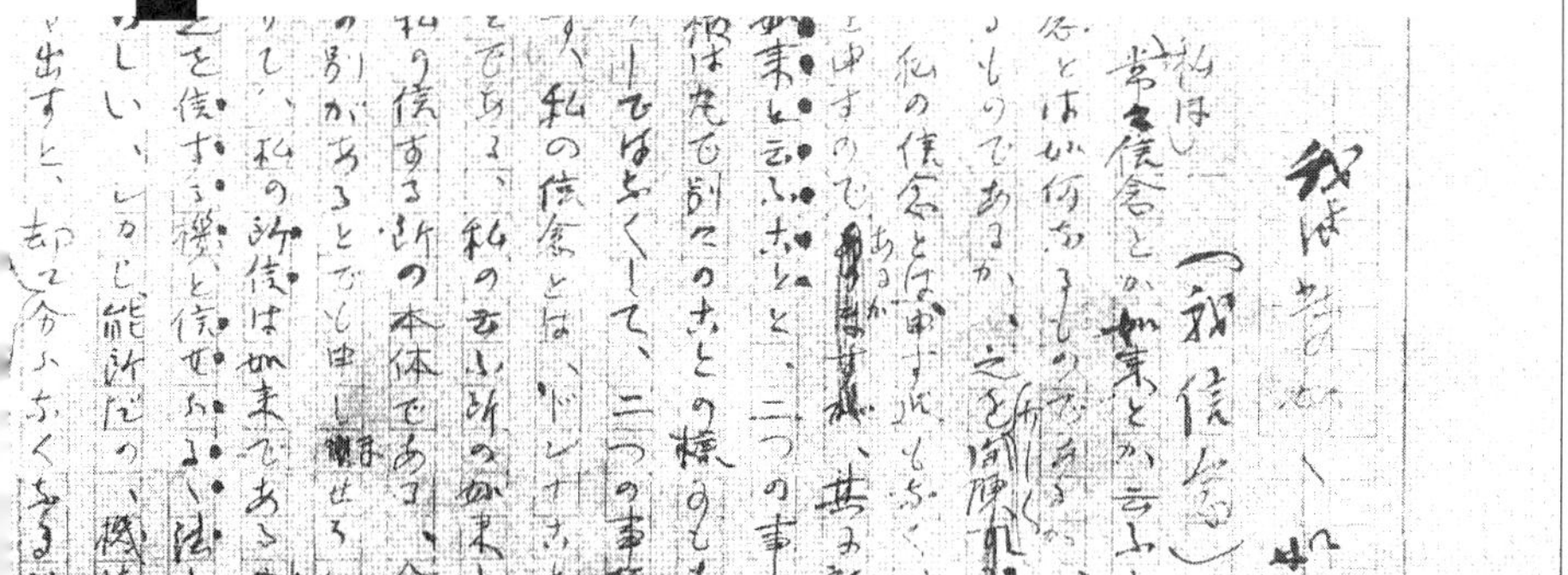

宗教を語る上で重要なのは「信仰」である。現代では常識的な発想だが、こうした発想が出現したのは、清沢が生きた近代という時代であった。本章では、近代日本に突如出現した「信仰」の時代を、清沢の果たした役割とともに検討する。

## はじめに

私でいえば浄土真宗の信仰を得て、之《これ》に満足し、少しも不足を感じて居ないということが、最も確かな事実なのです。

（清沢満之「将来之宗教」『全集』六巻三〇九—三一〇頁）

清沢という人は、近頃はドウしたんだアリャマァ……。無理はないなァ、田舎の爺サン媼《ばあ》サンが間違うのも。あの人達でさえあれだもの。然《しか》し私共はあれでは爺サン媼《ばあ》サンの間違ってることを、人に向って言いわけすることも出来なくなる訳だ。

（大内青巒《せいらん》「将来之宗教」『新佛教』三巻四号、一九〇二年四月）

本章では、清沢満之の「信」をめぐる議論について、同時代における宗教論との関わりを視野に入れながら検討する。清沢の「信」をめぐる思索については、既に信と知という問題設定において研究蓄積があり、特に近年の論考では前期の宗教哲学、すなわち知を重視した時期から、後期の「精神主義」、すなわち信を重視した時期へと移行したという図式が批判的に再検討されている［山本二〇〇八、田村二〇〇八］。これは清沢の生涯における一貫性に目を向ける研究とも方向性を同じくするものであろう［名和二〇一四］。これらの論考において清沢における思索の展開については詳細に論じられているが、以下では少し視点を変え、同時代的に「信仰」なるものがどのように位置付けられていたのかという点に目を向ける。これによって、清沢の「信」をめぐる議論の同時代性と革新性を見てみたい。

前提として、清沢の絶筆が「我は此の如く如来を信ず（我信念）」であったように、清沢が「信」の問題――そしてそれは他でもない「我」の「信念」であった――について取り組んでいたことには疑いがない。またそうであるがゆえに、近代仏教の展開の中で信仰を中心に据えることによって一つの到達点となったという評［池田一九七六］がなされ、またより広く近代日本における宗教の展開という視点からも、内村鑑三と並んで実存的な信仰の問題に焦点を合わせた重要な人物として取り上げられてきていることになる［島薗二〇〇八］。

このように、宗教の中心に信仰を置くという議論は、現代日本において広く行なわれているということができるが、はたしてこれは普遍的な議論なのだろうか。近年の宗教研究は、宗教をめぐる言説が歴史的に組み上げられていく過程を検討してきており［磯前二〇〇三、星野二〇一二］、以下の叙述もこの視点を共有する。現在ではある種常識的なものとなっている考え方のその淵源の一つとして、清沢の「信」をめぐる議論を見ていく。

## 一 「将来之宗教」

一九〇二（明治三五）年、新仏教徒同志会の発行する雑誌『新佛教』上において、著名な宗教者に訊ねてその宗教観を聞くという企画「将来之宗教」が開始され、その第二回に大内青巒と清沢満之が登場している。

そこで清沢は、まず宗教の本質（＝「エッセンシアルな点」）を「有限と無限の一致」であるとし、これはあらゆる宗教に共通するものであるとする。しかしその「有限と無限の一致」は、各人が各人の得た信仰によって捉えられるものであって、逆に言えば自分以外の信仰については語りえないという立場を取る。たとえば真宗とカトリックの信仰の比較というようなことについては「私は今ローマンカソリックの信仰というものを得てないのであるから、実際其の信仰はわからないのであって、人の信仰を批評するということは、しても無益なことであるし、またせぬがよいと思う」(『全集』六巻三〇九頁)と述べる。冒頭に引用したように「私でいえば浄土真宗の信仰を得て、之に満足」しているという自らの体験的な確信が「最も確かな事実」(『全集』六巻三〇九―三一〇頁)として基盤に置かれているのである。

他方で、それがなぜ他でもなく「浄土真宗の信仰」であるのかという問いについては、比較検討するような態度を退けていたこともあって、「マァ自然こうゆう境遇になって来たのです」(『全集』六巻三〇九頁)とのみ述べる。さらに、理屈から言えばあらゆる信仰は宗教の本質を目指すものであり、その意味においてそこに価値の優劣はないとし、たとえば「狐狸の信仰」と「我の信仰」の間に質的な差はないとしている。しかし、これについては留保が付けられており、自らの信仰と自らのものではない信仰が本当に同一であるかという問いに対しては、「それはこうです、わからないのです」(『全集』六巻三〇九頁)と、そもそも比較が不可能である以上、究極的には自らのものではない信仰については語りえないという立場をあらためて示す。これを受けて「宗教のフハンダメンタルプリンシプルは同じだとは思いますが、私は自分の得て居る真宗の信仰を広むる外はない」(『全集』六巻三一〇頁)として、再び自らの信仰に立ち戻り、これを強調していた。清沢は翌年に没することになるが、この時点での信仰論が、自身の体験的かつ実存的な確信を基盤とし、そこから組み立てられていたということを、まず確認しておきたい。

## 二　「信仰」の位相

では、このような清沢の議論は、どのように受け取られていたのだろうか。たとえば冒頭に引用したように、大内青巒は特に清沢の名前を挙げて批判的に言及していた。では、大内はどのような文脈においてこのような言葉を発したのだろうか。

ここで大内が「田舎の爺サン媼サン」を引き合いに出している背景には、近代になって仏教、特に浄土真宗に対して愚夫愚婦の宗教という批判的なまなざしが向けられてきたことがあるが、ここで興味深いのは、大内においては清沢の信仰論とその実践が「爺サン媼サン」による「間違」いとつなげて捉えられているということである。後段で確認していくように、清沢の議論の意義は、そうした批判的なまなざしを踏まえた上で、あらためて「信」を選び取ったという点にあるが、大内にとっては、それは従来の愚夫愚婦における盲信、つまり批判性の欠落した信仰のあり方と大差ないように見えたのであった。

大内の個人的な背景に目を向けるならば、『明教新誌《めいきょうしんし》』の刊行（一八七五年）に中心的な役割を果たしてから、和敬会、尊皇奉仏大同団、福田会、鴻盟社などに関わり、自らの「根本目的」を「仏教をして現世的、社会的、倫理的にしなければならない」ということであったと回顧しているように（大内青巒「過去十年の仏教界」『新佛教』一一巻七号、一九一〇年七月）、仏教とは何であるかを説明して知識人教化を進め、また社会の中に仏教を位置付けることを試みてきていた［池田一九九四］。

またそうであるがゆえに、大内の個人的な見解として、まず「信」とその実践を説く清沢の議論は、ある種、時代を逆戻りするものに見えた、とひとまずは言うことができる。しかし、この大内と清沢の議論の食い違いは、単に両者の個人的な見解の相違としてのみあったわけではない。同時にそれは「信仰」をめぐる時代状況の変化を反映したものでもあったのである。

## 三 「信仰」の変遷

一九一〇（明治四三）年に新仏教徒同志会の中心人物の一人であった境野《さかいの》黄洋《こうよう》がその活動を回顧しているが（「新佛教十年史」『新佛教』一一巻七号、一九一〇年七月）、特に「信仰」との関わりについて、「信仰振作の叫声」（『仏教』一四九、一八九九年四月）という論説を取り上げている。同論説は、既存の仏教は「精神無き形の仏教」になってしまったとし、これに対して「信仰の振作」を行なう必要があると主張していた。そして「信仰は宗教の根本義、唯一義、而して実に人生を照らすの大燈炬なり」として、「信仰」を宗教に不可欠なものとして位置付けていたのである。こうした主張を一九一〇年の境野は「実に平凡極まる論旨である」と評しているが、さらに続けて以下のように観察する。

然《しか》し今日でこそ信仰ということが、兎《と》に角《かく》世の一論題となった様なものの、此の時代にあっては、信仰と言えば、まるで物の解らない爺婆のことと思われ、少しでも新しい頭のものは、ひたすら社会問題とか、慈善事業とかいうことばかり言って居った。

この引用からは二つのことがわかる。第一に一九一〇年の時点では「信仰ということが、兎に角世の一論題となった」ということである。付け加えておくと、境野が別の箇所で「今は、成るたけ阿弥陀様とか、御信心とかいうことを口にするほど、「有りがたい」とか、「此のいたずらものの私が」とかいうことを言うほど、尤もらしい時代となって来た」とやや皮肉を込めて述べているように、この時点では仏教を語る際に信仰や信心などに言及することがむしろ一般的になっていたのであり、またそうした変化に清沢と「精神主義」運動が大きな役割を果たしていたのであった。

しかしながら第二に、「此の時代」、すなわち「信仰振作の叫声」が出された一八九九年頃においては「信仰と言えば、まるで物の解らない爺婆のことと思われ」ていたということである。境野のこうした見方は新しいものではなく、一九〇五年にも別の回顧で当時「少し信仰という言葉がチラホラと見えはじめて」いたが、全体としては「信仰の語は気恥かしくって使い得なかった」(「新佛教幼年時代」『新佛教』六巻四号、一九〇五年四月)としている。一九〇〇年頃までは「信仰」を「物の解らない爺婆のこと」とするような見方——これが大内の批判には流れ込んでいる——が強かったが、これがその後の一〇年間で大きく変わり「世の一論題」となったということになる。

## 四　明治中期の仏教改良運動

それではなぜ一九〇〇(明治三三)年になって突然「信」の問題が取り上げられるようになったのだろうか。あるいは、若き日の清沢は「信」の問題をどのように捉えていたのだろうか。

明治初年までさかのぼるならば、日本の仏教界は神仏分離を経て近世におけるある意味安定した社会的地位を失い、新しい形で仏教を社会の中に位置付けるという課題に直面させられていた。一方において教団や寺院、あるいは僧侶とその養成など具体的な組織の再編成が行なわれ、他方で一般社会に対してそもそも「仏教」とは何かということを説明することが試みられた。そうした状況を受けて、後者の議論は必ずしも現状の仏教のあり方をそのまま肯定するものにはならなかった。すなわち、仏教は本来優れたものであるが、現状の仏教とその組織には批判、改良されるべき余地があるという論理において、しばしば仏教改良論として提示されたのであった。

加えて、そこには否応なくキリスト教との対抗関係が織り込まれることになる。宣教師やキリスト教の立場に立つ知識人が、キリスト教の「宗教」としての優位性を文明などの概念を用いて一般社会に訴えていたことへの対抗として、仏教が「宗教」として選択されるべき理由を、同様に一般社会に対して弁証していく必要があったのである。

前述した大内青巒は一八八〇年代に入ってから仏教演説などを通じて知識人教化に取り組んでいたが、模索されていた仏教弁証の論理において画期となったのが一八八〇年代後半の**井上円了**の著述である。井上は一八八一年から八五年にかけて東京大学文学部哲学科で学び、その西洋哲学の知見に基づいて、仏教を哲学的観点から論じることを試みた。

この時期の井上は、たとえば『真理金針《しんりこんしん》　続々編』（一八八七年）において、キリスト教が「情感一辺の宗教」であるのに対して、仏教は聖道門《しょうどう》が知力の側面を担い、浄土門が情感の側面を担う「智力情感両全の宗教」であり、それゆえに仏教の方が優れていると論じていた。ここで「智力」の面が「情感」の面に優越することが前提されており、別の箇所では以下のようにも述べている。

宗教は必ずしも情感より生ずるに限るにあらず。古代の宗教は全く人の想像より起こりたるものなれば、これを情感に属してしかるべしといえども、今日の宗教は道理に合格する以上は、知力より生ずる宗教といわざるべからず。

ここで井上は、「今日の宗教」が「道理に合格」していることを前提しており、逆に言うならば道理に合わない宗教は斥けられることになる。このように知的な面を重視する宗教理解は、井上の議論に先行して行なわれていたキリスト教の立場からの仏教批判の議論を反転させたものでもあり、仏教界からはキリスト教に対する有効な反駁の論理として好意的に受け入れられた。しかし「情感」に積極的な意義を見出さない議論において信仰はどのように位置付けられうるのだろうか。

## 五 「信仰」への着目

この時期の井上の議論は確かに大きな影響力を持ったが、そこからは信仰の問題に対する積極的な考察は引き出しえない。これに対して、同様に仏教改良の文脈で仏教の弁証論を行ないながら、井上とは異なる論の立て方をしていた中西牛郎《うしろう》の議論を見てみたい。なお、一八九〇年頃の『反省会雑誌』の誌面には井上と中西の名前を並べて称揚するような記事がいくつかあり、中西の同時代的な評価は決して低いものではなかった。

その中西の名を高めた『宗教革命論』(一八八九年)は、宗教は進化するものであるということを前提とした上で、西洋において一神教的思考から汎神教的思考に進みつつある潮流があるとして、そこから汎神教たる仏教の優位性を弁証しており、さらに現実の仏教がそうした潮流に棹さすために自ら変わっていくべきであると論じていた。中西は一時期同志社で学んでいたこともあってキリスト教についての知識があり、その議論にはキリスト教と仏教を同じ宗教という範疇に置いた上で仏教の優位性を論じようとする姿勢を見て取ることができる。またそうした姿勢から、主に仏教を哲学という観点から論じるような立場に対しては批判的であった。たとえば『宗教革命論』中に以下のような文章がある。

我邦の仏教論者往々宗教の何者たるを知らず、口を開けば即ち曰く、我仏教は哲理に合するものなり、哲理を応用するものなりと。夫れ徒《いたずら》に哲理に合するものを以て真正の宗教とするか。〔略：もしそうであるならば、キリスト教は哲学的宗教に取って代わられているはずではないか〕此れ豈《あに》宗教の宗教たる所以《ゆえん》のものは独り自然教にあらざるを以てするにあらずや。

〔中西一八八九：一二一―一二二頁〕

ここで中西は、井上の名前こそ挙げていないものの、同時代の仏教論者が「哲理」から仏教を論じていることに批判的に言及しており、「哲理に合する」ことを「真正の宗教」の基準とするような見解に疑義を呈している。これを受けて、中西は宗教の「宗教たる所以」は「自然教」ではないところにあるとしていたが、ここで中西が用いている「自然教」は、キリスト教神学における自然神学概念を援用したものであり、宗教のうち人間の理性によって探求されうる側面を指していた。つまり、中西はこのように言うことによって、宗教の本質を人間の理性によって説明し尽くされるものではないところに置こうとしていたのである。

そして、こうした基本的な姿勢との関わりで学問と信仰の問題が取り上げられることになる。前述したように中西は日本の仏教が「真正の宗教」にふさわしいものになるために現状の「旧仏教」から進んで「新仏教」になることを主張していたが、その要点として『宗教革命論』「第十二章　旧仏教を一変して新仏教となさざる可らず」に挙げられていたのが以下の七条である。

第一。旧仏教は保守的にして新仏教は進歩的なり。
第二。旧仏教は貴族的にして新仏教は平民的なり。
第三。旧仏教は物質的にして新仏教は精神的なり。
第四。旧仏教は学問的にして新仏教は信仰的なり。
第五。旧仏教は独個的にして新仏教は社会的なり。
第六。旧仏教は教理的にして新仏教は歴史的なり。
第七。旧仏教は妄想的にして新仏教は道理的なり。

第四条に「旧仏教は学問的にして新仏教は信仰的なり」と述べられているように、中西は「学問」との対比で「信仰」を捉えており、「真正なる信仰は学問を要すと雖《いえど》も、学問は実に其手段に過ぎざるなり」〔同上一八一頁〕として宗教の本来的な目的を「信仰」に置き、新仏教はこれに基づくものとする。しかし同時に、新仏教は第七条で述べられているように「妄想」を排して「道理」に適うものでなくてはならず、その限りにおいて「理学に関するの部分は科学的に解釈せざる可らず。哲学に関するの部分は哲学的に解釈せざる可らず」〔同上一九〇頁〕とも述べて、科学や哲学といった「学問」による宗教の考究に価値を認めている。

ここでは「信仰」を仏教の核とする議論と、「学問」によって論じられるべき面もあるとする議論の二つが行なわれているが、両者が衝突する可能性については議論が深められていない。「信仰」と「学問」は究極的には——進化の結果として——調和するという進歩主義的かつ楽観的な前提があり、それはたとえば宗教にとって重要なものは人間の知的な探求を超えたところにあるということを述べる文脈において「所謂《いわゆる》人間智力の及ばざる所は、道理に超絶したるものにして決して道理に反対するものにあらず」〔同上一七頁〕としている点にも見て取ることができるだろう。

## 六　明治中期の清沢の議論

次に、この時期の清沢の議論を見ていく。清沢にとって井上円了は、東本願寺の東京留学生の先輩でもあって親交があったが、中西と清沢の交流は資料からは確認できない。しかし、中西が主筆を務めた雑誌『経世博議』（一八九〇—九二年）に清沢が寄稿している(1)。『経世博議』創刊号に寄せた「学問ト宗教トノ関係」（『経世博議』一、一八九〇年一一月）において清沢は、学問が未知なるものを知ろうとするものであるのに対して、宗教は安心を求めて信じ、行なうものであるとして切り分け、「仏あり神ありと聞て之《これ》を信ずるは宗教なり、神仏は如何なる体にして如何の力用ありや、其もの果して実存するや否や等探求するは学問なり」とする。続けて「学問」と「宗教」が対象を同じくする場合に「相撞着する事なきや」と問うて、両者が相克する場合に目を向けるが、これに対して清沢は「真正の信仰と真正の学理とは決して撞着することなし」として、両者の本来的な調和を述べる。これは前述の中西の議論の場合においても議論の前提となっていたものである。

このように述べた上で清沢はさらに論を進め、両者が本来的に調和するとしても、現状の「学問」と「宗教」が即調和することを意味するわけではなく、実際には「信仰に錯迷なきに非ず、学理に誤謬《ごびゅう》なきに非ず」という状況であり、そこには相克があるとする。そして、こうした相克が生じた場合の対処として「宜しく学理を先とし信仰を後とすべきなり」と述べ、「学問」の方が優先されるべきであるとしていた。そして、その理由として「学理は他の推理によりて其誤謬を矯正さるることを得べく、信仰には此の如き路なきが故に盲信に陥ることなきを保し難ければなり」として、「学問」には反省的な過程があるのに対して「信仰」にはそれがない——ゆえに「盲信」になってしまう可能性がある——ということを批判的に述べている。

この論説において清沢は、「宗教」と「学問」の本来的な調和を前提として置いた上で、両者を切り分けていた。そして両者の関係について、相克する場合には「学問」を優先するべきであるとしていたのである。

しかし、「学理中に於て異説紛々して互に相反対して決せざる」ときには「信仰によらざる可からざるなり」としているように「学問」の優位性が無批判に論じられているわけではなかった。これに関連して、一八九二（明治二五）年の『宗教哲学骸骨《がいこつ》』における第一章「宗教と学問」における議論も見ておきたい。基本的な論点は踏襲されており、たとえば「宗教は信仰を要すと雖ども決して道理に違背したる信仰を要すと云うにあらず。若し道理と信仰と違背することあらば、寧ろ信仰を棄てて道理を取るべきなり」（『全集』一巻七頁）として、やはり「道理」の優越性が述べられている。「宗教と学問」の「道理と信仰」節の最後に「此点に於ては信仰は道理によりて矯正せらるべきものたり。故に道理は宗教内に於て甚だ須要のものたるなり」（『全集』一巻七頁）とされているように、「道理」が「信仰」において積極的な意味を持つことは、この時点における結論とされていた。

これに対して、「信仰」の「道理」に対する優位性もあらためて述べられている。清沢は「道理」は理由を求めて知的な探求を行なうものであるとするが、そうである以上その探求は「到底休止する所なきが道理の原性なり」として、「道理」による探求には終わりがないことを指摘する。これを受けて「故に若し道理にして休止立脚の点を得んと欲せば、其点は当に一信仰たるべきや必せり」として宗教が「道理」のみでは成立せず、「信仰」を必要とするとし、「道理は到底信仰に依らざる能わざる」（『全集』一巻七頁）と論じるのである。

## 七 「信仰」をめぐる状況

明治中期の仏教論を考える場合に、井上円了の仏教を哲学の観点から弁証する議論は大きな画期となったが、そこでは「信」の問題は必ずしも積極的に取り上げられてはいなかった。これに対して、この時期の仏教論において「信仰」の問題を取り上げていた論者として中西牛郎の議論を取り上げて検討し、その議論が同時代の清沢の「信仰」論と共通する面があったことを確認した。たとえば、中西も清沢も宗教には知的な探求によって説明し尽くすことのできない領域があることを主張し、これを「信仰」との関係で捉えていた。しかし、同時にその「信仰」は「道理」と切り離されたものとしてあったわけではなく、「信仰」は「道理」による考究をくぐり抜けたものでなければならないとされており、かつそこには両者が究極的には調和するという確信があった。この時期の清沢は、信と知が相互に持つ重要性について論じていたが、それはそうした確信に支えられていたのである。

これに関連して、二つのことを補足しておきたい。第一に、中西と清沢の間にある影響関係である。清沢が『宗教革命論』を読んでいた蓋然性は高いと考えられるが、それだけでは中西の議論が清沢に影響を与えたということはできない。特に、宗教と学問は究極的には調和するという主張は、先行して行なわれていたキリスト教の立場から出されたキリスト教弁証論においても用いられていた主張であり、その背景には進化論などを用いた「学問」的な「宗教」批判との対抗関係があった。たとえば日本では一八八〇年代における高橋吾良《ごりょう》(五郎)の議論などがあり、そこでは一九世紀の西洋におけるキリスト教神学の展開が参照されていたのである［星野二〇一二］。これらに鑑みるに、単に中西と清沢の間に関係があったというよりも、両者共に「宗教」の弁証論におけるより広い潮流の中に位置していたと考えることができるだろう。

確かに、明治中期における仏教者のキリスト教批判においては、仏教にはあてはまらないがキリスト教は「学問」によって批判することができるとする論法がしばしば用いられ、井上の議論も大枠ではそうした潮流に棹さすものであった。しかし中西も清沢も、もし「学問」による批判が仏教にも——同じ「宗教」として——あてはまるならば、そうした論法は逆に仏教に対する決定的な批判になりうるということを認識していた。また、そうであるがゆえに「宗教」と「学問」を切り離し、別の形で両者の関係を組み立てることを試みていたのである。

第二に、そうした「信仰」的な側面が宗教に不可欠であることが、たとえその「信仰」が「道理」の領域を踏み越えないものであったとしても、確かに述べられていたとひとまずは言うことができる。しかし、この時期の仏教の弁証論を総体として見た場合に、そうした「信仰」的な側面は必ずしも一義的な重要性を与えられていなかった。たとえば中西が述べた「新仏教」の要件において「信仰」は七条の一つでしかなく、「進歩的」であることや「社会的」であることなどと同列に並べられていた。言い換えるならば、信仰のみによって立つ、というような仏教、あるいは宗教理解が、この時期に主張されて広く合意を得たということはなかったのである。

## 八　懐疑時代

しかし、そのような仏教論・宗教論がそのまま今日に至るまで続いてきているわけではなく、清沢個人においても信仰の重要性の主張という点においては一貫しているものの、議論の強調点は変化していくことになる。次にその変遷について見ていきたい。

井上円了や中西牛郎の議論は、明治中期に仏教青年たちによって受容、展開させられ、それが明治後期へと流れ込んでいくことになるが〔大谷二〇一二〕、そうした仏教青年たちの中にあって、その文章が広く読まれた一人に古河老川《ろうせん》がいる。古河とその周囲に目を向けることで、『反省（会）雑誌』の反省会、『仏教』の経緯会、『新佛教』の新仏教徒同志会という新しい仏教を構想しようとしていた動きにおける人的、思想的な連続性を見て取ることができる〔吉永二〇一二〕。

この古河は一八九四（明治二七）年に「懐疑時代に入れり」（『仏教』一八九四年一月）という論説を公にするが、これは同時代における仏教論のあり方を批評し、またその後の変化の見通しについて述べたものである。古河はまず古今東西を問わずあらゆる思想に見られる展開として「独断・懐疑・批評」の三つの時代があるとし、それぞれについて以下のように説明している。

独断時代の哲学とは宇宙の本体、霊魂の不滅等を以て人智の知り得べき問題とするもの是《これ》なり。懐疑時代の哲学とは、之《これ》に反して人智の果して此《かく》の如きものを知り得るや否やを疑うものなり。批評時代の哲学に至りては、宛《あた》かも二者の折衷にて、人智を以て人智の性質を穿鑿《せんさく》し、其《その》知り得るや否やを評定し、其《そ》の知り得る程度を論決するものなり。独断哲学は懐疑哲学に移り、懐疑哲学は批評哲学に移り、批評哲学は亦《また》新なる独断哲学に移る。新なる独断哲学とは批評哲学の結果として、取るべきものを取り捨つべきものを捨てたるものにて、前の独断哲学より一層進歩せるものなり。

ここで古河は、まず対象が真理であることを前提として、それを反省的に考究することをしない「独断」時代があるとし、これに続いて真理とされているものをそのまま受け取るのではなく、これを批判し、考究する「懐疑」時代が続くとする。そして、その考究の結果を受けて、何が取るべき真理であるかをあらためて検討する「批評」時代が到来するとするが、これが最終的な到達地点であるとされているのではなく、古河はさらにその「批評」の結果を受けて新たな、より進歩した「独断」の時代が来るとしており、ある種の螺旋的発展が構想されているのを見て取ることができる。

そしてこれを当時の日本の状況にあてはめ、まずキリスト教については、聖書の語句を文字通り受け取っていた「独断」時代から、それを批判的に検討する「懐疑」時代に移り、今や「独断」時代の「過信」と「懐疑」時代の「過疑」を折衷して、「取るべきものを取り捨つべきものを捨てんとする」ところの「批評」時代に入ったとしている。実際に、明治初年に来日した宣教師たちは聖書の語句を即真理であるとして提示していた面があり、これが「独断」時代にあたる。その後日本人キリスト教徒たちは聖書を歴史的なテクストとして解釈する潮流を学んで取り込み、またユニテリアンのように自由主義的なキリスト教の教派も一八九〇年頃までに来日して活動するようになっていた。これは「懐疑」時代にあたり、日本のキリスト教界は、これらの「新神学」と呼ばれた自由主義的なキリスト教理解によって大きな変化を余儀なくさせられたが、それはまた何をキリスト教の核とすべきか、あるいは正統とすべきかということを議論する「批評」時代へとつながるものであったのである。
続けて仏教については「懐疑」時代に入ったところであるとするが、以前の「独断」時代について以下のように述べる。

彼等は祖先已来の遺伝を承《う》けて、仏教を最上無比の名教と信じ居たり。釈尊無限の愛光に照されて仏説を一も二もなく真理と信じ居たり。仏教は学理的宗教なりと云うを聞き、其道徳は最も高尚なりと云うをきゝて、仏教の外、復《ま》た他を顧みることもせざりき。是《こ》れ実に独断の時代にありしものなり。

ここで古河は、仏教の教えは伝承されてきたものであるから尊いといった主張だけでなく、仏教が学術的であるとか、道徳的に優れているといったことを無批判に受け入れるような姿勢をも「独断」とする。これに対して、たとえば大乗仏教の諸経典は釈迦が直接説いたものではないとする大乗非仏説のような問題が突き付けられていることを指摘して、従来の仏教の教えを批判的に吟味しようとする「懐疑」時代に入ったとする。既に見たように、井上円了や中西牛郎ら明治中期の仏教改良論者たちは、キリスト教への対抗を念頭に置いて仏教の弁証を試みながら、同時に旧態依然とした仏教のあり方についてはこれを批判し、新しい仏教を構想しようとしていた。古河がここで日本の仏教界が「懐疑」時代に入ったとしているのは、こうした「懐疑」の流れが強まり、無視できないものになってきていたことを示唆しており、清沢もまたそうした「懐疑」の流れの中にあったのである。
そして、古河の論が興味深いのは、「懐疑」と「批評」を経て新たな「独断」が選び取られるという図式を描いていることである。古河は一方で「懐疑」を嫌って「独断」に戻ろうとする傾向――たとえば仏教界の大勢――を批判しているが、他方で批判を経た上で選び取ることをせず、「懐疑」に固執して進まない傾向――たとえばユニテリアン――についても批判している。一八九四年の段階で「懐疑」時代に入ったと古河に評された日本の仏教界は、次の段階として、何を取るべきか、何を仏教の――あるいは宗教の――揺るがない核として設定すべきかという課題に取り組まなくてはならなかったのであり、古河自身もそれを模索しながら一八九九年に病没している。「信」に焦点が合わされるようになっていくのはこうした文脈においてであった。

## 九　「信」の再定位

冒頭で確認したように、清沢の「精神主義」の議論は個人の体験に基づく実存的な「信」を出発点としていた。これに清沢の個人史が決定的な重要性を持っていることは言うまでもないが、同時代的な文脈について言えば、信と知をめぐる議論の展開を受けた上で――古河の言葉を借りるならば「批評」を経て新たな「独断」として――選び取られたものであったのである。

また、日本固有の文脈に目を向けるならば、特に日清・日露戦争の戦間期に、実存的な煩悶《はんもん》を抱えるようになった青年たちが顕在化していたという状況もあった。内村鑑三や海老名弾正《だんじょう》、あるいは**近角常観**《ちかずみじょうかん》らと並んで、清沢の宗教論、あるいは彼らや清沢を中心とした人の連なりは、この問題との関わりにおいて生じ、またそれに解決を与えるものという側面を持っていた。

このような状況を受けて、たとえば清沢は一九〇一（明治三四）年に行なった講話において「大体宗教の肝要は所謂信念でありて、宗教上に於ては学説の研究だの、経文の講義だのと云うものは、畢竟信念を開発せんが為に外ならぬのであります」(『全集』六巻二九四頁)として「宗教の肝要」を「信念」に置き、「学説の研究」や「経文の講義」などは、「宗教」という観点からはそれ自体に積極的な意味はないとしている。さらに、別の箇所でも以下のように述べる。

今日の如き科学的研究や歴史的研究的だのと云うことが喧伝せられ、文明だの開化だの進歩だの発達だのと云うことが、人心を支配せんとする時に在りて、宗教を求めんとする人々は、先ず第一に宗教は信念を要とするものにして、学理や時世によりて変動するものにあらざることを知らねばなりませぬ。精神主義は此の如き見地を以て門戸とすることであります。(『全集』六巻二九五頁)

ここでも宗教の要が「信念」であること、そしてそれは「学理や時世によりて変動するものにあらざる」ものとされている。

この時点で清沢はそれ以前を回顧し、「哲学上の問題によりて宗教の価値を定め様とする」動きがあったことを指摘し、その例として「井上円了氏の仏教活論や、中西牛郎氏の組織仏教論や、村上専精《せんしょう》氏の仏教一貫論等」を挙げる。既に見たように清沢自身もその流れの中にあったが、ここでは「哲学的問題の解釈によりて、宗教の価値を上下せん」(『全集』六巻二九六頁)とすることは端的に言って誤りであるとしている。清沢は哲学や社会における有用性などといった外部にある基準に照らして宗教を論じることを退け、宗教は宗教としてあること、またそのようなものとして信じられ、行なわれなければならないということをあらためて確認する。「故に精神主義は、門外を標準とせずして、門内に標準を置き、客観的構成に着眼せずして、主観的心地を主要とするものにして、時には或は内観主義を以て之を標し、或は主観主義を以て之を標することであります」(『全集』六巻二九七頁)と述べるのである。

## 一〇　新たな「独断」としての「信」

このように、清沢は「内観主義」、「主観主義」を主体的に選択するに至った。清沢はこれを浄土真宗の伝統に接続させて論じているが、もちろんこれは伝統への単純な回帰ではない。

「懐疑」から「批評」時代において明らかになったことの一つは、神仏であれ何であれ、信仰される対象を、その真理性を問う「学問」や「道理」によって検討するならば、それは無限に連鎖し、止むことがないということであった。またそうであるがゆえに、同時代の『新佛教』同人たちは「常識主義」を掲げ、「学問」や「道理」に即した「健全なる信仰」を訴えたが——彼らは決して「信仰」を等閑視したのではない——その「信仰」の内実を明確にすることはできず、具体的な「信仰」のあり方とその実践は、結局のところ個々人に委ねられていたのである。

これに対して、清沢は信仰する主体——他でもない「我」——に焦点を合わせた。清沢の議論では「信」が生じるのは、「信」の対象たる仏(如来)の導きであるとされているが、議論の構造から言えば、出発点を信仰の主体に置くことで、ある意味で信仰対象の真理性は括弧に入れられ、それに対する学問による批判的な考究は「信」とは切り離されることになる。時代的な展開から見れば、それはある意味で後退戦の結果であったかもしれないが、清沢は「懐疑」、「批評」時代を経て、実存的な「信」を新たな「独断」として選び取ったのであった。

# おわりに

清沢の議論に対しては当時から様々な批判がなされた。たとえば境野黄洋は「羸弱《るいじゃく》思想の流行」という論説で「宗教は理解すべからずして唯信受すべしの一直線の論理に溺るるものは危からずや」（『新佛教』三巻二号、一九〇二年二月）として、「主観主義」における信仰の客観的基準の不在を批判した。既に見たように、これに対して清沢は、原理的には全ての信仰は等価であるが、自分が確信を持って語ることができるのは自らの信仰についてのみであり、それ以外のものについては究極的には語りえないという態度を取っており、これが一つの答えであったということができる。では、その等価であるところの信仰と、信仰ではないものの境界線はどこに引かれていたのだろうか。最後に清沢の「信」の射程について考えてみたい。

この時期の清沢が自身の「信」を離れて信仰一般について論じている文章は多くはないが、たとえば一九〇〇（明治三三）年の「祈禱は迷信の特徴なり」（『仏教』一五八号）では、正しい信仰である「正信」との対比において、否定されるべきものとしての「迷信」を描いている。この対比は「正信と迷信」（『無尽灯』二巻八号、一八九七年）でも用いられており、両者共に「正信」とは有限と無限の一致を目指すものとし、「迷信」をそこから逸脱した信仰のあり方としているが、「祈禱」論説では特に「祈禱」を「迷信」の特徴として取り上げている。

清沢は祈禱を「吾人《ごじん》が吾人の心意を表白して、之を神仏に捧げ、由りて以て、神仏の好意冥祐を求めんとするもの」（『全集』六巻二三八頁）とし、呪術という言葉こそ用いていないものの、超自然的な存在に働きかけてその見返りを期待することを指しているが、これは端的に「迷妄」とされる。すなわち、信仰の対象である神仏は「円満完全なる無限者」であるため、有限なる人間が必要とするものは適切に提供されているはずであり、「吾人の方より、意志の表白、要請の祈禱を必要すと云わば、吾人は之を迷妄と云わざる能わざるなり」（『全集』六巻二三九頁）とされるのである。さらに清沢は、この「祈禱」は迷妄であるにせよ方便的な意義を持つのではないかという見解をいくつか引き合いに出した上で、それら全てを退け、「祈禱」に一切の価値を認めない。

他方、同時期の「信仰の進歩」という論説（『無尽灯』四巻三号、一八九九年）において清沢は、信仰の類型について論じている。そこでは、信仰が多様であって常に変化していくものであるとした上で、その多様な信仰の間に価値の優劣はないということが強調されていた。信仰の変化は時が経つにつれてより進歩した信仰になるという形で述べられているものの、ある類型が他の類型より優れているという見解は繰り返し否定されており、こうした見解と対照させるならば「祈禱」論説における「迷信」の峻別は際立っている。

「祈禱」論説で「迷信」の排撃を述べるに際して清沢の念頭には神祇不拝の伝統があったかもしれないが、その執筆の意図は直接的には以下のように述べられている。

識者は宗教中祈禱あるを見て、以《もっ》て之《これ》を宗教の要義の如く思い、而《しこう》して宗教は人智の発達に有害なりとし、愚俗は宗教中の祈禱を喜びて、之《これ》に惑溺し、為に宗教の本真を亡失して、実際社会の進歩を障礙《しょうげ》するに至る。嘆ずべきの事にあらずや。是《こ》れ此《こ》の短篇を草する所以なり。
（『全集』六巻二四一頁）

ここで清沢は「祈禱」を宗教にとって本質的なものではないとして退けると同時に、「識者」から「愚俗」の「祈禱」が批判されていることを認識している。このように見るならば、この「祈禱」批判論は、むしろ近代における宗教に対する批判を踏まえた上で、それを乗り越えるための議論ということができるだろう。

既に見たように、清沢は宗教を合理的に再検討する潮流を経た上で、かつその中において「信」の問題を一貫して考え、最終的に宗教は「信」によって立つという境地を示すに至った。そしてその「信」が、自らの実存的な「信」を基盤とするものであるがゆえに、宗教の外側からの批判に抗し得る基盤となったとひとまずは言うことができる。それは近代における宗教論が、近代の特徴たる批判的な理性による検討を真摯に受け止めた上で選択しうる——残された——数少ない道筋の一つであり、さらに言えば信仰において宗教を捉える議論は、今日に至るまで宗教という概念そのものに大きな影響を与えてきている。

他方で、もしそのような信仰の内実について見るならば、厳格に「祈禱」、そして「迷信」が排除されていたように、より抽象化・純化された——精神的な——信仰が想定されていることになる。ここには明治中期に信仰に合理性を求めていたことの残響が見られる。あるいは、その合理性が要求されていたところの信仰を、実存において捉え直したものが、最終的に提示された「信」であったとも言うことができるだろう。

清沢個人は留保を付けながら全ての信仰は等価であるとしていたが、そもそも何が信仰とされるのかという点に目を向けるならば、やはり心理化・内面化され、脱呪術化されたものが前提されていたように見える。これは清沢においては有限と無限の一致という一貫した宗教理解に支えられたものであったが、同時にその後の展開を鑑みるに「信」、さらには宗教なるものの枠組みを限定するような面があったようにも思われる。そのような「信」や宗教なるものと社会倫理の関係、あるいは他者の問題など、別に論じられるべき課題もあるが、以上本章では清沢の「信」をめぐる議論の同時代性と革新性について述べた。

註

(1) 清沢は徳永満之名義で『経世博議』上に四本の論説を寄せているが、これらは岩波版・法藏館版ともに『清沢満之全集』に採られていないので、同誌より引用している。なお、四本の論説の題目は「学問ト宗教トノ関係」(一号)、「転化の観念」(六、八号)、「調和論」(一四号)、「精神的三要」(二四号)となっている。

# 第二章

# 明治文学界の思想的交響圏

## ―満之・漱石・子規の近代―

長谷川 徹

夏目漱石や正岡子規など、誰もが知っている文学者たちと、生きる空間を共有していた清沢。その人脈的・思想的な接点はどこにあったのだろうか。様々な接点の歴史を跡付けることで、明治近代を新たな視点から読み直す。

# はじめに

本章の視座は、宗教・文学を超えた知識界において近しい圏内にいた清沢満之と夏目漱石らの思想的な交響性をどのように見出しうるか、という点に置かれている。満之と漱石を同時代における思想家として見合わすとき、そこには多くのおのずからなる相似性が見出される。互いに浩々洞と木曜会という明治を代表する知的《インテレクチュアル》共同体《コミュニティ》を形成しながら、国家の指導的中枢とは距離を置き、「立身出世」の異端を歩むことで「近代知識人」の孤独をも味わった。

社会や価値の転換期を生きた両者は、自己一身の問題を時代の課題と重ね合わせながら、地位や名声に関わらない道を「インデペンデントの精神」をもって歩もうとした。満之が、自己の外部が相対化・無根拠化し、自己という存在基盤が脆弱性・限界性に揺らぐなかで、「自己とは何ぞや」とその存在様態の実際如何を内観省察し、「分限」の自覚を導き出せば、漱石もまた個人主義を掲げながら、自己と他者との相克に当面し、「愚陀仏」「愚石」と号して自己無能の姿勢を崩さなかった。そうした内省の透徹は、自己がなお「去私《きょし》」へと転回・相即する道理をもたらしたが、そこにはむしろ、「去私」を可能ならしめる「天」への立脚とその坐りが要請された。

両者は、東西の思潮・文化を広く自己の内に展開し突き合わせるなかで、激しく変動してやまない外界を前に、自己省察という主観的対応に努めた結果、自己が他の自己と否応なく相関し、相働く存在であることを覚知した。そして、いずれもその終局判断において、自己を超えるより大きな立脚地を、なお自己内在的に見出し落ち着きを得ていったのである。

満之と漱石（および正岡子規）との直接的交渉や影響は、これまでの研究でも触れられてきたものの、決定的なものは見出されてはこなかった。しかしながら二人の同級生や友人の交流の範囲を重ね合わせていけば、両者の周辺人物は見事につながっていく。満之と漱石は楕円の二つの焦点であり、その交接する範囲をあらためて見定めるにあたって、本章では、満之と漱石および二人をつなぐ幾人かの重要人物について、全人生にわたる周辺的な交渉とそれぞれの事蹟を年譜的に辿っていくことで、思想的な交点を跡づけたい。その際、ある知識集団の思想形成や伝播・交通がどこでなされたか、というトポス（場所）的視座から、諸処に所在地《アドレス》を記した。また最重要トピックには傍線を付した。

## 一　予備門・東大――学生時代

**【一八六三（文久三）年】**
徳永満之、名古屋に生まれる。

**【一八六七（慶応三）年】**
漱石、東京の夏目家に生まれるが、翌年養子に出され塩原姓となる。

**【一八八三（明治一六）年】**
満之、東京大学（神田錦町）に入学。

【一八八四（明治一七）年】

東京大学文学部が本郷校地に移転。満之の寄宿舎も移る。

漱石・子規、東大予備門（一ツ橋外神田）予科に入学。

【一八八七（明治二〇）年】

『哲学会雑誌』創刊。哲学会会員六六名のなかから満之が岡田良平とともに編集責任者兼書記として携わる（五号まで）。

《九月》

満之、大学院進学（宗教哲学）。傍ら外山正一《とやままさかず》の推挙により岡田、**今川覚神**《かくしん》とともに一高（旧予備門）の嘱託講師となり、仏国史を教える。

▼この時の教え子には尾崎紅葉、川上眉山《びざん》、石橋思案、土屋達太郎らがいた。満之の教えた仏国史は、本科二年次の「歴史」の内、二学期の該当課目（週三時間配当）だったが、当時、一高本科に属していた漱石周辺人物らの多い文科には課されていない（上記四名は漱石の先輩、学友にあたる）。いずれにせよ満之の一高出講時、予科生だった漱石らも含め同じ校舎内に居たことは確かである。

【一八八八（明治二一）年】

漱石、夏目家に復籍し夏目姓となる。

満之、紅葉ら二年生一同から謝状と硯を贈られ、惜しまれつつ一高を去り、京都府尋常中学校校長に赴任。この年、清沢やすと結婚。

**【一八九〇（明治二三）年】**

子規、漱石宛書簡に「我文科誕生已来《いらい》夙《つと》ニ一個の親鸞聖人あるを知る」と書く。

漱石・子規、一高卒業、帝大入学（それぞれ英文学科・哲学科）。

満之、「ミニマム・ポシブル」の禁欲生活を開始する。

**【一八九一（明治二四）年】**

漱石、『哲学会雑誌』（のち『哲学雑誌』と改称）編集委員になる（五四―八〇号）。

▼『哲学雑誌』は、入学当初から諸学科の学生が哲学会に入会し、編集にあたっており、この時代、哲学会を扇の要として縦横の人脈が形成されていったと考えられる。また、漱石の同期や仲間には文学系よりも哲学科の学生が多い。この年の入会者には狩野亨吉《こうきち》や西田幾多郎《きたろう》らがおり、前年度の委員長大西祝《はじめ》も含め、彼らがみな哲学科生であったように、構成員は当時の学問趨勢を反映して、在籍者数の多かった哲学科の学生が中心であった。よって雑誌としての性格も、名称通り「哲学」を基盤とするものだった。この他にも定期的な文学集会などもあり、学問・思想的なトピックスは、ある程度容易に伝播・共有されていただろう。そうした場にあって、たとえば同年の入学で、満之の八年下、漱石よりもさらに一学年下の藤岡作太郎（国文学）が、のちに「当時、思想界の雄を以て目せられしは大西祝と清沢満之となり」［藤岡一九〇八］と回顧していることは、当時の帝大（東大）における人物関係の空間規模が互いに間近で密なものであったことをうかがわせる。

またこの年には撰科生として**清川円誠**《えんじょう》（哲学、西田と同期）や**月見覚了**（史学）ら、後年満之と改革運動をともにする学僧たちも入学している。なお『哲学雑誌』は、満之、漱石ともに卒業後も購読していた。

**【一八九二（明治二五）年】**

《八月》

満之、『宗教哲学骸骨《がいこつ》』（以下、『骸骨』）刊行。

《一一月》

『哲学雑誌』（六九号）に立花銑三郎「宗教哲学骸骨ヲ読ム」（以下、「骸骨ヲ読ム」）が掲載、導入部に満之の禁欲生活が描かれる。

▼立花は漱石と親しい学友で、この時期『哲学雑誌』をともに編集していた。「骸骨ヲ読ム」はそうしたなかで書かれ、京都における満之の生活の「異風」が取り沙汰されている。

ところでこの『骸骨』および「骸骨ヲ読ム」が、漱石におけるヘーゲル弁証法の「正」「反」「合」概念理解の一助となったことは、つとに言及されてきた〔上田一九八八〕。井上哲次郎の講義「東洋哲学」に提出された六月の論文「老子の哲学」には、ヘーゲル哲学が呼び込まれているものの、その思想理解はいまだ深められてはいない。ところが一〇月に発表された「文壇に於ける平等主義の代表者「ウォルト、ホイットマン」Walt Whitman の詩について」（『哲学雑誌』六八号）は、スペンサーの社会進化論やヘーゲルの弁証法を融合的に敷衍した詩人論となっている。そこにはスペンサーの哲学原論を読んでいたことで年長の子規を驚かせ、「骸骨ヲ読ム」と同じ号に論考「「ヘーゲル」の弁証法（Dialektik）ト東洋哲学」を寄せた米山保三郎という漱石の畏友と、『骸骨』出版の影響・反映があったろうと推量される。

**【一八九三（明治二六）年】**
漱石、帝大卒業、大学院進学。

## 二　京都・熊本――教育者の時代

**【一八九五（明治二八）年】**
漱石、愛媛県松山中学に赴任。
満之、この年末頃より清沢姓を名乗る。

**【一八九六（明治二九）年】**
漱石、熊本五高に赴任。今川覚神が熊本の済々黌《せいせいこう》中学嘱託に着任し、漱石宅近く（上林町）に居住。
《一〇月》
満之、今川らと『教界時言《きょうかいじげん》』を創刊、宗門改革を活発化させる。
《一一月》
今川、五高演説会で講演し、五高の『龍南会雑誌』（以下、『龍南』）五二・五三号に今川の講演録「大小の弁」、「大小の弁（承前）」、およびその批評文が掲載。

**暁烏《あけがらす》敏《はや》**、非無《びむ》と号し『日本人』に投句、東本願寺門徒でもあった選者高浜虚子を知る。

▼この時期、漱石が五高の近隣にある済々黌中学でも英語授業を兼任していたという証言がある〔奥村一九六二〕。なお『龍南』には、漱石も「人生」（四九号）などを寄せている。

## 【一八九七（明治三〇）年】

満之・今川ら、教団から除名。

《一一月》

『龍南』（六〇号）に『無尽灯』（二巻九号）が寄贈された報告が載る。以後『無尽灯』が毎号寄贈される。

▼五高への寄贈はその他、一八九八年五月号に「永く寄贈を辱《かたじけな》うしつつありし教界時言は今般思う所あり本号限り廃刊の事に決し候由《そうろうよし》通知を受く吾人《ごじん》は教界の為め此謂々の議者失いたるを悲む」とあり、雑誌『教界時言』が第一七号廃刊まで寄贈されていたことからも、五高と今川の関与を匂わせるものがある。この時期の漱石と今川の関わりは不透明ながら、教育現場という知識界を通じて、何かしらの交差はあったように思われる。

## 【一八九八（明治三一）年】

《九月》

満之、上京し、G. Long 英訳 "The Discourses of Epictetus"（『エピクテトス語録』）を読む(1)。

**【一八九九（明治三二）年】**

《六月》

満之、新法主・**大谷光演**（句仏）の招請により上京し、光演の補導（指南）を任ぜられる。

## 三　本郷——浩々洞の時代

**【一九〇〇（明治三三）年】**

《四月》

満之、本郷森川町に転居。

《七月》

漱石、熊本より帰京。

夏以降、満之のもとに暁烏敏・**佐々木月樵**《げっしょう》・**多田鼎**《かなえ》ら集う（浩々洞成る）。

《九月》

漱石、英国へ留学。

《一〇月以降》

暁烏敏、虚子宅（神田猿楽町）を訪問。また子規庵（上根岸）の蕪村忌にも参加。他に虚子や河東《かわひがし》碧梧桐《へきごとう》、松根《まつね》東洋城《とうようじょう》ら漱石に近い人物がいた。

▼この頃より言論メディアや思想団体において「修養」論が流行しはじめる。満之が「修養」を内観省察の道

に据えるようになったのは、ストア派の哲人エピクテトスの読書体験を通じてであったが、満之に『エピクテトス語録』を貸与した**沢柳政太郎**も「修養」に着目していた一人である。

**【一九〇一（明治三四）年】**

《一月》

雑誌『精神界』発刊。印刷・発行を暁烏が虚子に相談し、表紙絵は虚子の紹介で中村不折《ふせつ》に依頼。初号は一〇〇〇部程か。

《三月》

子規、再び子規庵を訪れた暁烏（「頭の黒い真宗坊」）から、「君の文章を見ると君は病気のために時々大問題に到《とう》著《ちゃく》して居る事がある」（『墨汁一滴』）と指摘を受け、宗教観について対話に及んだ。

《一〇月》

満之、真宗大学の東京巣鴨移転に伴い初代学監となる。

▼子規と暁烏の対話については、翌年四月の『病牀苦語』に見える。生家の宗旨は臨済宗である子規だが、「小供のうちから宗教嫌いで……耶蘇教でも仏教でも唯《た》だ頭から嫌いで仕方がなかった」という。とはいえスペンサーの進化論（社会有機体説）に傾倒したこともあってか、「此宇宙間には原因結果の関係という必然の真理があって、宇宙のものすべて固《もと》より吾々人間迄も、此真理に支配せられている」という見地を示した。しかしその因果律は人間にはどこまでも不可知なものであって、「宗教などで言うように、此の世で善をすれば次の世で善報を受けるなどという因果説では無い」と言明する。むろん「善には善報」というような結果が全く

生じないということではなく、「それも因果の一部には相違ない」が、「宇宙に行われて居る因果の道理は単に倫理の上を支配するような簡単なるものではない」のであって、人倫の理をはるかに超え出るものとして理解されている。すなわち「一方には倫理上から或人に幸を与えるような因果の筋道になって居っても、亦《ま》た他の方からは同じ人に不幸を与えるような因果の筋道に成って居る事もあろう」と、倫理指標としての応報観念を不可思議の彼方へとさし返しつつ、受けとめられているのである。

それゆえに子規は、因果それじたいに「人間の意志の自由」が働く余地も認めていない。たとえば植物においのずから「高い木と低い木」が、動物に「美しい鳥と醜い鳥」があるように、自然の千差万別は「必然の結果」として生じてくるという。そこに自由意志は介在しないが、我々が左右に手足を動かすのも「皆な意志の自由である如く思うているけれど、それも意志の自由ではな」い。何の因果かはわからないまま、「或る原因から右に行かねばなら」なかったり、「左《ひだ》りに行かねばならぬ」ように、我々は如意ならずして「手足を動かさねばならぬ」というのである。「人間の智恵が宇宙にある悉《ことごと》くの現象を一々に極め尽す事の出来るものではないことを知るがゆえに、我々ははかりえない不可知の海に投げ出されていることを、それとして受けとめるしかない。子規は自分に信仰と言えるものがあるかどうかはわからないが、我々のふるまいが実際は伝統的な因果律のように必ずしも予期される一定の結果をもたらすわけではないと、善因善果・悪因悪果の応報を相対化しつつ、にもかかわらず宇宙万般に亘る、ある否応ない摂理を見取って、その戦《おのの》きを露わにするのである。

これに暁烏（「非無という年の若い真宗坊」）は、「今のお話しのうちの意志の自由を打消すという事は吾々の宗旨で平生《へいぜい》いう所の他力信心に似て居る」と応じた。「吾々の宗旨」においては、万物はたえず流転変成していく有機的な組織体として一体をなすものであるが、そのはたらきの一隅を生きている一人ひとりの人間は、そうした千変万化の進展をつかさどる宇宙の源泉、あるいは自然《じねん》の摂理を見通すことはできず、子規が自身、身体の不自由を日々痛感し「手を動かすも足を動かすも」自らの意志の範疇を超えているとしたように、自らを取り巻く刻々の事象は思うままにはならない。生死《しょうじ》を貫く絶対不可思議を、思議しうるものとして見極めることも推しはかることもできず、何としても「智恵」に限りのある我々は、その意味では「絶対不可思議の妙用」に託さざるをえない有限無能者として了解されるのである。暁烏は子規の宗教観にそうした視点があることを指摘したのであった。なお満之の絶筆「我信念」には、「何が善だやら、何が悪だやら……何が幸福だやら何が不幸だやら、なんにも知り分る能力のない私……左へも右へも、前へも後へも、どちらへも身動き一つもすることを得ぬ私、此私をして虚心平気に此世界に生死することを得せしむる能力の根本本体が、即ち私の信ずる如来である」とある。

この出来事は、虚子の小説『柿二つ』（一九一五年）にも取り入れられている。「其はまだ若い僧であったが、文芸上の評論や、其他新聞紙上に現れる彼の文章を通してみた彼の煩悶を気の毒に思って弥陀本願の信仰を吹き込もうとして来たのであった」と。しかし虚子は暁烏の「諄々として説くなまぬるっこい説法」がひどく子規を焦れさせたとし、暁烏の真面目な善意が不発をもって終わる様子を描写している。小林高壽『俳人の生死』は、この暁烏の子規庵再訪の消息について、「浩々洞において非無が師清沢満之にかねて子規についての子細を話しており、清沢としても東京大学予備門と文科大学哲学科の後輩である子規の病状を心配しており、子規の「唯物説」にとどまっている心理状況をなんとか信仰にみちびく道をひらいてやろうとの心くばりがあり、愛弟子非無（敏）を再び子規庵へ「派遣」したのではないか」と推察している。が、むろん暁烏の独断である可能性も否定できない。なお小林によれば、この頃より子規の作句には、「念仏に季はなけれども藤の花

〔法然賛〕」「御連枝の末まで秋の錦哉〔親鸞賛〕」など、宗教性が増すという。

**【一九〇二（明治三五）年】**

《六月》

浩々洞、本郷東片町に移転。

子規、『病牀六尺』（以下、『六尺』）に「余は今まで禅宗のいわゆる悟りという事を誤解して居た。悟りという事は如何なる場合にも平気で死ぬる事かと思って居たのは間違いで、悟りという事は如何なる場合にも平気で生きて居る事であった」（二日）と書く。

《九月》

子規、死去。

《一〇月》

満之、真宗大学学監を辞任し、大浜西方寺に転居。

《一一月》

浩々洞、本郷曙町に移転。

▼満之の死の翌年（一九〇四年）に浩々洞の出版部門無我山房から刊行された『清沢先生信仰坐談』（以下、『坐談』）は、七月に門人となった**安藤州一**による、浩々洞の来歴と主に森川町から東片町時代の満之の言行録である。安藤が師の言葉を正しく伝え残そうと腐心したものであり、そうした点からもその記述内容に一定の信憑性がある資料である。そこには、安藤が右に見た子規の言を紹介し、「如何」と問うと、「先生莞爾《かんじ》として掌

を撫《ぶ》して曰く、この語あるかな、この語あるかな、真に是れ悟道絃上の響なり」と答えたことが回想されている。漱石はこの『坐談』（四版、一九一〇年）を所蔵しており、後にこの記事を通じて子規と満之の一瞬の「邂逅」が、漱石の目に留まったと想像される。

『六尺』記事には、その後、「爰《ここ》に病人あり。体痛みかつ弱りて身動き殆ど出来ず。……如何にして日を暮すべきか」（六月一九日）、「この頃のように、身動きが出来なくなっては、精神の煩悶《はんもん》を起して……絶叫。号泣。……誰かこの苦を助けてくれるものはあるまいか」（同二〇日）と書いたところ、翌二一日、子規のもとに「余は知らぬ人」「本郷の某氏」から手紙が届く。第四二回に、「昨日貴君の「六尺」を読み感ずる所あり左の数言を呈し候」、「知らず貴君の苦痛を救済し得るや否を敢て問う病間あらば乞う一考あれ」として、以下が引用された。すなわち「かかる場合」には、一、「天帝または如来とともにあることを信じて安んずべし」、できなければ、二、「人力の及ばざるところをさとりてただ……現状の進行に任ぜよ痛みをして痛ましめよ」、それもできなければ、三、「号泣せよ煩悶せよ困頓《こんとん》せよ而《しこう》して死に至らんのみ」と。先に見たように、人力の及ばない因果によって不如意の状況にあっても、なおいかにも「平気で生きて居る事」を諦観した子規は、「この親切なるかつ明鬯《みょうちょう》平易なる手紙は甚だ余の心を獲《え》たものであって、余の考も殆どこの手紙の中に尽《つ》きて居る」とした。

満之と子規の交流について必ず問題になってきたのが、この差出人「本郷の某氏」は満之本人であるのか、その他の門人なのかという点である。依然決着を見ていないものの、浩々洞関係者だとするならば、この時洞にいたのは満之、暁烏、佐々木月樵、多田鼎、楠龍造、**近藤純悟**、原子広宣《はらここうせん》だったとされている。このうち、①「かつて瀕死《ひんし》の境にあり肉体の煩悶困頓を免れざりし」ことがあり、その際、二つ目の「工夫」によって

「精神の安静を得」、これを「宗教的救済」として経験した者ということになる。かつ②『六尺』を読んでいて、子規の窮状に「数言を呈」そうと「親切」「明鬯平易」な手紙を認《したた》めた者。そして③子規がここで「余は知らぬ人」と断った何者かである。①については少なくとも「瀕死の境」というほど病重くした者は満之のみである。子規による引用は「大略」であるが、文体はやや年長者からの助言風であること、子規を「貴君」と呼んでいることも一顧に値する。たとえば満之の書簡では、大兄・貴君・貴方などが使い分けられており、暁烏に対しては貴君を使用している。そして一人称は、ほぼ「小生」である。また、満之の文章と較べると、ここで使われている語の用法は概ね妥当なものの、手紙に現われた思想内容・表現の検討はなお求められよう。そもそも本郷には満之の影響を受けた**近角常観**《ちかずみじょうかん》の求道《きゅうどう》学舎などもあり、さらなる別角度からの考証も必要であろう。

差出人が満之であるならば、双方に関わりのあった暁烏の言及が見られていいはずだが、管見の限り、暁烏はこの件について回想を残していない。むしろ、翌年四月『精神界』に「喀血《かっけつ》したる肺病人に与うる書」という、いかにも子規風の題目が満之名義で発表されている。だが、この文章に関しては門人による「成文」の疑いが指摘されており〔山本二〇一一、二〇一四〕、関連性は把握しがたい。

『六尺』には、七月にも「真宗《しんしゅう》が阿弥陀様《あみださま》を絶対と立てて、総《すべ》てあなた任せの他力信心で遣《や》って行く」、「泥棒が阿弥陀様を念ずれば阿弥陀様は摂取不捨《せっしゅふしゃ》の誓《ちかい》によって往生させて下さる事疑《うたがい》なしという。これ真宗の論なり。この間に善悪を論ぜざる処宗教上の大度量を見る」という一節がある。

## 【一九〇三（明治三六）年】

《一月》

漱石、英国より帰国。

《三月》

漱石、本郷区駒込千駄木に転居（浩々洞まで徒歩一五分程）。

一九日、虚子、暁烏を通じて東本願寺で句仏と面会。

《四月》

漱石、一高・帝大の講師となる。

一六日、満之、「正岡子規子に御馳走主義の論あり。予、亦《また》甚だ甚だ之を可とす」と日記に書く。

この頃漱石、藤村操《みさお》を一高の英語授業で厳しく叱責。

《五月》

二二日、藤村操、「万有の真相」を「不可解」とした「巌頭之感」を残し、華厳の滝に投身自殺。漱石は一高の授業で「藤村はどうして死んだのだ」と生徒に問い質し狼狽《ろうばい》する。

《六月》

三日、満之、喀血。「血をはいた病の床にほととぎす」と詠み、六日に死去。

▼満之の句は、啼いて血を吐き、血を吐きながら句を詠んだ「子規《ほととぎす》」の境涯に共鳴し、自らを重ね合わせるように詠んだものだろう。

ところで、漱石は藤村の死について何度も言及していくが、五月三〇日に書いた満之の「我信念」にも、「若《も》し此の如《かく》き「不可能」のことの為にドコ迄も苦まねばならぬなれば、私はトックに自殺でも遂げたでありましょう。然るに、私は宗教によりて此苦みを脱し、今に自殺の必要を感じませぬ。即ち、私は無限大悲の如来を信ずることによりて、今日の安楽と平穏とを得て居《お》ることであります」とあり、「宇宙の原本義、人生の第一義、不肖の僕には到底解きえぬ事と断念《あきら》め候」と遺して連日世間を動揺させた藤村の、「煩悶」自殺を念頭に置いた表現とも取れる。

【一九〇四（明治三七）年】

浩々洞、小石川白山前町（漱石宅まで徒歩一〇分圏内）に移転。

【一九〇五（明治三八）年】

漱石、虚子の勧めで『ホトトギス』に『吾輩は猫である』を発表、中村不折に単行本挿絵を依頼する。この頃、不折との交流繁くなる。

真宗大学で満之に学んだ伊藤証信が、巣鴨に「無我苑」を開き、同じく真宗大学に在学し、のちに漱石門下となる大谷派の僧侶安藤現慶《げんぎょう》が参加した。また、河上肇《はじめ》が一切の職を辞して入苑し世間を驚かす。漱石も「河上肇などと云う人は感心なものだ」と褒めた。ただし大学側はこれを問題視し、満之の後に第二代学監に就任した南条文雄《ぶんゆう》は排斥に動いた（翌年閉鎖）。

▼暁烏はこの時期、中村不折宅を訪問、「精神主義」の唱導に努めた。また虚子に関しても、以前から暁烏が「大谷派の教義、清沢先生の心情を話したりした」［小林一九九八］。その影響は、虚子の「俳諧スボタ経」（一九〇五年）にも見られる。たとえば精神主義論文「公徳問題の基礎」には、「吾人は自他差別の念を忘却せねばならぬ、吾人は彼我同体の念に安住せねばならぬ、抑《そもそも》吾人は他の人物と自他相対して其差別ありと雖ども、

此差別は決して根本的の差別ではない、彼我共に平等なる本体の上に存するものである」とあるが、俳誌の選者という立場であった虚子は、俳諧の徒に「四時の風物に一として面白からざるもの無きことを知ら」すのが「仏の本願」であるのだから「下手でもかまわぬ」と説く。上手下手にかかわらず「尚俳句」である限り「仏の本願」によって「四時の風物」を賞翫《しょうがん》しうるのが俳諧の道であると。すなわち「俳諧国にも差別の側と平等の側とがあ」り、「差別の側」より見れば上下高低さまざまな順位が生じるだろうが、「一旦平等の側」に立って眺めれば、どんな程度の甚だしい差別も、いわば「灯火の明暗を争うてい」るにすぎず、皆「月下」の皓々とした光明に与っているのであり、上手下手の「差別の側」を離れて、「平等の側に立って俳句の功徳を歓喜し微妙を愛楽せよ」、その上でまた「差別の側に立って勇猛せよ精進せよ……而して悟れずとも進まずとも唯この一道に安着せよ」とした。虚子は念仏と俳句を一如とする俳諧理念を掲げたが、こうした理路を用意し委曲を尽すところに浩々洞界隈との交流の軌跡をうかがわせるものがある。

**【一九〇六（明治三九）年】**

漱石、虚子宛の手紙に「碧梧桐が本願寺の法主句仏をつらまえて「何々し給う」抔《など》と無暗に敬語を使うのを可笑《おか》しいと申した……本願寺の青坊主を一代の高徳の様にいうのはどう云う了見でしょう。句仏先生自身も訳のわかった男なら却って迷惑だろう」と書く。暮れに東京市本郷区西片町に転居。

▼句仏（大谷光演）が正式に法主を継承するのは一九〇八年であるが、この時点で漱石が新法主としての立場を理解していることは、大谷派の事情にある程度通じていたことをうかがわせる。なお、満之も住んだ西方町は帝大・一高「門前」の学者町であり、森川町の求道学舎までは徒歩一〇分足らず、白山の浩々洞までは徒歩

一五分圏内の場所である。

【一九〇七（明治四〇）年】

漱石、京都に旅行。虚子に「枳殻邸《きこくてい》とか申すもの」を見たいと書簡を出し、句仏に紹介を依頼。東本願寺、枳殻邸などを観覧した。句仏に面会し、「今夜東上す」と聞く。

浩々洞、巣鴨町に移転。

漱石、早稲田南町に転居。真宗大学関係者で『精神界』にも寄稿している大谷繞石《じょうせき》が、漱石に真宗大学への教員周旋を依頼。漱石は「真宗大学の口は喜んで応ずる人は沢山可有之《たくさんこれあるべく》と存候が早速思いつき候人これあるべくを二三御紹介及候」として戸川秋骨らを推す。その後、繞石から「京都の頑固連」（大谷派内の保守派）が戸川の「耶蘇教」の「信仰の有無」について問題にしていると、信仰事実の問い合わせがある。

▼この件から、漱石が「真宗大学の口」を前途ある者に薦めるだけの場所と見ていることがわかるが、それは数年前、満之ら改革派によって東京巣鴨に開設された真宗大学が、近代的な学術水準にあることを理解していたがゆえの評価だろう。また、東京の当局と「京都の頑固連」が緊張関係にあることを、間接的に知りえていた証左でもある。

## 四　木曜会──浩々洞門人と漱石門下生

**【一九一〇（明治四三）年】**

『精神界』に多田鼎「扉の前に佇む者──（「門」の主人公、野中宗助）」が載る。多田の批評を漱石は「先方から送ってもらった」として読む。「机の上にあった雑誌精神界の多田鼎氏が先生の新作「門」に就《つい》ての一文を読んだ。先生のお考えはというと「宗教家の見かたは左様《そう》だろうね」と気にもされなかった様に見えた」〔坂元雪鳥一九三八〕。

伊藤証信、無我苑を再開し、浩々洞門人や森田草平、堺利彦らが訪れる。また、漱石門下生となる津田青楓も、「暁烏敏とか、多田鼎とか、佐々木月樵とかいう新人の家」を訪ねたが失望し、証信の『無我愛』を愛読し運動に参加した。

▼多田の『門』評は、自力門を憧憬しつつ門前に立ちすくむ宗助に「門のない「他力の大道」」を説いていた。それは漱石に軽くいなされたが、『精神界』とその活動に目を留めるきっかけにはなっただろう。また、この直後に評論『観賞の統一と独立』を発表し、作品鑑賞の判断基準はついに「散り散りばらばら」で、「各自《めいめい》は遂に各自勝手で終わるべきものであろうか」と、評価の公準の不統一に強い懸念を示していたことに鑑みても、多田の批評が漱石に与えた問題は小さくなかったろう。

この頃より、状況証拠的な事実として、間接的ながらも漱石と浩々洞周辺の接近・交流が密になりはじめる。その中心にいた伊藤証信は漱石が書簡で名を出しており関係があった。一九一五年には伊藤の妻が漱石宅を訪れている。

【一九一一（明治四四）年】

《一月》

安藤現慶、『無我の愛』読者懇話会で森田草平と親しくなり、「あなたは親鸞上人に似ている。……上人を描くものは、あなたの外にないと信ずる。材料は私が提供するから是非描いて下さい」と勧める。また森田に漱石の紹介を懇請し、木曜会に足繁く通うようになる。

《六月》

漱石、上越高田で講演。親鸞流刑の地、直江津へ向かい五智国分寺を訪れ、日記に「親鸞謫居《たっきょ》の迹あり」と書く。

《一一月》

真宗大学が再び京都に戻されることが決定、改革派教授陣は辞任し、ここに満之らが拓いた改革の道筋は途絶えた（翌々年に真宗大谷大学として移転開設）。

《一二月》

漱石、急死した五女ひな子の葬儀にて「三部経」と「和讃」を読誦した本法寺の通夜僧から、「和讃は親鸞上人の作ったものに三代目の何とかいう人が節づけをしたもの」、「御文様は八代目の蓮如上人の作」と聞き、日記に書き留める。

▼森田の回想「親鸞上人と私」によれば、木曜会で安藤は、漱石が親鸞の著書や研究書を未読だと聞き「是非読んでいただきたい。書物は私が持ってまいります」と勧めた。漱石は「一体親鸞上人という人はどういう人

だ」と問い、「森田さんそっくりの人」と聞くと、一旦興味をなくすが、「親鸞上人は僕も読んで見るからね。序《ついで》があったら、本を持って来て貸してくれたまえ」と声をかけた。安藤は、森田にも「材料は私が提供する」と迫ったように、直ぐに持っている限りの親鸞に関する書物を持参し、漱石の閲覧に供した。これによって漱石の親鸞や、真宗への理解（あるいはそれについて書く動機）が深まっていったと思われる。

それは、一九一三年の講演『模倣と独立』とその翌年に連載の『こころ』に顕著である。講演で触れられる親鸞の肉食妻帯《にくじきさいたい》や、「平生《へいぜい》はみんな善人」でありながら「人間がいざという間際に、誰でも悪人になる」（『こころ』）ということ、すなわち「わがこころのよくてころさぬにはあらず」の理解などである。

この会話の時期は未詳だが、一九一一年頃だと推定すれば、漱石が閲覧しえたであろう浩々洞・無我山房の真宗、親鸞関係の書は多い。実際に遺された蔵書は『坐談』と一九一三年版の『真宗聖典』（初版、一九一〇年）であるが、その他のものや『精神界』が持ち込まれた可能性もあるだろう。漱石は真宗教団一般からは距離を冷ややかに保ったところがあるにせよ、漱石蔵書における真宗の書籍はすべて浩々洞・無我山房によるものであり、少なくとも書物上得られた知識・影響は、真宗教団の本山そのものの教化からは離れ、浩々洞からの直輸入となる。それは子規文庫のそれと比較すれば著しい。そこに安藤の果たした役割は少なくないだろう。

**【一九一三（大正二）年】**

漱石、南満洲鉄道主催の講演者人選を依頼され、南条文雄を推薦。「南条文雄師など有徳の君子人にて結構ならんかと思われ候」。

《一一月》

一高にて『模倣と独立』を講演。

▼講演では以下のように、漱石なりの親鸞評価が述べられた。やむべからざる「内心のデマンド」によって、「インデペンデント」であろうとする人の代表例として言及した箇所である。曰く「親鸞上人に初めから非常な思想が有り、非常な力が有り、非常な強い根柢の有る思想を持たなければ、あれ程の大改革は出来ない。言葉を換えて言えば親鸞は非常なインデペンデントの人と云わなければならぬ。あれだけのことをするには初めからチャンとした、シッカリした根柢がある。……其時分に、今でもそうだけれども、思い切って妻帯《さいたい》し肉食《にくじき》をすると云うことを公言するのみならず、断行して御覧なさい。何《ど》の位迫害を受けるか分らない。尤《もっと》も迫害などを恐れるようではそんな事は出来ないでしょう」と。

漱石自身、二年前に博士号授与を辞退したことで「インデペンデントの精神」を発揮したが、そうしたふるまいによって自身が「迫害」されかねないことを自覚している。だからこそ「肉食妻帯をしない」はずの僧侶が「真宗の方では、ずっと昔から肉を食った、女房を持って居る」ことを知った上で、「思想上の大革命」だったと評価した。的確な真宗理解であるが、親鸞が肉食妻帯を断行したことは、「確乎たる精神」や「其人を支配する権威」があって初めてできるという論旨を持ち出している。ここには満之の「処世に於ける完全なる立脚地」すなわち「絶対無限」という「強い根柢」が、何ほどか想い合わされながら語られているようにも思える。聴衆が一高生ということもあり平易かつ慎重な物言いをしているものの、少なくとも「あれ程の大改革」（傍点筆者、以下同）という言辞は、親鸞に通じていない者からは出てこないだろう。

藤井淳は戸川秋骨《しゅうこつ》の教員斡旋もあって、漱石が真宗大学の動きを関心を持って見ていたとし、この講演において語られる「学校騒動」が真宗大学のそれであると同定した上で、漱石が以下の部分で「成功」と「失敗」について、『坐談』を参照ないし援用していることを跡づけている〔藤井二〇一四〕[2]。漱石は成功と失敗の手近な一例として、「学校騒動があって其学校の校長さんが代る。此学校ではありませんよ。そうすると後に新しい校長さんが来ましょう。そうしてその学校騒動を鎮めに掛る」と例示し、次のように論じた。すなわち、鎮圧が「旨く往けばあの人は成功した」と言われ、結果さえ良ければ新校長が刷新も改革も整理すらしていなくても「成功した」とされるが、反対に騒動が収まらなかった場合、「今迄遣った其人の一切の事が非難」され、やり方の実際や善し悪しを見ずに結果だけであの遣り口は悪いと批評される。それに対し「仮令《たとい》その結果は失敗に終っても、その遣ることが善いことを行い、夫《それ》が同情に値いし、敬服に値いする観念を起させれば、夫は成功である。そう云う意味の成功を私は成功と云いたい」と、独立不羈《どくりつふき》の「成功」論を掲げた。『坐談』の傍線書き入れ部分[3]の直前には、「精神主義に由るものは、如何なる時と雖も、失敗あることなし。凡そ失敗なるものは、自己が失敗と認めて、失望落膽したる時之を失敗と言うなり。自己が失敗と認めざる以上は、如何なることも、失敗に非るなり」とあり、以上の論旨と重なり合う。

漱石は一九一六年、安藤現慶に「先年拝借したる仏書三部」を返送している。『坐談』、『真宗聖典』が安藤から借りたものか購入したものかは不明だが、「仏書三部」を含め真宗関係の書物が漸次漱石山房を離れたと思われるなか、この二書が蔵し続けられたことは留意に値する。とりわけ講演と同年に漱石蔵書となった『真宗聖典』中の『末燈鈔』は、親鸞の「自然法爾《じねんほうに》」を伝えており、漱石の「則天去私《そくてんきょし》」の発想に親鸞思想が寄与したとすれば、この辺りを参照し典拠とした可能性はあるだろう。

【一九一四（大正三）年】

森田草平、『反響』創刊。漱石と門下生、伊藤証信、安藤現慶らが寄稿する。

漱石、『こころ』刊行。学習院で『私の個人主義』講演、「自己本位」について話す。

安藤、木曜会で「先生の小説の裡面に隠れている、新しい宗教味」について漱石に尋ねたところ、「先生が人生観の一端を聞くことを得た」として、『こころ』には物語の内に「隠れている」が、「新しい宗教味」があることを看取した。

▼『こころ』のKのモデルはこれまで数多く考えられてきたが、『こころ』を満之との関係で論じたものに水川隆夫、藤井淳、野網摩利子らの所論がある。漱石は、先年旅した親鸞の流刑地・越後を背景に据え、先生とKは「大変本願寺派の勢力の強い」新潟出身で、Kを「真宗の坊さんの子」とした。Kは「精進」や「修養」といった精神の向上を目指し、自力による聖道門の「道」を行こうとするが、「自分の修養が足りない」ゆえに挫折していく人物として描かれる。藤井は、「骸骨ヲ読ム」に満之の禁欲生活が報じられていたことなどから、真宗出身で禁欲主義を貫くKを描くにあたって、漱石の周囲にはモデルとしてそのような宗旨に違えて禁欲を実行した者がおらず、満之を念頭に置かずには描きえなかったろうと指摘している［藤井二〇〇一］。

また水川は、『坐談』と『こころ』の、人物造形、師弟関係の描写、追懐録という形式面、結末などの構成面における類似を指摘し、「先生」のモデルの一人として満之の影響がありうるとした［水川二〇〇二］。むしろ「先生」の抱える倫理的苦悩は、漱石において決して特定の他者一人の問題などではなく、己が一身の裡《うち》にひそむ問題として凝視されていたろう。そしてそれは終局において「人間の罪」として収斂し深められていく。『こころ』には、それまで漱石文学のなかで主題的に用いられてこなかった「罪悪」という語が九回登場する。

その「罪悪」は社会や他者の上ではなく、また単に道義上の「罪」としてでもなく、畢竟自己において見定められている内面的「罪悪」である。「先生」の言動は「罪悪」の自覚の深化の道のりを示しながら「人間の罪」を問うているのである。

他方野網は、『こころ』は全面的に漱石の親鸞思想と真宗理解に基づいて小説の物語が仕組まれているとした［野網二〇一〇］。テクストに差し挟まれた真宗をめぐる歴史的事実や経典理解を綿密に跡づけ、房州小湊という浄土教と日蓮宗が衝突した土地でKが自力門に挫折し、その内面で「愚禿《ぐとく》」の自覚への回心が起こったと指摘した。

ところで、安藤州一は昭和になって、漱石の小説は「自我実現の進路を写したるのである。これを以て真我の実現とは言われないにしても、確かに自我の実現である」（「浩々洞の懐旧」）と書いた。浩々洞門人から見た漱石小説の、それもおそらく『こころ』に代表される晩期の作品群についての観点を示したものであり、それは「真我の実現」に向かう「自我実現の進路」と映ったのであった。いずれにせよ、一九一〇―一九一一年頃からおぼろげに辿りうる漱石と満之――真宗の一脈は、ここにおいて一応の結実に至ったと言えよう。

## 五　則天去私――大正五年の潮流

**【一九一五年（大正四）年】**

漱石、武者小路実篤《むしゃのこうじさねあつ》宛に「気に入らない事、癪《しゃく》に障る事、憤慨すべき事は塵芥の如く沢山あります。それを清める事は人間の力では出来ません。それと戦うよりもそれをゆるす事が人間として立派なものならば、出来る丈《だけ》そちらの方の修養をお互にしたいと思いますがどうでしょう」と書く。

**【一九一六（大正五）年】**

《一月》

漱石、元日の『点頭録』に「わが全生活を、大正五年の潮流に任せる覚悟」を抱きつつ、「力の続く間、努力すればまだ少しは何か出来る様に思う。それで私は天寿の許す限り趙州の顰《ひそみ》にならって奮励する心組でいる。羸《るい》弱《じゃく》なら羸弱なりに、現にわが眼前に開展する月日に対して、あらゆる意味に於ての感謝の意を致して、自己の天分の有り丈《たけ》を尽そうと思う」と寄せた。木曜会で「則天去私」について語る。

《一二月》

九日、漱石、死去。

▼漱石死後に流布した「則天去私」をめぐる言説は、弟子達の言説のなかで永遠の空席として祀り上げられ、読解者自身の様々な価値観が投影されていった。それは丸山眞男が言うように「思想がひとたび思想家の骨肉をはなれて「客観的敬称」と化した瞬間に、それは独り歩きをはじめる。しかもそれが亜流の手にわたって、もてはやされ「崇拝」されるようになると、本来そこにたたえられていた内面的緊張は弛緩し、多角性は磨かれて円滑となり、いきいきした矛盾は「統一」され、あるいは、その一側面だけが継承されることによってかえってダイナミズムを喪失して凝固する」［丸山一九九二］といった傾向の表われではあろう。が、それゆえに「則天去私」の検討は、そのような神話的「則天去私」の未生の段階においてその中身と思想の志向するところが問われなければならない。

たしかに「則天去私」をめぐる漱石の真意は空白ではあるが、それはなお輪郭のある空白である。死の一月前に出版された『大正六年文章日記』には、漱石による「則天去私」の揮毫が掲載され、「十二名家文章坐右録」として「天に則り私を去ると訓《よ》む。天は自然である。自然に従うて、私、即ち小主観小技巧を去れという意で、文章はあくまで自然なれ、天真流露なれ、という意である」という解説が付された。あるいは久米正雄の当時の日記にも、「「私」のない芸術、箇を空《むな》しうすることによって全に達すると云う人生観」であると証言され、「禅定、三昧の境地」に準《なぞら》えられた。また、新たに加えられた説明によって「禅の世界観と異なる所以も幾分か解った」という〔久米一九一六〕。

「禅の世界観と異なる」点とは何か。およそ「箇を空うすること」とは自己自身による主体的操作・努力のみによって可能な境地ではない。松岡譲によれば「則天去私」は、「「自然随順」や「自然法爾《じねんほうに》」とかいう意味に似て居った」という〔松岡一九三二〕。それはまた、「所謂《いわゆる》小我の私を去って、もっと大きな謂《い》わば普遍的な大我の命ずるままに自分をまかせるといったような事」であった。娘が突然盲目になって眼前に現われても、それを「ああ、そうか」と見ていられる心境であり、「一視同仁」「差別無差別」に「あるものをあるがまま」に「平静に眺める」こととされた。

それは子規が、悟達《ごたつ》を「如何なる場合にも平気で生きて居る事」と了解し、「精神主義」で言えば、満之の「無限大悲の指命に待ち」、「虚心平気の工夫」（『全集』六巻七五頁）を尽すこと、「絶対無限の妙用に乗托して任運に法爾に此境遇に落在せる」（『全集』八巻三六三頁）ことと通底する。問題は「箇を空うする」こと、「私を去る」ことはいかに可能なのかであるが、「大我の命ずるままに自分をまかせる」ことだとすれば、「自分をまかせる」ことは自己が「天分の有り丈を尽」そうとすることと、どう並び立つのか。小我から大我へ。「自己本位」と「則天去私」の相即のあわいの問題であり、「天命に安んじて人事を尽す」こと如何の問題である。あえて言えば、「わが全生活を、大正五年の潮流に任せる」ことは、ひたすら受動となることではない。ある全体の大きな流れに身を預けながら、なおその内で「天寿の許す限り」「力の続く間、努力」「奮励する」ことが、すなわち天与の命の限り、与えられた状況の限りにおいて「天分の有り丈を尽」すということだろう。「わが全生活を、大正五年の潮流に任せる」とは、「自己の天分の有り丈を尽」す仕方に相即するあり方である。

久米はまた、漱石がその「悟り」を得て「宗教的に傾いて来た」のはごく最近であることを伝えている。「もう一二年後にはその世界観に基いた文学概論を大学で講義してもいいと云う意を洩らされた」というように、漱石はそれを、「もう一二年」の実作を通じて切り結ばれる文芸理論と世界観との熟練を待って世間に発表せんとしていた。それはいわゆる「義務だとか責任」ではなく、「天が私にそれを命じてるような気がしてならない」［松岡一九三三］と「全生活を、大正五年の潮流に任せ」つつ、天命を内的要求として内在化しながら「自己の天分の有り丈を尽そう」としていたのである。

## おわりに

満之らが生きた近代とは、それまで他力に根ざし、絶対無限へと通じる回路に開かれていた衆生の一人ひとりが、そうした如来との関係や説得を見失った時代である。他力廻向を遮蔽した近代自己の場は否応なく閉域化・狭隘化していった。それゆえ満之や漱石も、近代的な認識論の機制に掣肘されながら、「自己」という存在要件について思想したのであり、そこでは実在としての如来を自明のものとして措定することは当面手控えられていた。

にもかかわらず、彼らの厳しい自己内省はそれによって、なお近代自己の超克をもたらした。満之の「自己とは他なし……」や、漱石の「自己本位」における「自己」理解は、自閉性を離脱しがたい近代的自己を、あらためて「超越」の内在する場として受けとめ直したものである。それは、自己が様々な不如意に取り巻かれながらも、現前の境遇にあるがままに「落在」しようとすることであり、自己を「自然法爾」のおのずからの働きの内に位置付かせることであった。

作家としての漱石が信拠していたのも、自己の「ありのまま」を内観省察し、その「ありのまま」に表現・描出することが、自己を「成仏」へと導くという信憑であった。それは「確かにそう信じている」という確信をもって語られた、漱石なりの「わが信念」である。最後にそうした消息を確認しておきたい。

『模倣と独立』で漱石は、「ありのままをありのままに書いた小説」は、それを描きえた者のどんな罪悪をも清めうる「功徳」があると述べる。「罪を犯した人間が、自分の心の径路をありのままに現わすことが出来たならば、そうしてそのままを人にインプレッスする事が出来たならば、総ての罪悪というものはない」のだと。さらには、救われがたい罪業をなした者が、なお「ありのままをありのままに」自己表白することによって、法律に触れ懲役とはなっても、その埒外で、まさに「成仏」可能なのだというのである。

むろんここには、念仏による如来への帰依はない。しかしそのような処世における強固な不羈独立の精神の「その背後」には、「大変深い背景を背負った思想なり感情なりがなければならぬ」のであって、「則天去私」において漱石が、「私」を自然に法爾に然らしむるものとして身を任せようとした「天」も、畢竟そのような「ありのまま」を可能にする「大変深い背景」として見出されていたのである。

## 註

（1）『吾輩は猫である』には「エピクテタス」に言及した箇所がある。また「幾ら自分が偉くても世の中は到底意の如くなるものではない、……ただ出来るものは自分の心丈《だけ》だからね。心さえ自由にする修業をしたら、落雲館の生徒が幾ら騒いでも平気なものではないか」と「不如意なるもの」と「如意なるもの」が弁知されており、エピクテタス受容が見られる。漱石蔵書には *The teaching of Epictetus*［T. W. Rolleston 英訳、Scott library 版］がある。一八八八年版のものと思われるが、漱石は滞英中 *Scott library* に目を配っており、本書も留学中に入手していた可能性はある。満之も一九〇二年本書を入手、読誦した。

（2）ただし「学校騒動」については、漱石の周辺で他にいくつか挙げられる。『坊っちゃん』のモデルともされる隈本有尚の山口高等中学校「寄宿舎事件」および長崎高等商業の「校長排斥騒動」、中川元の厳しい処断を狩野亨吉が後始末した「四高騒動」、この講演時も進行中だった京都帝大「沢柳事件」（一九一三年八月―翌年一月）などである。

（3）『坐談』には『御伝鈔』を引いた以下の箇所に傍線の書き込みが見られる。「そも〳〵また大師上人源空、若し流刑に処せられ給はずば、我また配所に赴かんや、我若し配所に赴かずんば何によりてか辺鄙の群類を化《け》せん、これ猶《なお》師教の恩到なり」。

# 第三章

# 甦る清沢満之

福島 栄寿

「明治の親鸞」として死後に甦った清沢満之。清沢を開祖とする一つの新しい宗教が創造されていくかのような、その「甦り」の過程を明らかにすることで、あらためて清沢の歴史的位置づけを問い直そう。

## はじめに

『精神界』掲載の清沢満之の文章が、その弟子たちによって加筆訂正をされたことにより、満之の「本来」の思想とは、異なる装いを持たされたという指摘が、山本伸裕の『「精神主義」は誰の思想か』〔山本二〇一一〕でなされた。このことは、満之の書いたとされるテクスト類の解釈から、彼の実像に迫ることが、実は、それほど簡単なことではないことを物語るであろう。

そして、こうしたテクストの再吟味を持ち出すまでもなく、そもそも思想家の「実像」や「本来」の思想を、後世の研究者が再構成する作業は、とても困難なことであるだろう。たとえば、清沢満之の哲学者としての側面が強調されて評価されたのは、岩波版『清沢満之全集』の刊行に携わった今村仁司の存在が大きかったと言えるし、それからまだ、十数年しか経っていないのである。それまでの満之は、大谷派宗門では超有名人で、思想史の学界で知られているとしても、近代の真宗教学の祖として認識されるということが一般的であったと言って過言ではない。言い古されたことではあるが、長い時代、満之は、真宗教学の世界でその存在が認められた人であったのである。

つまり、思想家のイメージが、遺された者たちにより創り上げられていくものであるとすれば、はたして、宗教哲学者であり真宗僧侶であった清沢満之という一人の思想家のイメージは、いかにして創出されていったのだろうか。本章は、満之のイメージが、いかに創り上げられていくかを、その没後直後期から数年間について考察し、そのイメージが、長期にわたり影響を与えていった可能性を明らかにするものである。

具体的には、満之が、その死後、いかにして甦るのか、について視座を設定する。もちろん文字通りの意味で、甦るわけではない。浩々洞同人たちによって師として仰がれた満之は、一九〇三（明治三六）年六月六日に死去するが、その死後、「精神主義」運動の機関誌『精神界』上で、浩々洞同人たちによって、どのように生命を吹き込まれていくのか。そのような関心から考察してみたい。たとえば、満之の名による文章は、どのように掲載されたのか。満之は、どのように語られ、表象されていったのか。そうした視座から『精神界』の記事を中心に分析することを通して、満之が、いわば明治の親鸞として表象されて甦らせられていくさまが浮かび上がってくる。そして、様々な手立てによって創出された満之像は、その後、宗門内外で、いかなる影響を与えていったのだろうか。最後に、この点についての見通しについても、考察してみたい。

## 一　甦る筆名――「故清沢満之」から「清沢満之」へ

満之が亡くなった翌月の『精神界』（三巻七号）から、掲載される清沢満之のテクストの筆名には、亡くなった人（故人）であることを表わす「故」が付され、「故清沢満之」として、表記されていくことになる。そして、同じく七月号からは、満之を追懐する浩々洞同人などの文章が、毎号三本掲載されていくことになる。八月号からはその追懐文の欄には「清沢先生」と見出しが付けられ、**安藤州一**の「東片町時代の先生」、**井上豊忠**《ぶんちゅう》の「我清沢師」などが連載され、生前のエピソードを中心に、満之のことが追懐されている。こうした追懐文は、その後も継続的に掲載されていくが、「清沢先生」の見出しは一周忌を迎える一九〇四年（明治三七）年四巻六月号までで終わっている。同じく、一周忌の翌月号（四巻七号）からは、「故清沢満之」という筆名に関しても、「故」の文字が削除されて「清沢満之」の筆名へと戻されている。[1] 編集者の意図は、編集後記などに記されてはいないので不明であるが、『精神界』誌上において、一度「故人」として扱われた満之が、言うならば、再び生命を吹き込まれていくのである。

## 二　現前する肖像――礼拝の対象として

満之没後の翌月号『精神界』（三巻七号）の「東京だより」に、次のような告知文が掲載された。

今度《このたび》、諸道友のすすめにより、紀念の為《た》め、精巧なるコロタイプ大阪にて清沢満之の半身肖像を調整し、知己朋友間に配布仕《つかまつ》るべき心算に候。若《も》し、読者諸君中、有志の御方有之《これあ》らば実費にて相分ち度《たき》考に有之候《これありそうろう》、何れ本月中旬中には出来上り可申候《もうすべくそうろう》。

（『精神界』三巻七号五九頁、圏点ママ）

コロタイプという印刷技術による満之の半身肖像を作成し、希望者には頒布するという。その翌三巻八月号巻末の編集後記「東京だより」に、「清沢満之肖像の儀、一葉郵送料共十二銭」（『精神界』三巻八号三九頁、圏点ママ）という告知がなされている。一九〇〇（明治三三）年に郵便規則の改定がなされ、私製葉書が認可されたため、コロタイプ印刷の絵葉書が流行したという時代背景もあったのかもしれないが［中原二〇〇七、細島二〇〇六］、満之没後すぐに、こうしてその肖像が『精神界』を通じて希望者に頒布されたのであった。

そして、その肖像は、早速に満之の一周忌の集まりの場に安置されていたようだ。たとえば、浩々洞同人**近藤純悟**の「姫路に於ける一周忌」（『精神界』四巻六号、一九〇四年六月）には、「拝啓。御郵送被下候《くだされそうろう》清沢先生の影像今朝到着頗《すこぶ》る好都合にて早速床に安置いたし候《そうろう》御《ご》厚意《こうい》感謝致《かんしゃいたし》候《そうろう》。」（『精神界』四巻六号四九頁）とある。同様の記事は、『精神界』六巻三号（一九〇六年三月）の暁烏《あけがらす》敏《はや》による「加賀だより」の「臘扇会《ろうせん》」の報告で、「臘扇会。去る六日夜、自坊にて発会。教員、僧侶、商人、農家と十六名集り、先づ先生の写真に総礼し、生『我が信念』を読誦し」（『精神界』六巻三号四四頁、圏点ママ）と記している。満之の恩を偲ぶこうした会は、全国各地で結成され、そこでは満之の肖像が安置され、礼拝の対象となっていたようである。

この姫路や加賀での集まりで安置された肖像とは、肖像の頒布が告知された二カ月後の一九〇三年九月に出版された満之著『修養時感』（無尽灯社）巻頭に掲載された肖像①と同様のものと推測される(2)。

さらに肖像についてであるが、三回忌を記念して『精神界』五巻六号（一九〇五年六月）の付録として、肖像画

**肖像①**

清沢満之『修養時感』（無尽灯社、1903年）より転載、原画は西方寺蔵

**肖像②**

復刻版『精神界』5巻6号（法藏館、1986年）より転載

（肖像②、縦一八・三センチメートル×一五・四センチメートル）の写真が巻頭に掲載されている。この肖像画は画家の中村不折《ふせつ》によるもので、幅三尺（約九〇センチメートル）×長さ四尺（約一二〇センチメートル）の大きさで、真宗大学講堂での三周忌で除幕式を挙行して公開された。この肖像画について、『精神界』の編集担当者の筆と思われる「東京だより」には、「静に肖像面上の白幕を取去られ候時、謹粛なる先生、活けるが如く、額面の上に現ぜられ、ありがたさ、身にしむを覚え候。本誌巻頭の肖像は、縮写に候。」（『精神界』五巻六号五一頁）という説明がある。まさに、「活けるが如く」に甦る満之を待望している気持ちが感じられる。また、翌月の『精神界』七月号の「加賀だより」に、越村喜一郎という人物の「今月の精神界は、十四日到着致しました。巻首に添えられたる故先生の御尊影、見るからに御なつかしく、家を離れて兵営に或る身の、万里異郷の空にうらぶれて慈親が面影に接したるが如き心地の致されました。」（『精神界』五巻七号四六頁）という投書が掲載されている。

その他、『精神界』五巻一一号（一九〇五年一一月）の「米国だより」には、フィラデルフィアから秋田洪範という人物が、この肖像②について、「故清沢先生三回忌紀念として、温師《ママ》の御肖像掲げられ、誠に同じ流れを汲むものの等しく仰ぎ見る所に御座候。」（『精神界』五巻一一号四五頁）という投書が掲載されている。

こうして、浩々洞では満之没後翌月には、肖像の作成と頒布が告知され、『精神界』の読者を中心に浩々洞に有縁の人々が入手し、肖像を礼拝の対象としていたことがわかるであろう。また、『精神界』の満之三回忌の記念号には、中村不折による肖像画の写真が付録として綴じられ、読者が満之の面影を懐かしんだのである。

# 三　読誦される絶筆「我信念」

満之が死去した同月発行の『精神界』三巻六号（一九〇三年六月）には、亡くなる数日前に彼が書いた「我信念（我は此の如く如来を信ず）」と題した文章が、「先生の絶筆、先生が我等の為めに、世に残したる最後の講話なり。」と紹介され、「清沢満之」の筆名で、巻頭に置かれた。巻末の編集後記「東京だより追加」からは、通常の講話として掲載する予定であったのが、満之の死去のため、急遽、版を組みかえ、「何人にも読み安き様に、四号文字（四・七五ミリメートル、一三・七五ポイント）にて本号の巻頭にかかげ」、「道友諸兄の再読、三読を願ひ度候。」と、特別扱いにしたことがうかがえる。『精神界』の文章は基本的には五号文字（三・六九ミリメートル、一〇・五ポイント）で印刷されていた。ところで同時代の月刊誌『スバル』（一九〇九年一月創刊）で、編集者の石川啄木に対して平野万里が活字を小さく印刷されたことをめぐり抗議し、両者の間で応酬があった。活字の大きさは、読書界や同人・文壇内における作家のポジション、原稿料などと直結する問題であったという［山口二〇〇五］。そして、この四号文字を用いた特別な掲載は、一九〇八（明治四一）年第八巻三月号まで続くことになる。

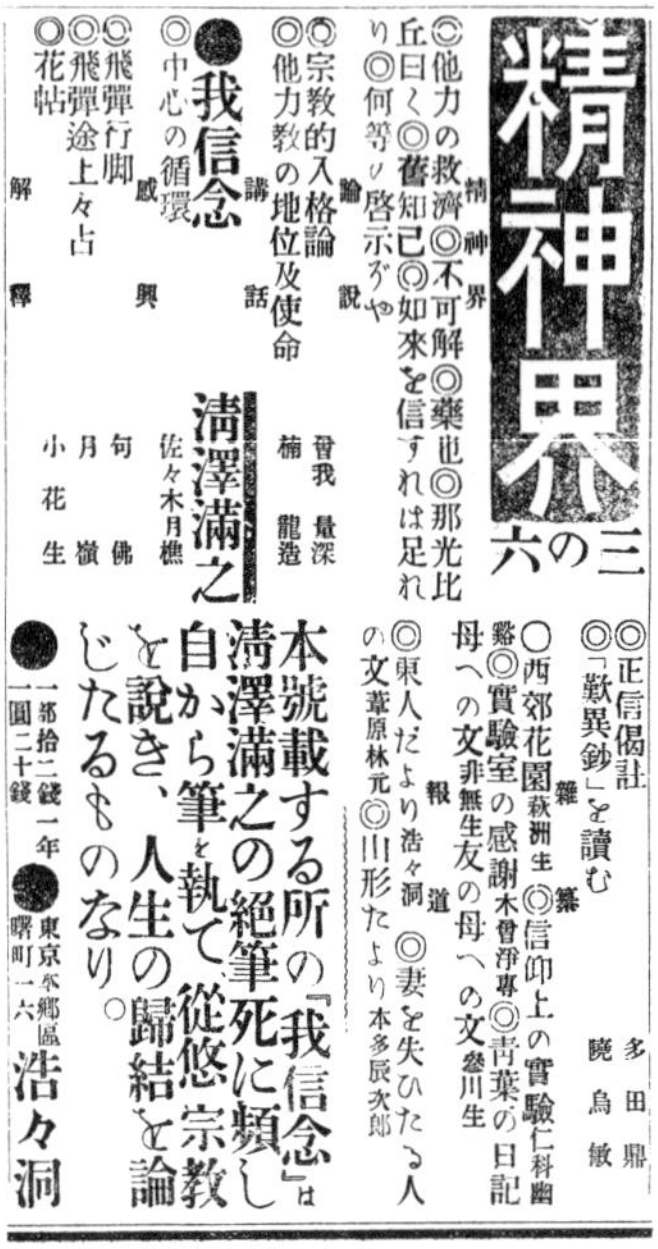

『中外日報』広告欄

また、満之没から一一日後の宗教系新聞『中外日報』一九〇三年六月一七日発行の広告欄（前頁写真）では、「●我信念　清沢満之」と一際大きい活字（二号文字・七・三七ミリメートル、二一ポイント）で見出しがつき、「本号載する所の『我信念』は清沢満之の絶筆死に頻（ママ）し自から筆を執て、従悠宗教を説き、人生の帰結を論じたるものなり。」と宣伝されている。

「我信念」は、単なる絶筆ではなく、死に瀕する満之が自らの筆により、宗教と人生の帰結を論じたものである、という特別な意味を与えられながら、告知されていくのである。こうして、この「我信念」というテクストは、満之の「絶筆」という決まり文句とともに、再三再四紹介され、特別な意味と地位を持たされ、読み継がれていくことになる。また、暁烏敏によれば、「我信念」は、一九〇三年夏には、東京文明堂から冊子として最初に発行され、その後、京都法藏館、盛岡臘扇会（一九〇六年）、無我山房（一九〇八年）などからも発行され、六種あったという[3]。そして、これらの冊子が、満之を敬慕し、偲ぶ集まりにおいて読誦されたと推測できる。

では、テクスト「我信念」は、読者たちに、どのように読まれたのか。その具体的な様子をいくつか見ておきたい。たとえば、姫路で行なわれた一周忌の追慕の会は、「修養懇談会」として十余名が集まり、「先生の最後の教訓「我信念」を朗読し」たことが、同人の近藤純悟により「姫路に於ける一周忌」で報告されている（『精神界』四巻六号四九頁）。参会者として、白浜村高等小学校教員、姫路中学校和順会員、鷺坂新聞社社員、仏教青年会員などが挙げられている。また、先述のとおり『精神界』（六巻三号四四頁）「加賀だより」では、満之の月命日にあたる二月六日夜に開かれた、「臘扇会」について記されている。そこには、

先《ま》づ先生の写真に総礼し、生『我が信念』を読誦し、後、先生の最後の文をよみ、談話して十二時に終り候。

東京にて、諸兄と会する趣《おもむき》有之《これあり》候《そうろう》。仏陀の加護を喜《よろこび》入《いり》候《そうろう》。

とある。満之の最後の手紙を受け取ったことを自認していたのは、暁烏敏であった。[4]会が催されたのは、加賀（石川県）にある彼の自坊・明達寺であり、そして、ここでも「我信念」が読誦されていることがわかる。

さらには三周忌の時期になると、「臘扇忌」と称して清沢満之忌が全国各地で開催されるようになり、その「臘扇忌」では、「我信念」が読誦されたのである。先述した姫路の臘扇会も、三周忌には「臘扇忌」と称している。そして、京極逸蔵「金沢の臘扇忌」（『精神界』八巻七号四二頁、一九〇八年七月）では、仏間に集まり阿弥陀経を読経した後に「我信念を拝読」していたことがわかる。

こうして『精神界』誌上には、満之の年忌行事の記事が掲載されていく。[5]誌上に「臘扇忌」の報告があるのは、先述の姫路、金沢の他に、札幌、秋田、盛岡、越後三条、越中、松任、福井、富岡、美濃、巣鴨、子安、名古屋、京都、大阪、神戸、広島、小倉、福岡、若松、佐賀、熊本、阿蘇、伊予、宮崎、鹿児島などであり、文字通り、全国各地で開催されたことがわかる。指摘しておきたいのは、「臘扇忌」で読誦されたのは、「精神主義」運動の機関誌『精神界』の創刊号巻頭に掲げられた「精神主義」の文章ではなく、満之の絶筆「我信念」であったということである。事実、すぐ後に述べるが、三周忌の頃には、「先生の信念の解脱的情味は味わんと欲せば、『我信念』を繙《ひもと》かざるべからず。」（無記名「解脱」『精神界』八巻七号六頁）という言説を『精神界』誌に見出すことができる。

さらに言えば、『精神界』誌上に、満之を明治時代への親鸞再生と見なすような語りが登場するようになる。たとえば、浩々洞同人**多田鼎**《かなえ》は、一九〇八年六月の『精神界』八巻六号「両極理想の調和者」で、先生の『我信念』は、新たな『歎異抄』である。『歎異抄』と『我信念』とは、相離れずに、世に伝えらるるに相違ありませぬ。

（『精神界』八巻六号二〇頁、圏点ママ）

と述べている。この多田と同種の言説をもう一つ紹介しておく。これは、直前に触れたが、その後満之が、真宗大谷派教団において特別な位置を占めていく上で、非常に重要な意味を持つ言説であるので、少々長文となるが、引用しておきたい。

先生の信念の解脱的情味は味わんと欲せば、『我信念』を繙《ひもと》かざるべからず。『我信念』の一編は先生の人格の結晶にして又仏教の真髄也。親鸞聖人は（ママ）信念の解脱的妙趣を窺《うかが》わんと欲せば『歎異抄』を繙かざるべからず。『歎異抄』の一編は聖人の信念の肝要にして又仏教の精神也。鎌倉時代の『歎異抄』は明治の『我信念』也。『我信念』若し鎌倉時代に出でんか、『歎異抄』となるべく、『歎異抄』若し明治の代に出でなば『我信念』となるべし。昔に絶待他力の信念、解脱無碍の一道を指示したる聖典也。（無記名「解脱」『精神界』八巻七号六頁）

ここでは、「我信念」に表白された満之の信念は、『歎異抄』の親鸞の信念と同じものとして語られていることがわかるであろう。満之「我信念」イコール親鸞『歎異抄』という言説の出現である。

実は、『歎異抄』と「我信念」の同一性については、暁烏敏が『清沢先生の信仰』（無我山房、一九〇九年）で、次のように述べる言説がある。

此《この》『我信念』の明治の思想界にありますのは、丁度親鸞聖人の言行録を孫の如信上人が編まれました『歎異抄』の、鎌倉時代の思想界にあると同じい位置を有するように思われます。鎌倉時代の『歎異抄』の信念を明治の思想で書けば『我信念』となるのであります。（中略）此『我信念』と『歎異抄』との関係は、間髪を入れず、共に尤《もっと》も簡潔に、尤も明白に、尤も極端に、尤も痛切に、世を憚らず人を恐れず、遠慮会釈なく、絶待他力の信念を発表せられた聖典であります。〔暁烏一九〇九：本編四頁〕

これは、一九〇八年一二月三日開催の講話録であるから、この頃には、『歎異抄』イコール「我信念」という言説により、その定式化が強調されていたことがうかがえる。そして、この暁烏の文章の内容から、先ほどの無記名の「解脱」は、暁烏筆と推測されよう。

## 四　甦る清沢満之

一九〇九（明治四二）年四月発行の第一〇〇号記念号でもある『精神界』九巻四号の巻頭には、六月の祥月命日に満之七回忌を開催する旨が告知されている。「浩々洞同人」を筆名とするその告知文「清沢満之先生七回忌」には、

私共は、殆《ほとん》ど毎日先生の肖像に対し、先生の教訓を懐《おも》うたり、云うたりして居るので、先生が世に居られぬのだとは、思いかねるようなわけで、先生の御往生もついこのあいだのように思うて居りますが、今年は早七回

忌に当るのであります。

（『精神界』九巻四号扉裏頁）

と、肖像に毎日向かい合い、満之の遺した教訓を思念し、唱えているから、満之が亡くなったとは思えないと語られている。

そして、こうして告知された満之の七回忌は、一九〇九年六月五日から七日の三日間にわたり、東京巣鴨の真宗大学（初日）と九段仏教倶楽部及び東京帝国大学法科教室（二日目）、そして浅草本願寺（三日目）で営まれた。一九〇九年六月発行の『精神界』九巻六号には、その七回忌に関する特集が「清沢先生七周忌記念」号として編まれた。

初日は、法要、感謝会、茶話会、二日目、三日目は、記念講演会が断続的に行なわれ、これらの記録が「七周忌紀要」という題を付して掲載されている。初日の感謝会での感謝の辞には、**佐々木月樵**《げっしょう》、**月見覚了**《かくりょう》、多田鼎、近藤純悟、**金子大榮**《だいえい》、関根仁応《にんのう》、**稲葉昌丸**《まさまる》、暁烏敏など、浩々洞同人たちの他、岡田良平という東京大学時代の友人や京都尋常中学時代の教え子たちの名前などが並んでいる。また二日目、三日目の記念講演会には、金子大榮、住田智見《ちけん》、**曽我量深**《りょうじん》、南条文雄《ぶんゆう》、村上専精《せんしょう》、佐々木月樵、安藤州一など浩々洞同人の他、大谷派関係者の名前が並ぶなかに、上田万年や**沢柳政太郎**といった東京大学時代の友人の名前も見られる。

本稿の趣旨からして注目すべきは、親友の沢柳政太郎の講演である。二日目、曽我量深に続く沢柳の演題は「清沢師未だ死せず」であった。沢柳は、この演題については自らが強いて選んだものではなくて、会の主催者側との打ち合わせ時に「何分よろしき様に」と依頼しておいたところ、こういう演題となったことを前置きしている。本節冒頭で触れた、七回忌の告知文中に見られたような、同人たちの「先生が世に居られぬのだとは、思いかねる」

という気持ちが反映してのことだろうか、会の主催者は、沢柳の演題を「満之師未だ死せず」としたのである。そして沢柳は、同人たちの気持ちを汲んで、この演題の意味を、以下のように自分なりに解説する。

今日私は此処に生きて居る。しかし自分の考を話すのではない。前弁士もいろいろ話されたが、皆清沢師をかりて其人の事を話されたから、其意味よりいえば清沢師は現存せられているというて差支ない。殊に今日は全国に於て凡そ二十ケ所も追悼の為め法要なり或は演説会があるという事です。単に今日の七周忌のみでなく、年々の御命日にはかかる催しが期せずして諸方にある。（中略）清沢師の勢力が思想界及び社会に対する力は今日発展しつつある。多くの人は死に於いて限られているが、清沢師は死後に於いて益発展し今后尚お其勢力は大きくなる事と思う。して見れば師が今日尚お生存せられて居る、或はそれ以上の力ありといっても差支えない。

（『精神界』九巻六号五七―五八頁、圏点ママ）

沢柳は、自分の考えではなく、前の弁士と同様、いわば満之に力をかりて発言するという意味において、満之は現存していると言えるのだ、と述べる。そして、毎年の様に御命日には追悼会が全国各地で行なわれており、満之の思想的社会的影響力は死後にますます勢力を増しているという意味からすれば、彼は今日もなお「生存」しており、それ以上の力があるのだ、というのである。

## 五　「清沢先生略伝」の登場

満之像の創出という意味で、注目しておかなければならないのは、その「略伝」の記述であろう。満之のライフヒストリーが編年的な「略伝」として作成されることによって、「略伝」の作成者のイメージに合致する満之像が語り出されていくのである。

満之の略伝の早いものとしては、無尽灯社編纂の清沢満之著『修養時感』（一九〇三年九月）巻頭に記された「清沢先生略伝」がある。その内容は、後の段落で引用する『精神界』九巻六号（清沢先生七周忌記念号）所収の「清沢先生略伝」の第三段落までとほぼ同内容だが、特徴的なのは第一段落目を「先生生涯の第一期」とし、第二段落目を「先生生涯の第二期」とし、満之の生涯を時期区分したことである。このような時期区分がなされたのは、この『修養時感』巻頭の「清沢先生略伝」が初めてだと思われる。すなわち満之没の数カ月後には、その生涯を時期区分する「略伝」が登場したのである。なお、満之の生涯の略伝としては、満之没後の翌七月、早くも『無尽灯』八巻七号に無記名で「清沢先生の略伝」が掲載されている。その内容は概ね満之の生涯を辿るもので、同年九月に発行されたこの『修養時感』に掲載された「清沢先生略伝」の内容と重なっていたが、時期区分は設けられていなかった。

さらに、その六年後、『精神界』九巻六号（一九〇九年六月、編輯兼発行人：暁烏敏）の七周忌記念号の表紙扉に、無記名であるが本格的な「清沢先生略伝」が掲載されることになる。その内容は、同年五月二九日発行で『清沢先生の信念（七週（ママ）忌紀念）』（編纂者浩々洞・代表者暁烏敏　無我山房）の巻頭に掲載された「清沢先生略伝」[6]と一部を除き全く同じである。

この本格的な「略伝」が、『精神界』誌上に目立つように掲載されたことは、いよいよ清沢満之像が定型化を伴って創出されていくことを意味している。『精神界』九巻六号の表紙扉に掲載された「清沢先生略伝」は、その後の満之像に枠組みを与える重要な内容であるので、長文となるが紹介しておく（傍線、傍点は筆者）。

清沢満之先生は文久三年六月二十六日を以て名古屋に生まれたまいぬ。藩士徳永永則氏の嫡男也。明治十一年出家得度し京都育英教校に入る。十四年十一月選ばれて大谷派本願寺の東京留学生となり大学予備門に入る。二十年七月文科大学哲学科を卒《お》う。在学中常に主席を占む。同年九月大学院に入り、傍《かたわ》ら第一高等学校哲学館等に教鞭を執らる。二十一年九月山命により京都中学校の校長となる。先生此の時大に決する所あり、宗教教育の為めに一身を委する事を決定せり。此年《このとし》清沢やす子と結婚したまえり。

此の間高倉大学寮に哲学及び宗教哲学を講じ給えり、越えて二十四年九月に至り感ずる所あり、今まで着用せし洋服を改め白衣麻衣を着け、妻子を遠《とおざ》け、肉食を断ち、熱心に道を求め給えり。二十六年の暮、肺患を得、諸友の懇勧に順《したが》い予が一身は今日より君等に托すと宣言して、須磨に静養したまう。此時『四阿含』を熟読したまえり。又一方にては肉食をし妻子を近け給えり。二十九年九月本山の施政日に非なるを概し、稲葉昌丸、**今川覚神**、月見覚了、清川円誠、井上豊忠の諸氏と相謀り一派の革新を企つ。十月『教界時言』を発行し、意見を告白して天下の士を糾合す。功漸く進み、夏に至りて其局を結ぶ。三十一年の春、大浜に退く。この間、専ら修養を事としたまえり。『エピクテタス』は其深く味われたる所なり。

三十二年春、東京に出で、大谷派新法主の侍講となり、傍ら青年求信の人の提撕《ていせい》に任す。三十三年春、浩々洞を開き翌年一月、多田鼎、佐々木月樵、暁烏敏と共に、雑誌『精神界』を発刊して、精神主義を唱道し、絶対他力の信念を鼓吹し給う。三十四年一派の耆宿《きしゅく》に任し、十月真宗大学、東京に移転あるや、先生其学監となる。翌三十五年十一月職を辞して、郷里大浜に帰り病を養わる。明治三十六年六月六日、午前一時終に磕然《かいぜん》として逝く。年正に四十一。先生四子あり、其長男と第三子と令室とは、先生に先ちて、相次で病没す。

先生の著には『精神講話』、『仏教講話』、『修養時感』、『懺悔録』及び『宗教哲学骸骨』あり。後の一書は英訳せられて海外に伝われり。猶門下の数子と共に著わされたるものに、『精神主義』、『続精神主義』、『仏教の信仰』、及び『霊界の偉人』等あり。何れも皆な信仰の書として世人に愛読せられつつあり。

今や先生逝きたまいてより茲《ここ》に六年、其遺訓を仰ぐ者、漸《ようや》く多きを加え、臘扇会、又は六日会等の名の下に、同行《どうぎょう》相会しては道を談らう者少からず。此の如くして徳化愈々世に流れて、広く現代及び当来の人心を救いたまわむことは、我等同人の衷心深く念じて已むこと能わざる所なり。

（『精神界』九巻六号表紙扉）

傍線部を順番に読めばわかるように、記述のウェイトは、宗教哲学者としての満之ではなく、求道者としての歩みに置かれていることがわかる。

また、七周忌の開催にあたり、参会者に頒布するために発行された『清沢先生の信念（七週《（ママ）》忌紀念）』の「清沢先生略伝」（五頁）には、今引用した「清沢先生略伝」の第四段落目「『霊界の偉人』等あり」に続いて、

而《しこう》して『我信念』の一篇は、先生の逝去の年五月三十日に起草し給いたる者にして、実に先生の絶筆なり。『他力の救済』は明治三十六年四月一日、真宗大学宗祖御誕生会の為めに寄せ給いしもの、然り而して『絶待

他力の大道』は明治三十一年大浜に静養中の日記に自ら記されたるもの也。

という文章が挿入されている。満之の信念を知る上で、当然、ここに挙げられた三種類のテクストが重要視されていたからである。こうして、満之の絶筆「我信念」にも注意を払いながら、浩々洞同人の手によって、満之のライフヒストリーの定式化が行なわれていったのである。

## おわりに

清沢満之は、没後、いかにして甦らせられたのか。それは、『精神界』誌上を舞台の中心として、さらには全国各地の臘扇会や臘扇忌を重要な場として、満之の弟子たちが中心となって甦らせられていったのである。最後に、満之がいかに甦らせられたのか、その具体的なありようとして注意すべき点を、以下にまとめて指摘しておきたい。

(1)「故人」を意味する「故」称を削除した。

(2)コロタイプ版肖像の制作頒布や『精神界』への肖像画を綴じ込み付録化することで、満之礼拝の便を図り、またその面影を想起させた。

(3)絶筆「我信念」以後に掲載される満之筆のテクストを活字拡大して特別扱いをし、没後でありながらも『精神界』での存在感を強めようとした。

(4)臘扇会や臘扇忌の開催と、その集まりの場での絶筆「我信念」の読誦と、肖像への礼拝という満之への報恩儀礼が成立した。

(5)三回忌の頃には、『精神界』誌上に、「我信念」イコール『歎異抄』、満之イコール明治の親鸞という言説が登場し、明治の親鸞として満之が崇められた。

(6)七回忌の臘扇忌の講話では、親友の沢柳政太郎がまるで満之が「現存」している様相であることを語り、それが『精神界』誌上に活字として掲載された。

(7)浩々洞同人によって満之の「略伝」が語られた。その内容は、彼の求道の歩みの階梯が段階的に時期区分を施されて語られるものであった。また、七回忌にはある程度の定式化した「略伝」が出来上がっており、それは後に継承され、広く宗門内外に影響を与えたと考えられる。

以上である。

ところで、一九二八(昭和三)年九月、大谷大学内観照社から出版された『清沢満之』には、浩々洞同人の多田鼎の「清沢先生小伝」が巻頭に掲載されている。その内容は、満之の生涯を六期に分けて辿っている。具体的には、第一期は、誕生から東京大学修学時代。第二期は、京都へ戻り中学校長を務め、さらに「ミニマム・ポシブル」を実践(修徳の生活)し、結核を患い療養のために須磨へ行くまで。第三期は、須磨から大浜へ戻り、『歎異抄』を味わい、宗教の人となる時期。第四期は、宗門革新運動に携わり、「失敗」し、反省を深め、『阿含経《あごん》』『エピクテタス語録』を読み、読書内観の人となった時期。第五期は、真宗大学東京移転にあわせて東京へ転居し、浩々洞で「精神主義」の伝道を始めていく時期。そして、最後は晩年の一〇年間と「宗教的道徳(俗諦)と普通道徳との交渉」と絶筆「我信念」への言及で閉じられている(大谷大学内観照社編纂『清沢満之』)。

これは概ね、先に取り上げた『精神界』九巻六号と『清沢先生の信念（七週《（ママ）》忌紀年）』に掲載された「清沢先生略伝」を引き継いだ内容である。また、この観照社『清沢満之』巻末には、本格的なものとしては初めての満之の生涯を辿る「年表」（年譜と著作年表）が付されている。このように、満之のライフヒストリーは、彼の身近な浩々洞同人によって定型が創出され、いわば公式の「伝記」として読まれていったことが推測される。

さらに戦後間もない一九五一年、初めての本格的な清沢満之の伝記的研究が西村見暁《けんぎょう》によって発表されることになる。その名も『清沢満之先生』（法藏館）で、西村は東京大学在学中より暁烏に教えを受けて満之について研究し、その成果を出版したのである。西村著『清沢満之先生』の構成は、暁烏宛の満之最後の手紙に記された満之の五つの号（建峰・骸骨・石水・臘扇・浜風）に沿いながら、五期に分けて「清沢先生の心境の展開」を明らかにするものとなっている。二節に分けられた序章の第一節では、信念確立への道程を中心に生涯の概観が描かれ、第二節は「信境の極致」と題して、満之の「宗教的道徳（俗諦）と普通道徳との交渉」と「我信念」という亡くなる前に書かれた二つの論考を中心に紹介している。そして、その序章の最後には、暁烏宛の最後の手紙の一節「此でヒュードロト致します」を引用し、「といって消えていかれる清沢先生のこのお姿の上にこそ、絶対無限不可思議の如来がかがやき出ておいでになるのである。」（一五頁）と結び、まさに、求道者としての満之像を描いたのである。

この西村が描いた満之像は、その後、吉田久一《きゅういち》著『清沢満之』（吉川弘文館、一九六一年）に継承され、多くの一般読者に影響を与えていったことが推測される。事実、吉田が参考文献一覧に挙げた単行本で、満之の伝記的内容を含むものとしては、先に取り上げた暁烏『清沢先生の信仰』（無我山房、一九〇九年。暁烏が語った講話『我信念』、及び清沢先生の生涯」が収められている）と多田鼎の「清沢先生小伝」が収められた観照社『清沢満之』、そして西村の『清沢満之先生』であった。吉田の『清沢満之』第二章は、「清沢満之の生涯」という題が付され、「一、少年時代」「二、東京大学時代前後」「三、自力修養時代」「四、回心時代」「五、宗門革新運動」「六、真宗大学の経営」「七、浩々洞時代」「八、終焉の年」と八つの時期区分で叙述されており、これらの諸本を参考にしたことは一目瞭然である。

しかも仏教書籍を扱う出版社ではなく、吉川弘文館という歴史書を扱う大きな出版社から吉田の『清沢満之』が発刊され、満之の入門書として幅広く多くの読者を得たことは、浩々洞同人が語り出した満之の定式化されたライフヒストリーが、長く大谷派宗門内外で受容されていった大きな要因の一つとなったと考えられる。また、そのような満之像が長く自明なものとして存在していたのであるから、岩波版『清沢満之全集』の刊行を機縁として今村仁司が描き出した哲学者としてイメージは、当然ながら満之への新鮮な関心を呼び覚ましていくことになったのである。

清沢満之像は、以上のようにその没後から創出されてきたのである。その満之像の創出には弟子たちの果たした役割は当然ながら大きい。そして、そうした弟子たちが創り上げた満之像を宗門内外の研究者たちがさらに定式化してきたのである。その意味で、満之の実像に迫るには、すでに出来上がってしまった満之像に、いかに囚われないようにするかが重要であるだろう。その意味でも、山本伸裕が、満之を筆名とするテクスト類のなかには弟子たちにより加筆されていたものが含まれていることを明らかにしたことは重要である。今後、満之の実像にアプローチをしようとする研究者は、満之が書いたとされるテクストの史料批判を含めた丁寧な考察が求められるであろう。

ただ、弟子たちの書いた文章を、自分の筆名で公刊することを黙認していた満之であるから、そうした教育者的かつ大らかな人柄であったことや、満之と弟子たちは闊達な議論のなかで、相互に影響し合ったとすれば、満之が書いたとされる文章から満之の「純粋」な部分だけを取り出すこともまた、至難の業と言うべきだろう。

従来の清沢満之研究のあり方を問い直しつつも、本書のように満之像の語り直しの試みは、すでに始まっている。まさにこうした語り直しの作業を通じて、満之は甦り、その存在感はいよいよ増していくのである。はたして、この再生力の源とは何か。すでにして、満之研究者は、満之の虜となっているのかもしれない。

**註**

(1) その後「故清沢満之」の筆名は、四巻一〇号(一九〇四年一〇月)、五巻一号から五号(一九〇五年一月から五月)に、例外的に使用されている。

(2) 満之死去の翌月、『無尽灯』八巻七号(一九〇三年七月)には、早速に本章扉のような満之の肖像写真が掲載された。この肖像写真は満之が真宗大学学監を辞して後、一九〇三(明治三六)年二月に京都で撮影した写真をトリミングしたものと推測される。『修養時感』掲載(本章掲載「肖像①」)の半身肖像と類似している。

(3) 暁烏敏『清沢先生の信仰』(無我山房、一九〇九年七月)「例言」(二頁)。

(4) 暁烏敏が還暦にあたり述べた講話を含めた冊子『清沢先生臨末の御教訓講話』(香草舎、一九三七年八月)には、満之が暁烏宛に書いた最後の手紙全文「清沢先生臨末の御書」と、満之が亡くなる前月号の『精神界』に掲載された「宗教的道徳(俗諦)と普通道徳との交渉」、そして「我信念」(冊子中の収録題名は「我が信念」)と講話の「清沢先生臨末の御教訓講話」などが収録されている。

暁烏は、その講話のなかで、満之が喀血し重態になる二日前の六月一日に、その手紙を書いたことを記している。暁烏宛の、その満之の手紙には、「我信念」(原題「我は此の如く如来を信ず」)が、「自分の実感の極致を申したのであり」、「前号の俗諦義(「宗教的道徳(俗諦)と普通道徳との交渉」を指す――筆者注)に対して真諦義を述べた」ものであることが告白されている。

(5) 清沢満之忌の記事は、『精神界』一六巻六号(一九一六年六月)に「六月六日の記」として、東京、京都、名古屋での記事が報告されている。『精神界』一八巻三号(一九一八年三月)「編輯室より」には、堀川龍音が、「同朋会と思潮研究会を来月から始めることに致しました。同朋会は清沢先生の命日を期して誌友会とも言うべき談話会を催したく思います」とある。二〇巻二号（一九一九年二月）で刊行が止まった『精神界』であったから、刊行が止まる直前まで、『精神界』には、清沢満之忌の記事が掲載されていたのである。

（6）『清沢先生の信念（七週忌《ママ》紀念）』（無我山房、一九〇九年）には、「清沢先生略伝」の他、「我信念」「他力の救済」「絶対他力の大道」が収録されている。後述するが、この三種類のテクストの紹介文は、『精神界』九巻六号表紙裏の「清沢先生略伝」にはない。

# 第四章 仏教思想の政治学
## ―金子大榮の異安心事件をめぐって―

ジェフ・シュローダー
（訳：碧海寿広）

なぜ清沢とその弟子たちの仏教思想が、真宗大谷派内で大きな影響力を持つようになったのか。彼らの思想を「権威化」していった多様な「政治」の働きを明らかにし、近代仏教思想史への新たなアプローチを切り拓く。

# はじめに

清沢が死去する一九〇三（明治三六）年までには、彼の思想は仏教界や知識人の間に波紋をもたらしていた。だが、清沢が属した真宗大谷派内では、まだ周辺的な位置にあり、その仏教理解も正統的なものとは見なされていなかった。

彼の思想が大谷派の宗務総長により公式に認められたのは、ずっと後になってからの一九五六（昭和三一）年のことであり、著作が宗派の研究機関で研究されるようになったのはその翌年である［教化研究所一九五七］。彼が強調した「個の自覚」に影響を受けた同朋会運動が開始されたのは一九六二年であり、宗派から「贈講師」の栄誉が与えられたのは一九六七年のことである。

かくして、清沢の思想は大谷派の「正統的教義」となった。こうした様々な事態の転換について理解するには、清沢の思想そのものを見ること以上に、その思想を「権威化」していく、多層的な政治の諸相に目を向ける必要がある。

清沢の思想が正統性を獲得するまでには、多くの個人や出来事が関与する複雑な歴史があった。だが、**金子大榮**《だいえい》と**曽我量深**《りょうじん》という二人の人物が、その歴史において中心的な役割を果たしたことは疑いない。両者は一九二八年と一九三〇年にそれぞれ「異安心《いあんじん》」（宗派の正しい教えに反すること）の疑いで責められ、宗派から追放された。だが、一九四〇年から一九四四年にかけて、宗派に復帰し、すぐに権威的な地位に昇進し、その立場から戦後の宗派の改革運動に息を吹きこむことができた。清沢の思想が大谷派の正統的教義となった理由を理解するには、これらの出来事について検証することが不可欠である。本章では特に、一九二八年における金子の異安心事件について考えたい。

第一節では、金子の学問を、清沢、**佐々木月樵**《げっしょう》、曽我のそれと同じグループの中に位置づけ、特にこのグループが戦略的に使用した、経験主義という科学的な言説に着目する。それにより、金子の異安心事件をめぐる「知の政治」を明らかにしていく。

第二節では、この事件の背後にある「制度の政治」について論じる。まず、近代の大谷派内での闘争の歴史を紹介した後、金子の異安心事件の詳細を論じる。

第三節では、金子の異安心事件と共産党事件の同時代性と、この二つの事件がジャーナリストや教団内局や宗派の学生たちによって、一対のものとして認識されたことについて検討する。それにより、金子の異安心事件が「国家の政治」からの付随的な影響も受けていたことを明らかにしたい。

最後に、金子の異安心事件が、教義上の妥当性というよりも、これらの多層的な政治の文脈に依存した事例であったことを論じる。また、そうした政治的なものの影響力を——とりわけ、一見したところ無関係に思える国家の政治のそれを——仏教思想の歴史から除いて考えてはならないことを述べる。

## 一　知の政治

金子の異安心事件は、表面的には、『浄土の観念』［一九二五］等の業績に示された、彼の浄土理論にかかわる事柄であった。だが、先行研究で指摘されているとおり、[1]そこで争点となったのは、一人の学者による浄土理論のみではなかった。まずは、金子が清沢の浩々洞に端を発する近代的な思想家グループの一員であったという点について、見ておく必要がある。ここで筆者は、金子の異安心事件の核心にある、彼を含む近代的な思想家グループの、一つの顕著な特徴を描いておきたい。

清沢の重要性を、研究者たちは「実験主義」という用語でおさえてきた。一八九二年（明治二五）に清沢が仲間に送った書簡のなかで、「実験」は、確かな結論を得ることにより様々な意見の対立を解消することのできる、素晴らしい方法であると賞賛されている（『全集』九巻八四頁）。ほぼ同時期に、清沢が禁欲主義的な自己規律の生活を開始したことはよく知られており、彼の門下や彼について学問的に論じる人々は、それを宗教的な生き方の「実験」として理解していった。また、晩年の清沢の代表的な文章では、宗教を、信仰の対象のリアリティを証明する、現在の「実験」「経験」「事実」に根拠を持つものとして語っている。他方、あの世の問題については「まだ実験しないことである」（『全集』六巻一六三頁）として取り合わなかったことも、広く知られる。

要するに清沢は、経典に書かれた言葉の意味を文字通り受け取ることや、それについての伝統的な解釈よりも、個人の経験が持ちうる信憑性に依拠した。清沢の宗教に対する「実験的」アプローチは、科学的実験と経験主義を重んじ、宗教を「迷信」として軽視する、近代の知的風潮に対する応答であった。と同時に、教団内の上下関係や経典に対する注釈の先例といった制約のなかで経典を研究する、真宗の伝統に対する挑戦でもあった。

清沢の門下のうち学者的な傾向の強い人々、とりわけ佐々木や曽我や金子は、この「実験的」アプローチにしたがいながら、真宗経典の研究に取り組んだ。佐々木は、彼の処女作である『実験之宗教』［佐々木一九〇三］において、日本仏教史における著名な僧侶たちの宗教体験を、自身の宗教体験と関連づけながら考察している。また、一九二一（大正一〇）年の『真宗概論』でも、「宗教体験」を通して発見される「信味事実」といった経験主義的な言葉を用い続けながら、仏教を論じている〔佐々木一九一二：一七頁〕。

曽我の文章も、似たような性格を持つ。初期の彼の「日蓮論」〔曽我一九七〇（初出一九〇九）〕は、仏教学の乾いた歴史主義を批判し、人間がこの現在において発見することのできる、「心霊的事実」としてのブッダを認識することを主張している。また、一九三〇年に彼が大谷大学を追放される主な原因となった『如来表現の範疇としての三心観』でも、「現在の自分意識の事実」といった説明がなされている〔曽我一九二七：二四頁〕。

金子が浩々洞のメンバーになったのは、清沢の死後、曽我に影響されてのことである。金子は、『真宗の教義及其歴史』〔一九一五〕や『仏教概論』〔一九一八〕などの著作によって確固たる評判を獲得した後、真宗学という学問を一変させるための仕事に向かった。一九二二年、彼は、大谷大学が正式に「大学」として位置づけられたのを機に、「真宗学序説」と題した講義を行ない、真宗学の新しいモデルを広く提示した。それは、他の科学的な学問の構造に基づくモデル化を行なっていることを明示的にした提案であった。すなわち、そこには研究の対象と方法があり、それに研究の結果を説明する原則もあり、そして研究の結果はその原則によって説明可能でなくてはならない、という学問のモデルである。

金子によれば、真宗学の対象は『無量寿経』であるべきであり、方法は「内観」（内面的経験と理解しうる）によるべきであり、原則は「信ずるとか行ずるとかいう根底に、あるひとつの理性」によって発見されるものである〔金子一九六六：二〇頁〕。すなわち、真宗の経典は、「内観」と「理性」を通した体系的で科学的な方法で研究されるべきである、と主張したのである。

『浄土の観念』〔一九二五〕は、こうした真宗学のビジョンの展開例であり、同書では、金子自身の内的体験に基づき浄土の本質が探求されている。彼は、西洋哲学から「観念」（プラトンやカントなどに由来）という概念を借りながら、浄土とは、私たちが死んだ後に旅するどこか彼方の「実在界」ではなく、この現世のための究極的かつ永遠の基礎を形成する「観念界」であると主張する。金子によれば、人間が仏に帰依することを通して、「客観の上に仏が現れて来る」と同時に、「観念界としての浄土」がすぐ目前にあらわれて来る［同上一八頁］。真宗仏教とは、したがって、いまここにおける人間の心を浄化するためのものであり、どこか彼方に救済を求めるような教えではないのである。

金子の異安心事件は、表面的には、こうした彼の理論をめぐる問題であった。金子が浄土の「実在」を否定しているように思えることを、多くの人々が問題視した。金子の著作を精査する役目を負った伝統的な教学者たちは、金子に対して、彼の著作は「自性《じしょう》唯心《ゆいしん》」に陥っており、正統的な教えである「指方立相《しほうりっそう》」を否定しているとの疑念を呈した（『中外日報』一九二八年六月一八日）。彼らの依拠する正統的な教えの観点からすると、阿弥陀仏に対する信心は、阿弥陀仏の西方浄土における様々な装飾品の「相」――宝石のちりばめられた木々や楽器や池などの――から生じてくる。それに対し、金子は、人間の心の外側にある浄土のリアリティを否定し、阿弥陀仏の浄土の具体的な「相」の意義を否定しているのではないか、という疑惑を持たれたのである。

こうした教義をめぐる見解の相違に加え、それ以上に根源的な問題とされたのは、研究の方法論であった。金子は、個人が内観的な経験を通して真宗の経典を研究する、真宗学の新しい方法論を代表する人物であった。金子は、自らの議論を組み立てるにあたり、「自由討究」や「理性」や「経験主義」といった近代的な原理にうったえた。こうした研究姿勢は、宗派内の上下関係と注釈の先例の枠内で研究を行なってきた真宗学の伝統的な方法論にとっては、深刻な脅威となった。金子と対立した人々は、法主とその信任を得た者たちが、教義上の正統性を決定するという「伝統」や「教権主義」にうったえることで、伝統的な真宗学を守ろうとした。その背景には、宗派の教義的な統一を維持しつつ、西洋思想がもたらす分裂を防ぎたいという、伝統教学者たちの願望があった。

金子の著作に対して最も持続的な批判を提示したのは、**多田鼎《かなえ》**による『中外日報』での連載記事であった。多田は、もともとは清沢の弟子の一人であったが、後に転じて、清沢とその門下が繰り広げた「精神主義」に対する批判者となった人物である。多田は、金子の著作について、「自分の内観本位の論理の内に真宗を取り込もう」として無理をしており、「真宗をば所謂聖《いわゆるしょうどう》道の一部門たらしめる者である」と結論している(『中外日報』一九二八年六月二二日)。多田の見解によれば、内観的な方法は、真宗を、自力的に求道する「聖道門」の人々のための教えに変えてしまうものであり、すべての凡夫に対して救いを与えるという、真宗の本来的な精神を断ち切ってしまうものであった。その上、金子の方法は、信仰と覚りをもたらすという、経典が担う主要な役割も尊重していない。多田は、仏教の有名な比喩を用いて、真宗の教えは「月を指す指ではなくて、月其者の光である」と主張している。

浄土の「客観的」な実在に対して懐疑的になり、浄土に文字通りではない哲学的なニュアンスを帯びた解釈をほどこすことは、近代でも前近代でも、浄土教の伝統のなかに見ることができる[Tanaka 2007]。だが金子の著作は、主として、そうした側面とは別の理由、すなわち彼の学問の方法論のために危険視された。その方法論は、一方では、真宗学の学問的な基盤を強固にするのに貢献した。しかし他方では、それは真宗の教義的伝統を根こそぎにしてしまうほどの脅威にもなった。金子の異安心事件をこのように見ていくと、その先には、宗派に関するより広い制度をめぐる問題が浮かび上がってくる。

## 二　制度の政治

金子の異安心事件は、ただ知の領域のみにかかわる事柄ではない。それは、宗派の財政、組織の発達、法的手続き、そしてパブリック・イメージの問題とも関係している。ある思想が「異端」と裁定され、また別の思想が「正統」と判断されるのはなぜかを理解するには、そうした制度の政治に注目していかなければならない。

真宗大谷派（東本願寺）は、浄土真宗本願寺派（西本願寺）と同様、親鸞の血をひく子孫の一人によって統治されている。その人物とは、宗派の中心的な寺院である東本願寺の「住職」であり、宗派に属する全寺院とそのメンバーによる全国的な組織の上に立つ「管長」であり、そしてすべての教義的問題の最終的な決定者でもある、宗派の「法主」である。そうした法主の権力は、一八八三（明治一六）年に制定された宗派の最初の宗制（大谷派寺法）に明記されている。

だが時とともに、代議制による行政機関が宗派内で整備されていった。一八八三年、大谷派内に「諮詢《しじゅん》所」が設置され、法主が提案した宗派の法律の制定にあたり、少数の任命者が投票を行なえるようになった。一八九七年までには、「議制局」と改称されたこの組織が、法主の承認のもとで宗派の法律を提案し制定する権限を獲得し、しかもその組織のメンバーのうち半数は、任命ではなく選挙によって選ばれるようになった。さらに一九二五年（「普通選挙法」の制定と同年）には、大谷派の「議制会」（「宗議会」の前身）のメンバーが、全員、末寺住職の投票により選出されるようになった［柏原一九八六］。

同時期に、宗派内では教学の権威に関わるまた別の場が勃興してきた。すなわち、大学である。複数の仏教系大学が、二〇世紀を迎える転換期に設立された。その目的は、宗派のメンバーが幅広い教育を受けることで、仏教徒がキリスト教と渡り合い、科学的な批判に応え、仏教を世界に広めていくことにあった。真宗大谷派では、一九〇一年に高倉学寮から分かれて真宗大学（後の大谷大学）が設立された。ここから、伝統主義者と近代主義者の間の、一連の長い闘争が始まった。

この大学は、はじめ、京都にある宗派本部の監視の目が届きにくい東京に設立された。だが、大学への監視を強化するため、一九一一年、当局は大学を京都に移転した。それが原因で、学長の南条文雄《ぶんゆう》や教授の佐々木月樵、曽我量深らが、抗議の辞職をすることとなった。

伝統主義者と近代主義者の対立は、一九二〇年代に頂点に達する。第一次世界大戦がもたらした好景気に乗じて、日本国政府は大学制度を拡張し、仏教系大学も政府の公認を受けられるようにした。大谷派の有力者たちは、これを、真宗の教えをより多くの人々に広めながら、宗派が国家の発展により大きく貢献していくための好機と見た。

一九二二（大正一一）年に大谷大学が公認されると、事態は近代主義者たちにとって好ましい方向に転がり始めた。近代的なスタイルの真宗学に優位な場を与える新しいカリキュラムが設置され、一九二三年には清沢門下の佐々木が、賛否両論のなか学長に就任した。一九二五年、佐々木は曽我を大学に復職させることに成功し、多くの学生たちを歓喜させた。この間に、金子と曽我は多くの著作を出版し、彼らの学問はますます注目を集めていった［幡谷一九九三、伊東一九九三］。

大谷大学の発展は、金子や曽我のような学者らの革新的な営みを憂慮する伝統主義者たちとのあいだの緊張感を、ますます高めていった。すでに一九二一年には、大谷派の有力者たちは、異端的な教えを発見し裁くシステムを先鋭化させることに着手していた。特に侍董寮《じとうりょう》（法主に代わり教義をめぐる問題について調査する機関）の徹底的な刷新が行なわれた。組織構造と責務の明確化に加え、宗派の教えの解釈に関して規制を及ぼすことのできる範囲が拡張された。そこには、大学に設置されたばかりの真宗学という新しい学問を統制しようとする、新たな関心の持ちようをうかがうことができる。

一九二二年一二月、これは金子の「真宗学序説」の講義が大学紀要『合掌』に掲載されたのと同月だが、大谷派の寺務総長が宗派の機関誌『宗報』において、最近、「本宗の正意を誤る」だけでなく、それを他人に向かって説くことで「宗意安心」を破壊する者があると、遺憾の意を表明した。さらに続く声明において、異安心の疑いのある者について報告するための手続きに関する指針が示された［大谷大学百年史編集委員会二〇〇一］。この声明は、名指しこそしていないが、金子が標的の一人であった可能性が高い。

五年後の一九二七（昭和二）年、こうした緊張関係が遂には抗争をもたらした。同年夏、大口の寄進者で大谷派会計常務委員であった人物が、金子の講義を聴き、同年一一月に、侍董寮に対して苦情を申し立てた。彼はまた、金子と曽我と思われる「ある二名の教授」の著作のコピーを、裁定のため大学に送りつけた［三明一九九〇a］。侍董寮は「観念の浄土」についての金子の著作を精査し、「宗意に反する」と判断。教学部長に報告書を提出した。

教学部長は、大谷大学学長の**稲葉昌丸**《まさまる》と相談し、一九二八年四月、金子を一時的に大学から追放した。金子は自説を取り下げることを拒否し、侍董寮のメンバーに対して反論を行なったが、侍董寮は判断を曲げなかった。他方でしかし、教学部長は侍董寮の報告書を法主に提示するのとは異なる解決法を模索し続けた。これに対して侍董寮の教学者たちは、このままなら辞職すると迫り、また会計常務委員会においては大学の予算削減の評決が行なわれた。これに抗議して学長を含む大学の幹部一一人が辞任し、また彼らを支援するために、学生たちは共同の「声明」を発表した。

六月初旬、教学部長は最終的に、侍董寮の報告書を法主に提出した。その時点で、大学幹部は法主の叔父が一連の裁定を無条件で行なうことに同意しており、手は打たれていたのである。これを受け、金子は自発的に辞表を提出し、騒動を引き起こした原因の一端となったことを謝罪した。ただし、彼は自説を撤回することは決してしなかった。

学生たちは、このような解決のなされ方に落胆し、全学的な会議を組織した。陳情書を作成し、ストライキを行なうなどと威嚇した。だが、彼らはすぐに懐柔され、やがて大学は落ち着きを取り戻していった。また、金子の辞職の知らせを耳にした曽我は、自身も学長に辞表を提出しようとしたが、これは受理されなかった。曽我は、その二年後に彼自身が大学から追いやられるようになるまでは、そこに留まることとなった。

金子の異安心事件の詳細を、歴史的背景をふまえて考察すれば、そこで攻撃の対象となっていたのが、単に金子や彼の思想そのものではなかったことは明らかである。彼や彼の思想は、それだけで完結するものではなく、それを超えた様々なものを体現したり、代弁したりしていた。

第一に、金子は真宗大谷派における近代的学派の思想を体現していた。そもそも最初に苦情の標的になっていたのは、金子ではなく、「ある二名の教授」であった。金子は明らかに、曽我や佐々木を通して清沢へと遡る思想家グループの一員とみなされており、そしてそのメンバーの多くが、既に金子の事件ほどは劇的ではないかたちで、異安心の対象として標的にされてきた。(2) ある意味では、この事件においては清沢もまた審判にかけられていたとも言える。

第二に、金子は大谷大学を体現していた。教学部長が侍董寮の裁定を法主に提示するのを回避しようとした際、会計常務委員会は大学の予算を削った。大学幹部が金子を擁護することは、大学そのものを擁護することと密接に結びついていたのである。金子を追放することは、したがって、大谷大学ならびに学者や学生らの、次第に拡大する権威に制限を設け、彼らを監督下に置こうとする努力の一つのあらわれだったとも言える（たとえ、宗派がそうした大学の発展を支援し、またそのことの恩恵を被っていたとしても）。

第三に、金子はより一般的な意味での伝統的権威の拡散を体現した。かつての時代では、法主や法主に任命された者たちが、宗派運営と教学的権威とを牛耳っていた。それが一九二〇年代までには、代議制に基づく機関が宗派内に設置され、法主の権限をチェックするようになった。金子の異安心事件の文脈でいえば、教学部長が侍董寮の報告書を法主に提出するのを遅らせたために、しばらくの間は、誰もこの事件を制御することができなくなった。

それに加えて、教団の有力者や宗派の因襲に対する悪評を生み出すことのできた報道機関が、新たな権威の源泉として表に出てきた。報道では、金子の処分が秘密裏に進められたことが強調され、また裕福な寄進者が教学をめぐる問題に影響を及ぼすことへの疑義も呈された。かくして、大谷派の有力者たちが無事に問題を処理することが困難になっていたのである。

## 三　国家の政治

金子の異安心事件は、宗派の制度的な文脈だけにかかわる問題でもない。それは、全国的に報道される大きな言説の一部にもなっていた。しかも、その全国的な言説のなかで、同時代の国家的な政治事象と明確に関連づけられ、比較された。金子の異安心事件と、大谷派内での正統的教義の形成をめぐる長い歴史について理解するには、こうした広い範囲の国家的・政治的文脈に注意を向けることも不可欠である。

金子の異安心事件に関するニュースは、一九二八（昭和三）年四月一八日にはじめて報道された。その八日前の四月一〇日には、共産主義者であるとの嫌疑で一六〇〇人もの人間が逮捕された「共産党事件」（「三・一五事件」）に関するニュースが、全国紙で報じられていた。その直後、社会主義学生の全国組織である「新人会」が強制的に解散され、河上肇《はじめ》のような著名な社会主義者の大学教授が辞職を強いられ、日本労農党、全日本無産青年同盟、日本労働組合評議会はすべて禁止され、政府は「思想善導」の全国キャンペーンを立ち上げた。六月下旬までには、過激な活動を組織した者に死刑を適用しうる緊急勅令が発せられた。

これらの出来事と金子の異安心事件が同時期に起こったことは、ただの偶然のように思えるかもしれない。だが、左翼的な政治思想の開花を導いた要因と、真宗の近代主義の発展をもたらした要因は、その多くが重なっている。社会主義の思想が日本にもたらされたのは、二〇世紀の転換期であり、この頃、小さな学習グループが、ユニテリアン協会においてマルクスをはじめとする社会主義者の著作を学ぶための勉強会を始めた。それからしばらくは、社会主義は少数の思想家や活動家たちの間でのみ共有されてきた。だが一九二〇年代には、社会的威信を獲得し、日本の大学における社会科学の基礎として、広範な影響を及ぼすようになった。

なぜ、一九二〇年代なのか？　諸説あるが、一つの基本的なポイントは、一九二〇年代こそ、日本の大学制度が劇的に発達した時期だということである。単純な話、学生が増え、講義が増え、彼らがつくる学生組織が増えた。政府は、そこに介入する必要性を感じた。社会科学系の教授を逮捕し、また学生を「思想善導」して、天皇の権威を正しく尊重させようとした。

これと同様の歴史を、真宗仏教の近代主義についても語ることができる。真宗の近代思想が、清沢満之による西洋哲学に対する取り組みを通して誕生したのは、世紀転換期であった。だが、それが大谷大学の学生や、広く一般世間で関心を引くようになったのは、一九二〇年代になってからのことである。そして、その原因は、大谷大学が急速に発展し、学生の数が増え続け、宗派内の人間が金子や曽我といった学者たちの「科学的」な主張に注意を向けていったことにある。宗派の有力者の一部は、そこに介入するよう駆り立てられた。金子や曽我のような学者たちの動きを抑制し、宗派内の人間を「思想善導」して、真宗の教えの伝統的な理解と法主の権威を正しく尊重させようとした。

これら二つの出来事は、セットとして密接に結びついていたから、その傍観者たちがこれを一対の事象として認識したとしても、何ら不思議ではない。五月五日付の『大谷大学新聞』の記事では、次のように論じられている。

宗門内の共産党事件とまで評され目下派内は勿論一般社会からもその成り行きを重大視されている本学仏教学科教授金子大榮氏の教理々問題に就きては（後略）

以下では、ジャーナリスト、宗派の指導者、そして学生たちが、この一対の事件についてどう論じたかに着目することで、金子の異安心事件における国家の政治の影響力について考察していく。

日本の仏教界で最も影響力のあった発言主体の一つが、日本で最大の発行部数を誇る日刊の宗教系新聞である『中外日報』の編集者であった。一九二八年の四月から八月にかけて、『中外日報』は金子の異安心事件について、第一面に掲載される無署名の編集者社説も含め、かなり多くの紙面を割いて取り上げた。金子の事件に対する同紙の基本的スタンスは、次のような社説の文章からわかる。

この問題の解決次第では教権を中軸とする宗門と真理討究を使命とする大学との根本の問題にもふれてくる訳である。問題は自由討究と教権とが両立し得るものであるか、研究の自由を教権を以て圧迫するものであるか、或は又教権自体の反省によって新な方途が開拓する様になるのであるか。（『中外日報』一九二八年四月一七日号）

問題設定の仕方からして、この社説の執筆者が、金子と「自由討究」の原則の側に立っていることは明らかであり、適切な解決がなされるためには、「教権」（すなわち法主と侍董寮）の側の自己反省が必要であることが示唆されている。その後の社説でも、大谷派の有力者や宗派の因襲に対する疑念が示される一方、大学と宗派は完全に分離されるべきであるといった、理想主義的な見解が示されている。

この間、『中外日報』一面の編集者社説は、共産党事件とそれに関連する諸問題にも何度も言及していた。その執筆者らは、一貫して、政府の権力者に対する懐疑的な態度を示す一方、左翼的な思想家や活動家たちの権利や見識に対しては、敬意を込めた理解を示し続けた。たとえば、四月二七日付の社説では、現内閣が、政治的理由から日本のいわゆる「思想国難」の大きさを誇張していることが示唆されている。また別のいくつかの社説（四月二六日、五月一九日、六月二〇日）では、社会主義者による宗教に対する中傷に応えるためにも、仏教徒に対してプロレタリアート（労働者）の苦しみに対する責任について反省するよう迫っている。

『中外日報』の編集者たちは、金子の異安心事件について、金子の学問の詳細については何も述べることなく、仏教系大学と宗派体制の間の権力関係の問題としてこの事件を扱うことで、世論の方向性を定めた。金子の事件に対してこうしたアプローチが採用されたのは、部分的にではあれ、共産主義者や左翼の学者らを国家が抑圧していることについて、同紙の編集者らが関心を抱いていたことのあらわれである。

金子の事件に関する全国的な議論において、また別の役割を果たしたのが、下間空教《しもつまくうきょう》という人物であった。下間は、それまでの法務経験から、当時、大谷派内で指導的な地位にあった。[3] 彼は『中外日報』の一面に連載記事を執筆したが、その記事もやはり、金子の学問の詳細に触れるよりも、むしろ金子の著作を検閲する権利が宗派にあるか否かという、より一般的な問題に焦点をしぼっていた。

下間の連載は、まずもって金子の事件を、一九二〇年に起こった「森戸《もりと》事件」と関連づけることから始められた。森戸事件とは、東京帝国大学教授であった森戸辰男が、無政府主義に関する論文を発表したことで検閲を受け、解雇されたうえ、犯罪者として責められた有名な事件である。下間は、森戸が罰せられるべきかをめぐっての賛否の議論を紹介した後、「事実上の結果は賛成論者の勝利に帰したり」とコメントした。つまり、この事実からして、すべての皇民のために事を収めるべきだということである。この事件をつうじて、政府は、大学における研究には制限を置くことが可能であり、またそうすべきであることの既成事実を作ったと、下間は評価したのである。

下間はさらに、「無政府主義」が公的な大学制度においては受け容れられない学問・研究上の結論であるのと同様、真宗の学者にとっては、「異安心」は受け容れられない学問・研究上の結論であると論じた。異安心の定義については、大谷派の宗制では他のすべての真宗各派と同様に、法主を教義に関する絶対的な指導者と定義しており、それが宗派の統合の基盤にほかならないと主張するだけであった。

下間はまた、国政に関する様々な記事を書くことで、保守的で権威主義的な政治見解を示すとともに、宗教的多元主義に対する嫌悪感を表明した。五月二日付の記事では、「共産党思想の撲滅は恐らくは不可能なり」と切り出し、その理由の一として、「国家の権力には自ら限界あり、思想の奥秘には直接到達し難し」と述べている。つまり、それを達成することの困難さについて書いてはいるが、国家が国民の思想を指導することの望ましさについては、何らの疑問も抱いてはいないのである。

また、七月八日付の記事では、正統的な真宗以外の、神社崇敬や他の宗教的信仰・実践を推奨する様々な「思想善導」の政策案を、異端者を援助するものとして批判している。そこでは、「西に露国の共産主義の輸入を禁止すると同時に、東に米国の享楽主義の輸入を禁止すべし」(傍点筆者)、「神体を官公衙《かんこうが》(役所)に移し、神社財産を無産階級に交附すべし」、「基督旧教(カトリック)を厳禁すべし」といった、ぎょっとするような非現実的な結論が述べられている。要するに、対立を調停しようとする際の下間の権威主義的で非寛容なやり方は、その執筆の対象が宗教であれ政治であれ一貫していた。したがって、彼の宗教観が彼の政治観のあらわれなのか、あるいはその逆なのか、判断するのは難しい。

金子の事件をめぐるまた別の重要な発言主体は、大谷大学の学生たちである。彼らは金子とその異安心事件を、国家政治の観点から考え続けた。二月一〇日、曽我量深の学生の一人である松原祐善が、二つの使命を持つ学生団体の発足についての記事を書いた(『大谷大学新聞』一九二八年二月一〇日)。その使命とは、第一に、進行のただ中にある新しい「宗教哲学的真宗学」(すなわち曽我や金子が実践していた真宗学)の形成過程に寄与することであり、第二に、一般の仏教徒(門徒)への僧侶による経済的搾取をやめさせることであった。松原は言う。

本来無産者寺院たりし真宗寺院の今日、過去帳はその唯一の資本となり、其れにもとづく経済的儀礼にのみ維持されているあわれを、静かに胸に手を当てて観察し給え。そして非僧非俗たるべき僧侶は職業化し常に一部の民衆をおびやかし、信仰を来世のよりよき生活に呼び起し、彼岸への入場券を読経の多寡により売歩く。(中略)実に親鸞教は民衆の為めの阿片ではない。十劫の昔、法蔵菩薩因位の誓願は、単に永遠の過去の物語りでなく、永遠に現在に働く問題なのだ。

（同上）

松原は、近代的な真宗学の構築と真宗寺院の社会的・経済的改革とを、連動した二つのプロジェクトと位置づけていた。真宗寺院の僧侶たちが死後の生（後生）のことを（誤って）強調することで、無知な民衆を搾取している以上、これら二つの取り組みはつながっているのである。それゆえ、曽我が法蔵菩薩の誓いは「現在」のいま・ここにおいて接近可能であると明示したことには、社会変革の可能性も含まれているのだと松原は示唆している。大谷大学の学生たちは、近代的な真宗学に熱狂すると同時に、プロレタリアート（労働者）の利益のために社会の経済的基盤を作り直すという、マルクス主義が掲げる目標にも共感していたのである。

四月に、金子が大学から一時的に去ることを強いられ、審理にかけられているというニュースが学生たちのもとに届くと、大学新聞はすぐにそのニュースに関する記事やコメントで満たされた。たとえば、ある匿名の学生編集者は、露骨なまでにマルクス主義的な観点から、大谷派の有力者たちを批判した（五月五日の記事）。彼は、大谷派の組織を「将に崩壊せんとする所の封建国家」などと描写し、大谷派の有力者や大谷派の僧侶の多くは「プテブル《ママ》デヨアー（小金持ち）的意識を有する「腐れ頭」連中」によって「左右され、牛耳られる」といった書き方をしている。また、他の学生たちに対しては、学生審議会を結成して大学と宗派を法的に転覆させ、「因檻的封建統治下から脱する事を期せよ」といった声明を発している。

社会主義の思想に影響された大谷大学の一部の学生たちは、金子を、封建的権威とその資本家階級の支援者《パトロン》に抑圧された、労働者たちの擁護者と見た。だからこそ、彼らが講堂に集まった際に、金子が辞職し大学の幹部らが辞職を取り下げたとの知らせを受け取った時、彼らは「資本主義的教団の醜悪を一掃せよ、暴力的金権者を撃破し学の自由に力強く尽せ」と叫びながら、憤激して抗議したと言われている（『大谷大学新聞』一九二八年六月二一日）。金子を支援するための彼らの抗議行動は、一九二八年から一九三二年にかけて日本中に広がった、未曾有の学生反乱の波の一部となった［Smith 1972］。仏教の諸宗派やその大学が、日本における政治の世界と決して無関係ではなかったことは、あまりにも明瞭であった。

それでは、金子の異安心事件において、国家の政治は仏教の政治と思想に対してどのような型を与えたのだろうか？　これらの政治的迫害と宗教的迫害とが時を同じくして発生したために、公の場で行なわれた議論や報道記事のほとんどが、学問の自由や、それが金の力によって抑圧されることの問題ばかりを問うていた。その一方で、金子の著作の教義的な内容について触れられることはなかった。ある場合には、社会主義者からはほど遠い人物であった金子が、話の前提として社会主義者と見なされていたり、あるいは、少なくとも仏教界における社会主義者に相当する存在として語られていたりもした。

こうした同定の仕方には、二重の意味が含まれる。それは一方で、金子の敵対者たちが自信を持って彼を締め付けるのに役立った。他方で、多くの者が彼を支援することの動機づけにもなった。そして、金子がその後に大学に復帰し、さらに未来において清沢の思想が正統性を獲得していくための扉が開かれたままであったのは、究極的には、金子に対するそうした周囲の支援があったからであったと考えられる。

## おわりに

本章で筆者は、金子の異安心事件の政治的次元に焦点を合わせてきた。教義的次元に関して言えば、侍董寮が金子の著作をどう評価したのかについては、彼らによる審議が秘密裏に行なわれ、その報告書も公にされていないために、知る由もない。一方、金子の教義的見解をめぐる議論については、当然の成り行きと言うべきか、村上専精《せんしょう》、多田鼎、**暁烏《あけがらす》敏《はや》**、木村泰賢、伊藤証信、そしてもちろん金子自身も含めた著名な仏教学者や改革者たちを巻き込むかたちで公に行なわれた。全国的な仏教メディアの他にも、『大阪毎日新聞』のような有名な新聞や、*The Young East* のような国際ジャーナルにおいても、金子の教学的な見解についての議論が行なわれた。

こうした教義をめぐる議論も、魅力的な研究対象ではある。(4) しかし、それらの議論は、ほぼすべて、事件が金子の辞職をもって決着した六月一二日より以後に発生したものであった。教義をめぐる議論は、金子の異安心事件における一つの要因ではあった。しかし、それが最も重要な要因であったようには思えないのである。

金子の事件において賭けられていたのは、一人の学者によって展開された浄土をめぐる特定の理論を超えた多くの事柄であった。それは、言うなれば権威をめぐる闘争であった。金子は、宗派の上下関係に拘束された注釈の伝統の権威に対抗する、個人の経験、そして個人の経験に基づく研究の権威を体現した。彼はまた、法主の権威に対抗する、代議政治の権威を体現した。そして最後に、国家の権威に対抗する、労働者階級や、社会主義の知識人、自由討究の主唱者たちの権威を体現した。金子の運命は、こうした多層的な政治的闘争の天秤の上にかけられていたのである。

結局のところ、金子は圧力に屈して大学を辞任し、その八カ月後に僧籍を返上することとなった。だが、彼が公式に異安心と裁定されることは一度もなかったし、当局が彼の浄土理解に賛成、あるいは反対の声明を出すことも一度もなかった。それにより、金子が将来復帰するための扉は閉ざされることはなかった。同時に、金子を支持する動きが公に報じられたことで、彼は評判の人となり、広島文理科大学にポストを得た。事態は、金子にとってそれほど悪い結果とはならなかったのである。

一九二八（昭和三）年と一九三〇年に、金子と曽我はそれぞれ異安心だとして責められながらも、その罪を背負わされることはなかった。一九四〇年から一九四四年にかけて彼らは復帰し、侍董寮で大谷派の正統的教義を決定する役目を果たすようになった。また、彼らは大谷大学にも復職し、曽我はやがて同大学の学長に就任することになる。

こうして金子と曽我が大谷派の教学的権威の座に上り詰めていったことは、宗派内における清沢の立ち位置を決定づける上で、唯一とまでは決して言えないにしても、しかし主要な要因となった。したがって、そのことはまた、広範な知識人の世界における清沢の位置づけを決定づける上での主要な要因ともなった。金子と曽我が、清沢、および清沢に影響された仏教観を大谷派内に広めることに成功していなければ、今日の我々が清沢について議論をすることは、おそらくなかったであろう。

本章が扱ったのは、このような広い裾野を持つ歴史の一断片のみである。しかし、それにより、真宗仏教の正統的教義の形成史において、多層的な政治が作用してきたことが明らかになった。清沢の思想は、その門人たちの思想と同様に、それ自体の主張のみで正統的教義となったわけではない。特定の人々が特定の文脈で行動したことによって、正統性を獲得したのである。

金子の異安心事件については、宗派の文脈だけでなく、国家の政治の文脈も関係していた。国家による共産主義者に対する迫害と、大谷派組織による金子に対する迫害は、今日の我々の目には、それぞれ異なる学問的分野で扱われる無関係の問題であるかのように映る。だが、これら二つの出来事の組み合わせのなかで生きた仏教者たちは、それを一対の関連する問題として捉えた。そして、そのような捉え方が、金子が誰によってどう批判され、また誰によってどう守られたのかの内実に影響を与えたのである。
　我々は、安心と異安心をめぐる重要な問題は、真実の信仰を明らかにし、それを広めようとする真摯な意図に基づき、政治的な文脈からは自由に問われているものと想像しがちである。だが、歴史が示すのは、そうしたイメージとは異なる情景である。仏教の教義をめぐる決定は、宗派内の政治のみならず、世俗の政治によっても左右される。仏教思想の研究者が、そうした事実を無視するのであれば、「安心」についての明快な理解が得られることは決してないだろう。

**註**

（1）［三明一九九〇b］、［幡谷一九九三］、［水島二〇一〇］など。

（2）一八九六年から一九二三年にかけて、**井上豊忠**《ぶんちゅう》、占部《うらべ》観順《かんじゅん》、暁烏敏、**安藤州一**、佐々木月樵らが、異安心の疑いをかけられて審問されてきた［ワルド二〇〇四］。

（3）一九〇五年に京都帝国大学法学部を卒業後、下間は大谷派内事局に勤務した。その後、ヨーロッパでの二年間の留学を経て、一九一四年に京都で法律事務所を立ち上げるとともに、大谷派宗務顧問も務めた。一九二九年に教学部長に任命され、金子の僧籍返上と曽我の強制辞任の際の監督者となった［赤松ほか一九九九、中島一九九九］。

（4）以下の拙稿を参照されたい。［Schroeder 2014a、2014b］。

# 終章

# 現代思想としての清沢満之
## —そのカレイドスコープの一視角から—

安富 信哉

清沢研究の第一人者が、これまでの研究の歴史を回顧しつつ、その思想の現代的な意義を問う。これからの清沢満之の学びのために、その問いを受け継ごう。

## はじめに

清沢満之は、日本が近代に入った一九世紀末から二〇世紀初頭において、仏教的伝統の意義を追究し、その伝統の回復を世に訴え、日本の思想界・宗教界に影響を与えた人である。しかしその行跡は、彼が身を置いた真宗大谷派の外側では、死後あまり顧みられることがなかった。没後一〇〇年を迎えた二〇〇二年、その出現の意義を再び捉え直してみようという気運が出てきた。論集『清沢満之——その人と思想』（法藏館、二〇〇二）（以下、『その人と思想』）は、その再考の試みの一環として編まれた。

これまでの研究では、宗門人としての満之像に焦点が当てられることが多く、このため総合的に満之を見る視点が乏しかった。『その人と思想』は、その出現の意義を、よりトータルに捉えようと目論み、その時点でぜひ清沢満之について論じていただきたい内外の研究者に、論文の執筆を依頼した。その「はじめに」において、共編者のひとりである藤田正勝氏は、

一〇〇年後の今日、清沢の受けとめた課題は決して果たされたのでもないし、また無効になったのでもない。むしろまさにアクチュアルな課題としてわれわれに解決を迫っている。清沢の立てたプログラムのなかをわれわれは現在もなお歩んでいると言ってもよいであろう。〔藤田・安冨二〇〇二：ⅲ頁〕

と述べている。つい先年に同氏が著した『清沢満之が歩んだ道——その学問と信仰』（法藏館、二〇一五）は、その

歩みを、現在の時点において再び確かめてみようとする試みであったといえよう。

没後一〇〇年を機に、岩波書店から『清沢満之全集』全九巻（二〇〇二—二〇〇三年）が出版された。大谷大学の小川一乗学長（当時）のもとチームを組織し、『現代思想の基礎理論』（講談社、一九九二年）、『アルチュセール——認識論的切断』（講談社、一九九七年）、『現代語訳 清沢満之語録』（岩波書店、二〇〇一年）などの多数の著作を通して広く知られている今村仁司氏に中心的に関わっていただき、思想家としての清沢像を重視して本全集を編集した。

今村氏は、さきの論集『その人と思想』にも、「清沢満之の現代性——現在の我々にとっての清沢の意義」と題する論稿を寄せ、「清沢満之をいま回顧するとき、われわれは時代の差異と類似性を鋭く自覚しなくてはならない。すなわち、明治維新後の日本近代開始期に生きた人物の経験と二一世紀の未知の領域に突入しつつある時期に生きる「われわれ」の経験との違いと共通性がまずもって自覚されなくてはならない」［今村二〇〇二：五九—六〇頁］といっている。今村氏は、清沢を、まさに同時代《コンテンポラリー》的な思想家として発掘し、私たち現代人のあり方に問い直しを迫ったのである。

あれから一五年、先の論集の企画に賛同し、参加した方々のうち、脇本平也《つねや》、今村仁司、神戸和麿の諸氏はすでにいない。そして今、この新しい論集『清沢満之と近代日本』では、思想家として、教育者として、仏教運動家として、あるいは文学者との思想的交響圏を通して、その出現の意義が確かめられている。まさに現時点において、カレイドスコープ（万華鏡）のなかに清沢像を見る想いがする。

本稿で私は、先述の藤田氏の著した『現代思想としての西田幾多郎』（講談社、一九九八年）の顰《ひそ》みにならい、「精神主義」に代表される清沢満之の思想を、近代（過去）の思想としてだけでなく、現代にも意義ある有効な思想として、そのカレイドスコープの一視角から、「現代思想としての清沢満之」のタイトルのもとで試考してみたい。

## 一　私の「精神主義」研究

### 一―一　研究の基調

#### 清沢とその後継者たち

「精神主義」の求道者たちには、多様な人たちがいる。これらを代表する人として、「浩々洞の三羽烏」、あるいは「浩々洞の四天王」という名称で呼ばれた宗門の仏教者がいる。**暁烏《あけがらす》 敏《はや》**、**多田鼎《かなえ》**、**佐々木月樵《げっしょう》**を「三羽烏」、これに**曽我量深《りょうじん》**を加えて「四天王」という。このうち「精神主義」の鼓吹者として後代に名を留めた代表的な人物は、暁烏と曽我である。「精神主義」の後継者となった人たちは、誤解を恐れずにいえば、「信心派」ともいうべき暁烏系と「教学派」ともいうべき曽我系に分かれ、現在に至っている。

近年、ニューヨーク州立大学から出版された *Cultivating Spirituality : A Modern Shin Buddhist Anthology* (Mark L. Blum & Robert F. Rhodes (ed.), SUNY press, 2011）は、「精神主義」を〝精神性を養う〟思想、これを敷衍すれば、仏典でいう〝「心田」（=心なる田の意。心は仏の種が植えられるべき場であることから、「心田」といわれる。「心地」に同じ）を耕す〟思想と訳解し、清沢の衣鉢を継ぐ宗門人として、曽我量深―**金子大榮《だいえい》**―安田理深《りじん》の教学派の文脈で捉え、その重要な論稿を訳出・紹介している。私もその出発点から翻訳チームの一員として参加し、出版にあたり本書の序文を担当した。その作業を通じて、清沢らの思想が国際的な場面でも通じる〈現代思想〉であると実感した。[1]

## 己事究明の伝統

清沢を学祖と仰ぐ大谷大学に入学して、幸いに私は、曽我・金子・安田という教学者の謦咳《けいがい》に接することができた。大学院のゼミでは、曽我師の直門である松原祐善先生にご指導いただいた。初学者の私が、真宗学科の先輩たちからたえず誡められたことは、「自己を問え」、あるいは「自己を通してものをいえ」ということであった。元来仏教は、己事究明《こじきゅうめい》をもって肝要とするが、承知のように、清沢は、

Know Thyself is the Motto of Human Existence? 自己とは何ぞや。是れ人世の根本的問題なり。自己とは他なし。絶対無限の妙用に乗托して任運に法爾に此境遇に落在せるもの即ち是なり。

（『全集』八巻三六一—三六二頁）

といっている。このような己事究明の立ち位置こそ、清沢が自らに課し、また浩々洞の同人に求めたことであり、それが大学の伝統として継承されたことであった。清沢は、明治という時代に生き、その時代の空気を呼吸しながら、「自己」、これを思想概念としていえば「個」の立場を鮮明にした人であるという印象を強く受けた。

一般に仏教者といえば、時代や社会から超然とした孤高の人といったイメージがあるが、彼はそうではなかった。そう時代とともに、また社会とともに思索を内に向かって展開し、宗教に自己の生のあり方を求めた人であった。そういう意味で清沢は、時代・社会の動向に敏感に反応した、近代の宗教的「個」であった。そのような人として彼を見ることが、私自身の「精神主義」研究の基調を形作ることとなった

## 一—二　「精神主義」への問い直しのなかで

### 問題意識の醸成

清沢とその思想の表現である「精神主義」は、二〇一四年に刊行された碧海寿広氏の『近代仏教のなかの真宗——近角常観と求道者たち』(法藏館)の、とりわけ「第一章〈近代真宗〉の形成——清沢満之論の系譜」、あるいは本論集に収められたジェフ・シュローダー氏の論稿「仏教思想の政治学——金子大榮の異安心事件をめぐって」に詳述されているように、宗門の内外で、毀誉褒貶に晒されてきた。宗門内では一九五六(昭和三一)年、宗務総長の宮谷法含《みやたにほうがん》氏が、『宗門白書』で、「大谷派が徳川封建教学の桎梏《しっこく》から脱皮し、真宗の教学を、世界的視野に於て展開し得たことは、ひとえに、先生捨身の熱意によるものであった」と高く評価した。それ以来、宗門教学の基本的路線は、清沢に始まるいわゆる「近代教学」を基点とし、同朋会運動として継承され、現在に至っている。

ただ、「精神主義」の評価については、宗門外では田村円澄《えんちょう》氏の「清沢満之と「精神主義」」をはじめ、多くの批判や限界性の指摘がある。一九九一(平成三)年に同朋舎から出版された『資料 清沢満之』(赤松徹真・福島寛隆編)全三冊は、「精神主義」に肯定的な文献、論文、講演のみならず、批判的なそれらをも収録した貴重な資料集である。

また宗門内でも、「近代教学」批判という形で「精神主義」への問い直しが起こった。とくに社会性の欠落、あるいは国家への従属という視点は、一貫した論点で、伊香間祐学氏の『教学を問い直す——国家と宗教』(一九八六年)、『「精神主義」を問い直す——近代教学は社会の問題にどう答えたか』(北陸聞法道場出版部、一九九二年)は、これらの批判を代表している。他方、これらの批判に対する反論としては、久木幸男氏の『検証 清沢満之批判』

（法藏館、一九九五年）がその代表的なもので、新鮮なインパクトを与え、評判を呼んだ。

清沢とその思想である「精神主義」についての論評は、現在においても、宗門の枠を超えて繰り返されている。たとえば、これを批判的に論じた、近藤俊太郎氏の『天皇制国家と「精神主義」――清沢満之とその門下』（法藏館、二〇一三年）と、一方、その積極的な意義を説き直した山本伸裕氏の『清沢満之と日本近現代思想――自力の呪縛から他力思想へ』（明石書店、二〇一四年）は、ひとつの具体的な成果であろう。このせめぎ合いが、清沢の生きている証拠であるともいえる。

## 研究視点の触発

私自身の研究視点は、博士学位論文の「宗教的「個」の思想――清沢満之と精神主義」（一九九八年、大谷大学提出）において表明された。この論文は、『清沢満之と個の思想』（法藏館）というタイトルのもと、翌年に上梓された。就中、私は宗教的「個」としての清沢、またその個の思想としての「精神主義」について論考した。清沢の研究は、これまで多様な角度、また領域から行なわれ、大きな成果が現われているが、「個」という観点から清沢の人と思想を究明するという基本的姿勢に立った研究は、見受けることがなかった。その意味で私が啓発を与えられたのは、ジョンストン氏の清沢満之研究であった。私は、羽田信生氏のお勧めで読むことを得たジョンストン氏の学位論文に、ひとつの研究視点を示唆された。(2) 私がこの労作に接したのは、羽田氏がウィスコンシン州立大学（マジソン）から研修員として大谷大学へ来られた一九八〇年前後のことである。欧米において清沢満之の先行研究がほとんど皆無に等しい状況のなかで、開拓的な研究に取り組んだジョンストン氏の努力に深く敬服したが、個人性（individuality）の問題を中心に据えて論考を進めたいという氏の研究視点を、私は、それと意図することなく共有した。

しかし同じような問題関心を抱きながら、私の立場は氏のそれとは異なるところがあった。私は、自ら一本に貫かれた確かな中心軸を欠落した存在であることを痛感しているところから、清沢の「個」の思想にアプローチした。私にはひとりの宗教的「個」としての清沢の生きざま、そしてその「個」の思想である「精神主義」が、彼の没後一世紀を過ぎて、なお私たちに、生の座標軸を提示しているように思われた。

## 二　研究に見出されたこと——宗教的「個」の思想として

### 二—一　その個の客観的な位相

**「負」としての個**

では、清沢が追求した「個」はどのようなものであるのか。それは、一般社会的な見地からすると、弱々しいものに見えるかもしれない。境野《さかいの》黄洋《こうよう》らの当時の新仏教運動からは、「精神主義」は高山樗牛《ちょぎゅう》の「日蓮主義」と並んで「羸弱《るいじゃく》思想」との批判を受けた。そしてその評は、現在も強いものがある。松本三之介氏は「精神主義」を「それはあくまで「個」の思想であった」と論定するが、同時に、清沢の自己形成を「負としての個の形成」といい、

> このように清沢満之によって追求された「個」は、自己の内なる状況と対決し、その間の溝をみずからの意志で乗り越えようとする創造的な主体を形づくるにはあまりにも能動的な力に欠けた弱さを持つものであった。
>
> 〔松本一九九〇〕

という評価を下している。『歎異抄《たんにしょう》』の信仰に影響されて、自己の罪障性を自覚し、結核患者であった清沢が、ひとりの宗教的人間として、「負としての個」たることは否定できないであろう。学生時代、青雲の志を抱いて、〝建峯〟と名のった清沢が、やがて雅号を、〝骸骨〟、〝石水〟、〝臘扇〟、〝浜風〟と移し替えていったことは、「負としての個」の姿を如実に示している。

ただ清沢がその信念によって確立した「個」は、実に剛毅なものであった。それは、敗残と敗亡の意識に退行する虚無感、あるいは人生「不可解」（藤村操《みさお》）の観念に陥るニヒリズムに打ち克とうとする能動性をもっていた。そしてその地平から、「精神主義」は、明治後期に迷悶者、病者、弱者に関わり、その自律、そして自立を扶《たす》ける思想として、創造的な意味をもった。

### 類的普遍と重層する個

本来的な「個」の立場は、類的普遍と重層しなければならない。「普遍」と「個」との関係は、あらゆる宗教にとって最も重要な部分であり、宗教理解の鍵は、この両者の関係の理解によっているといっても過言ではないであろう。

親鸞は、「個」を「弥陀の本願」（＝類的普遍）の上に立脚させたが、その「個」の立場は、真宗の歴史のなかで、必ずしも堅持されてきたわけではなかった。もし類（＝普遍）―種―個というカテゴリーのなかで、真宗の歴史を振り返ってみれば、真宗は、むしろ家族、血族という「種」に「個」を重層させてきたといえる。日本の近代仏教を振り返って痛感されるのは、「種」の論理の圧倒的な優勢である。封建主義という「種」の体制は、真宗に普遍の立場に立つことを容易にしなかった。

視野を明治仏教に少し広げてみると、宗門仏教を否定して、独自の運動を展開した明治の仏教近代化運動も、その開明的な意義はもちつつも、「種」の優勢を払拭しきれなかったといえる。大内青巒《せいらん》の「尊皇奉仏」、**井上円了**の「護国愛理」、田中智学の「立正安国」などの唱導は、宗派仏教を超えるという独自の領域を拓いたが、「個」を天皇・民族・国家という「種」の上に重ねることによって、仏教の普遍主義の立場からみると問題を残した。

清沢は、自らの「精神主義」について、

吾人《ごじん》は如何《いか》にして処世の完全なる立脚地を獲得すべきや、蓋《けだ》し絶対無限者によるの外ある能《あた》わざるべし。（『全集』六巻三頁）

と述べる。注意されるのは、類的普遍を「絶対無限者」と呼び、それを頭上の方向にではなく、足下のところに、「立脚地」として見出していることである。その意味で、「精神主義」は、着地の思想であるといえる。

ただ詰めるべき課題は残されている。たとえば、近代真宗の思想空間おいて、女性は「個」としては析出されがたかったと指摘されている〔碧海二〇一四：一二四頁〕。「精神主義」においても、明治後期に誕生した思想という時代的制約があったとはいえ、「精神主義」が男性中心に語られ、ジェンダーの問題は、その視野に入ることはほとんどなかった。「個」とジェンダーの関係の研究は、すでに始まってはいるが、さらに検討される必要がある。(3)

## 二―二　その「個」の主体的な位相

### 主体的自覚に獲得される「個」

清沢は、宗教について独自の見解を示している。その見解のなかでひとつ注意されるのは、「宗教は主観的事実である」（『全集』六巻二八三頁）といっていることである。この主観的事実という語は、哲学上の概念として捉えればさまざまに解釈できるが、もし一言にしてこれをいえば、「私における」ということであろう。宗教とはどこまでも「私」に関わる事柄である。したがって神仏の存在も、これを客観視するのではなく、「私における」主観的事実として受けとめられる。それゆえに続いて次のような思いきった言い方も出てくることになる。

されど、今強いて其模様を云うて見ますれば、私共は神仏が存在するが故に神仏を信ずるのではない、私共が神仏を信ずるが故に、私共に対して神仏が存在するのである。（同上二八四頁）

死後に生まれる極楽浄土を信じて疑わないという素朴な実在論的な見方が、真宗門徒のあいだでは当たり前であったこの時代、清沢のこの言説は、驚天動地の発言である。しかし彼によれば、宗教とは、まさに「私における」事実である。この意味において、主観的事実とは主体的事実である。このような主体的な自覚を根底とするところに、「精神主義」の「個」の位相をみることができる。

## 無限に対応する個

清沢に一貫する宗教定義は、有限と無限の「対応」である。清沢は、「宗教は有限無限の調和（対合、コルレスポンデンス）也」（『全集』一巻三六頁）という。そしてそれはそのまま清沢の真宗観でもある。この対応という根本基想は、早く『宗教哲学骸骨《がいこつ》』に現われているが、そこでは、対応の概念は、一般的、論理的な受けとめがなされていた。ところが絶筆「我信念」では、対応の概念は、無限を「如来」という語に具体化し、信仰的、主体的な受けとめがなされる。

私の信念は大略此《かく》の如きものである。第一の点より云えば、如来は私に対する無限の慈悲である。第二の点より云えば、如来は私に対する無限の智慧である。第三の点より云えば、如来は私に対する無限の能力である。斯《か》くして私の信念は、無限の慈悲と無限の智慧と無限の能力との実在を信ずるのである。

（『全集』六巻一六二頁）

ここに清沢の宗教的自覚の究極的な内容があるということができる。注意されるのは、かれが、「如来は、無限の慈悲（智慧・能力）である」と一般的な言い方をせずに、「私に対する」という限定をもって、実存的に把握していることである。信仰において成立するそのような「我」を、安田理深は「信仰的実存」［安田一九六八］と表現したが、私は、この告白に清沢における「個」の位相をみることである。

## 三 「精神主義」再考の諸点――倫理問題を手掛かりに

清沢の思想は、よくも悪しくも「精神主義」によって代表される。ひとりの思想家が、自らの思想の代名詞をもつことはそれほど多くない。「精神主義」は、浩々洞の同人によって、様々に手を加えられ、また解釈されたが、そのプロトタイプ（原型）を、彼自身の思想表現を通して、検討してゆかなければならない。今村仁司氏は、先の論集『その人と思想』において、一般的な「精神主義」に簡《えら》んで、あえて「清沢的「精神主義」」という語を用いている［今村二〇〇二：六七頁］。私も今村氏の指摘を思念し、プロト（原）「精神主義」を明らかにしていきたい。

### 三―一 人間と倫理の問題

**倫理から宗教へ**

宗教と倫理の関係は、明治中期に論議の対象のひとつであった。(4) 井上哲次郎は、宗教を倫理に還元し、倫理教を説いた。これは、「宗教―倫理以内」（宗教＜倫理）説である。一方、新仏教運動のスタンスは、清沢によれば、"Morality is Religion, Religion is Morality" と捉えられる（『全集』六巻三一〇頁）。すなわち、「宗教―倫理相即」（宗教＝倫理）説である。これに対して、「精神主義」においては、宗教は、「宗教―倫理以上」（宗教＞倫理）説と捉えられる。

倫理性と宗教性の緊張関係の厳しさのなかに、清沢の信仰はあった。彼は、倫理との厳粛な対決を通して、宗教が倫理と違う別天地を有するものであるという認識に到達した。しかし宗教を倫理以上とする「精神主義」の立場は、世間から道徳破壊とのレッテルを貼られることにもなった。
ただ、その立場を表明した雑誌『精神界』のいくつかの論文や講話には、清沢に仮託されたものもある。山本伸裕氏は、法藏館から二〇一一年に『「精神主義」は誰の思想か』という著書を上梓し、『精神界』誌上の論説を精査・検証して、世に問うたが、今後の「精神主義」研究において、資料の吟味が何よりも欠かせない要件となることを明らかにした。
清沢の「精神主義」における〈倫理から宗教へ〉の方向性の意義を、厳密な資料吟味を通して再確認することは、課題として残されている。

## 宗教から倫理へ

私たちは、清沢が倫理道徳を超えた宗教の立場、すなわち〈倫理から宗教へ〉という方向性を明らかにしたと了解するが、同時に、〈宗教から倫理へ〉という方向性も、一方では展開していることを忘れがちである。清沢は、さきに引用した「自己とは何ぞや」に始まる日記「臘扇記《ろうせんき》」の断想の数行あとに、

吾人の自覚は避悪就《ひあくしゅう》善《ぜん》の天意を感ず。是れ道徳の源泉なり。吾人は喜んで此事《このこと》に従わん。

（『全集』八巻三六三頁）

と記している。清沢の日記のこの一節を下敷きにして、多田鼎が編集し、「絶対他力の大道」というタイトルを付して『精神界』に掲載した文章では、「避悪就善の天意」と説く部分はカットされている。寺川俊昭氏は、この部

分の重要性を折に触れて指摘している。(5)「避悪就善」という事柄は、他力の信心に開かれる個人倫理の実践という意味をもっている。清沢が生涯保持した「修養」は、「避悪就善」の意志の実行であった。この清沢の〈宗教から倫理へ〉の方向性の意義を、資料吟味を通して再確認することもまた、今後の課題として残されている。

## 三―二　今日的な問題として

### 着地の思想

清沢は、暁烏に宛てた手紙のなかで、絶筆となった「我信念」について、それが、真諦義《しんたいぎ》を述べたものであり、前号の『精神界』(三巻五号)に掲載した「宗教的道徳(俗諦)と普通道徳との交渉」という論稿に対応するものであると記している。

当時の通念的な理解では、俗諦《ぞくたい》の教えは、人道を説くものであるとされていたが、清沢はそれは誤りで、俗諦は、人道ではなく仏道を開くために説かれるのだという。そしてここに、宗門に流布した「俗諦国益論」が批判される。このような彼の俗諦論について、田村芳朗氏は、「満之は俗諦を捨て真諦の一辺によった。国家・社会を捨てて、個人の心の中にひたっていったのである」と指摘する〔田村一九七三：一七四頁〕。

ただ注意しなければならないのは、清沢は、世上流布している「俗諦国益論」を批判したのであって、宗教的信念を得た者が国家・社会の一員として、現実社会の倫理的要請に応ずるために努力することを批判したわけではないということである。

清沢が求めたものは、「絶対無限の妙用に乗托して任運に法爾に此境遇に落在」(「臘扇記」)すること、「必ず一の完全なる立脚地」(「精神主義」)を獲得することであった。したがって私たちは、まず何よりも絶対無限に接して、現実に着地することが要請される。そうして初めて離陸が可能になるのである。

**公共主義の実践**

清沢は、自らの「精神主義」の立場について、『精神界』誌上で創刊時よりしばらくのあいだ執筆しているが、私は、その基本思想をつぎの三点に整理したいと思う。すなわち、

①「個」の確立、②公共主義の実践、③万物一体の自覚

である。

清沢は、「勉めて自家の確立を先要とするが、精神主義の取る所の順序なり」(『全集』六巻四頁)といっている。「個」の確立は、「精神主義」の第一義であって、それは絶対無限に接することによって、外物を追い他人に従って、煩悶憂苦する私たちのあり方から解放されることである。それゆえ個人の内面性が重視される。しかしそれは、脱社会的な形で心のなかに浸ることではない。それは、一面において、「個」を覚醒させる道として自己内観的な方法を採るが、その「個」は、孤立独存的「個」ではなく、関係的「個」として認識される。これについて清沢は、

自己を知ると云うは、決して外物を離れたる自己を知ると云うにあらず。常に外物と相関係して離れざる自己を知るを云うなり。蓋し外物を離れたる自己は、是れ一個の妄想にして、全く其実なきものなり。(同上三四二頁)

と述べている。

関係的自己の認識は、社会倫理的な地平では「公共主義」、また環境倫理的な地平では「万物一体」の自覚として成立する。明治という時代は、日本人が近代的自我に目醒めた時代である。しかし自我はその暗黒面として、公の喪失をかかえている。真宗大学学監に着任して再び東京に出た清沢は、その現実を直視し、仏教の相依相対的因縁観を背景に、公─公共─公共心の大切さを力説した。また、おそらく足尾銅山鉱毒事件に触発されて、中国の東晋時代の僧で、鳩摩羅什《くまらじゅう》の一番弟子といわれた僧肇《そうじょう》の万物一体論、あるいは中国の北宋時代に活躍した程明道《ていめいどう》の「万物一体の仁」の説を背景に、「万物一体」の思想を表明した。それらの意義についての吟味もまた、公共性や地球生態系の危機に瀕して、協同・共生社会へと目指されている今日的な情況のなかで私たちの課題となる。(6)

## おわりに

私は、共編者のひとりとして参加した先の論集『その人と思想』の「あとがき」に、

近代は、人間の生、個別性、競争、人工……総じて「能動性」の領域に視軸を置き、人間の死、統合性、和合、自然……総じて「負」の領域を閑却してきた。そんな近代の初頭に生を享けた満之は、仏教的伝統に立って、自己の死、生の相互性、罪悪を直視し、翻って人間としての本来の生き方を模索し、独自の思想を構築した。没後一世紀経ち、宗教性・精神性が見失われ、いわゆる世俗化の方向に進み、近代の行き詰まりが深刻に反省されている現代、満之の思想・生き方の意味が新しく検討されるべき時に来ている。

と記した〔藤田・安冨二〇〇二：二八九頁〕。それは、清沢満之に現代をも見透す思想をみたからであった。世上では、「ポスト・モダン」とか「近代の超克」などといわれ、そこでは〝個人主義を超えて〟ということが符牒のように語られている。しかしポスト・モダン社会ともいうべき現代においても、第一義的に重要なのは、やはり「個」から出発することである。

私は、ある身近な集会の開催趣旨文に、「危機感なき危機に晒されている私たちが、いかに「個」を持つことが重要であるかを思念し、そしてすべての人びとがこれからの社会を展望できるような機縁にいたしたい」（『真宗』一三四四号四〇頁、二〇一六年三月）と記されていることに共感したのであるが、問題は、どのような「個」を持ち、その思想を、宗門的枠を超えて、いかに現代の世界に開いてゆくかである。

上来検討してきたように、清沢的「個」、ひいては清沢的「精神主義」が、複雑な現代を生きている私たちの「メルクマール」（物事を判断する基準、指標）のひとつになることは確かなのではないだろうか。

**註**

（1）ちなみに*Japanese Philosophy : a Sourcebook*（James Heisig,Thomas Kasulis; John Maraldo [ed.], University of Hawai'i Press,2011）には、"The Pure Land Tradition"の章に、清沢満之の項目に一一頁、曽我量深の項目に七頁、安田理深の項目に六頁を割いて、生涯と思想が紹介されている。

（2）Gilbert Lee Johnston *Kiyozawa Manshi's Buddhist Faith and Its Relation to Modern Japanese Society*（Ph. D. Thesis presented to Harvard University, April,1972）

（3）その意味で、福島栄寿『思想史としての「精神主義」』第五章「仏教婦人雑誌『家庭』にみる「家庭」と「女性」――「精神主義」のジェンダー」（法藏館、二〇〇三年）は、この領域の研究に先鞭をつけた。

（4）［安富二〇一〇］第三章「真宗と社会倫理」。
（5）たとえば、『親鸞教学』六三号、一九九四年。
（6）たとえば、［武田一九九八］。

# おわりに

本書は、清沢満之に関する最新の研究成果やその動向を、広く世に伝えるために編まれた。今後、本書所収の諸論文を読まずに、清沢満之について語ることは無謀である。少なくとも、本書を読まずに清沢について学問的に論じることはできない。そのような研究史的に重要で、高い水準の論文が、本書において見事にそろった。それが本書の編者の一人としての率直な感想である。

ここで、本書の成立経緯を簡単に記しておこう。二〇一二年一一月二五日、本書の編者二人も登壇した「「精神主義」研究を問い直す」と題したシンポジウムが開催された。この学術イベントにおいて基調講演をされたのが、本書の終章の執筆者である安冨信哉氏であった。清沢や「精神主義」についての自身の研究の来歴について回顧されたその講演の内容は、学術的に大きな価値を持つものであった。編者らは、この講演の記録を何らかのかたちで残すべきであるとの見解で一致した。

一方、本書の序章で末木文美士氏も述べているように、近年、清沢満之に関する研究が急速に進展し、清沢を取り上げた著書や論文が、空前のペースで刊行、公表され続けているという状況がある。また、清沢について調べ、学び、論じる研究者の世代交代により、研究の視点が多様化し、議論の内容が大きく更新されつつある。近代の日本思想史学や宗教（仏教）研究に携わる者として、そうした現状を専門家コミュニティの外側に対しても明確に伝えていくことは、ある種の義務であろう。そのような見解においても、編者らは思いを同じくしていた。

そこで編者らは、清沢に関する最先端の研究について、なるべく平易に書かれた論文集の刊行を企画した。信頼する研究者らに原稿の執筆を依頼し、いずれも快諾を得た。この企画を、清沢をテーマにした著作をこれまで数多く手がけてきた法藏館に持ち込み、出版の承諾を得た。二〇一三年の初夏の頃のことである。

編者らは、この論文集を、研究者の編集・執筆する論文集にありがちな、各自の個別研究の寄せ集めのようなものには決してしたくなかった。そこで、二〇一四年三月から二〇一五年八月までの間に、打ち合わせと研究発表を兼ねた会を、計六回、執筆者らとともに積み重ねてきた。論集の方針について話し合い、問題意識を共有し、また、各自の研究の内容について活発な議論を行なってきた。

そうした議論の成果は、本書にも遺憾なく発揮されているといってよい。本書に掲載の論文のどれもが、各自の研究発表のときよりもずっと質の高いものとなっており、あるいは、会合などでの議論を受けて、その内容を大きく変えたりもしている。また、論文集を作成する初発の動機であった、安冨氏の講演の記録についても、一連の議論を受け、講演の文字起こしの掲載という当初の案を改めた。かわって、講演の内容を踏まえながらも、新たに書き下ろしの論文として執筆していただくこととなった。それが本書の終章である。

また、当初は編者二人もまた、本書に一定の分量の論考を寄稿する予定であった。だが、実際に集まってきた原稿の内容を確認していくなかで、これらの論文の集まりは、編者らがこれ以上の情報を加えなくても論文集の目的を十分に達成しうる、高い水準に届いているとの思いを強めていった。

そこで編者らは、自身の文章の執筆よりも、むしろ、この優れた論文の数々を一冊の優れた本としてまとめていく作業のほうに、労力を注ぐようになっていった。山本は巻末の付録的な「清沢満之評伝」の執筆、碧海は第Ⅱ部第四章のジェフ・シュローダー氏による英語論文の翻訳のほかは、本書の編集作業にひたすら徹した。

そのようにして完成した本書は、先にも述べたとおり、これから清沢について学び論じる者にとっては避けて通ることのできない、画期的な内容のものとなった。とはいえ、清沢を学び、論じ、研究するためには、本書を読むだけでは無論、不十分である。それゆえ最後に、これから清沢を学ぼうとする読者が率先してアクセスすべき、いくつかの文献を紹介しておきたい。

**藤田正勝『清沢満之が歩んだ道――その学問と信仰』（法藏館、二〇一五年）**は、初学者にとっては、あるいは本書に先立ち読まれるべき文献かも知れない。現時点における清沢入門書の最高傑作であると思う。清沢の生涯と思想が、きわめて平明かつ鋭く解説されている。なお藤田氏は、法藏館から清沢のテキストの現代語訳のシリーズ本も刊行しており、こちらも初学者には最適の文献である。

**安冨信哉編、山本伸裕校注『清沢満之集』（岩波文庫、二〇一二年）**は、清沢の人生の後半期に執筆された文章を厳選した文集である。清沢のテキストに初めて触れる読者にも理解しやすいよう、様々な工夫をこらした編集や校訂が行われており、脚注、解題、解説も充実している。

以上の二著を押さえた上で、本書に所収の論文を残らず読み通した読者が、次に向かうべき文献は何であろうか。本書の参考文献一覧にある書物、特に序章で言及されている諸文献などもいいだろう。だが、むしろ清沢の全集を開き、気になった文章を直接読むことが、清沢について学ぶことの直球にして最良の方法であると思う。ということで、現在の清沢研究に欠かせぬ二種類の全集は、次のとおりである。

**大谷大学編『清沢満之全集』全九巻（岩波書店、二〇〇二―二〇〇三年）**。
**暁烏敏、西村見暁編『清沢満之全集』全八巻（法藏館、一九五三―五七年）**。

前者は、社会哲学者の故・今村仁司氏が編集方針に大きな影響を持ったこともあり、清沢の哲学者としての側面をクローズアップしたかたちの全集となっている。後者は、前者には未収録の、清沢についての関係者の証言なども収録されており、刊行年はやや古いが、いまだ清沢研究にとって不可欠の全集である。これらの全集にあたり、読者が清沢をめぐる独自の問題意識を持ったならば、そこから読者ごとにオリジナルの、清沢満之の学びと研究が始まる。

さて、本書の刊行までには、法藏館の方々にたいへんお世話になった。特に、戸城三千代氏には企画段階からたびたび相談に乗っていただき、建設的な意見の数々を頂戴した。編者の一人である碧海は、かつて同社から刊行した拙著において、「法藏館は今日の近代仏教研究を出版文化の方面から積極的に支援している重要なアクターである」と書いたが〔碧海二〇一四：二二四頁〕、戸城氏とのやり取りを通して、その意をさらに強めた。ここに記して感謝申し上げる。

その戸城氏の後を受け、本書の実際の編集作業を担っていただいたのが、丸山貴久氏である。その堂々たる体格の期待どおり堂々と意見を述べる丸山氏からは、本書を具体的なかたちにしていく上での助言や尽力を多々いただき、また細かな作業も丁寧に遂行していただいた。性格の曲がった編者らの言動に対する辛抱強いご対応、どうもありがとうございました。

本書が、これからの実り豊かな清沢満之研究の推進力となり、そして今後の清沢論の一つの規範となることを願う。

二〇一六年七月盆頃

碧海寿広

# 付録

清沢満之評伝
関連人物紹介
参考文献一覧

# 清沢満之評伝——東本願寺と清沢満之

清沢満之は江戸時代末期の文久三（一八六三）年に生まれ、明治三六（一九〇三）年に没している。三九年と一カ月余り、日数にして一万四六〇〇日、時間にして三五万時間足らずの、現代の感覚からすれば、短か過ぎる一生であった。その間に、彼は何をなし遂げたのか、また現代を生きる我々に残してくれた遺産は何なのか——。

清沢満之に関しては、西村見暁《けんぎょう》『清沢満之先生』（法藏館、一九五一年）や吉田久一《きゅういち》『清沢満之』（人物叢書）』（吉川弘文館、一九六一年）、脇本平也《つねや》『評伝清沢満之』（法藏館、一九八二年）など、定評のある評伝がいくつか存在するが、ここでは特に東本願寺との関係に着目しつつ、四〇年に満たない人生の意義を、粗々ではあるが捉え直してみたい。

## 幼少期の満之

清沢満之（幼名：満之助）は足軽組頭であった尾張藩士・徳永永則とタキの長男として、名古屋黒門町（現・名古屋市東区）に生を受けている。清沢姓を名乗るのは、明治二一（一八八八）年に三河大浜（現・愛知県碧南市）の西方寺の息女・清沢やす子と結婚してのちのことである。

幼少年時代から満之は、手習所の先生を補佐して年少の者たちに算術を教えたり、一一歳で入学した英語学校の米国人教師に気に入られて、講演の通訳を任されたりするなど、周囲の大人たちを驚かせるほど聡明であった。

武家の子として生まれた彼が東本願寺の僧侶となったのは、母のタキが熱心な念仏者で、聞法のために我が子を連れ立って、すぐ近くの真宗寺院の覚音寺に足繁く通っていたことが、そもそもの機縁である。幕藩体制が崩壊した幕末から明治初期にかけて、特に士族は恵まれない経済状況にあった。母に連れられた先の寺院でも、五、六歳にして「正信偈」や『御文』を読むなどして、大人たちを大いに驚かせたようだが、大好きな勉学を続けたいとの一心で、一四歳のときに東本願寺の僧侶となり、新時代のエリート僧侶を養成する目的で東本願寺が京都に開設した育英教校に入学している。

父の永則は、自慢の息子に医学を学ばせて医者にしたいと希望していたようで、育英教校で学ぶ以前に、一時期ではあるが医学校にも入学している。子供ながらに通訳を務めた語学力もさることながら、彼が得意にしていたのは、むしろ理数系の科目であった。長じて哲学を修めることにはなったものの、理数系の頭の持ち主だったことはさまざまな人物の証言からも確かで、その持ち味は「キリで揉み込む」（司馬遼太郎「清沢満之と明治の知識人」〈『司馬遼太郎歴史歓談Ⅱ　二十世紀末の闇と光』〈中公文庫〉中央公論新社、二〇〇四年、一七五頁〉）ような、緻密な哲学の語りにも遺憾なく発揮されていると言えよう。

ともあれ、近代的な教育を日本で最初に受けて育った清沢が、同世代の日本人のなかでも、とりわけ秀でた才覚に恵まれていたことを疑わせる要素は、まったくもって見当たらない。

## 東本願寺の改革

本書の「はじめに」でも触れたように、清沢満之が近代真宗教学のキーマンであるだけでなく、近代日本思想史を読み解く上でのキーマンでもあることは、本書に収録された諸論文に目を通してもらえればわかるであろうが、そうした傑出した人物が東本願寺から輩出されたのは、決して偶然のことではなかった。

新政府が発した「神仏分離令」が引き金となり、明治初頭に吹き荒れた廃仏毀釈《はいぶつきしゃく》の嵐のなか、日本の仏教界は未曾有の苦境に立たされていた。なかでも東本願寺は、幕末期に佐幕の側に回ったことで、倒幕派の目の敵《かたき》にされており、当時の危機感がいかほどのものであったかは、想像するに余りある。

明治元（一八六八）年、東本願寺を代表する学僧であった香山院龍温《りゅうおん》や闡彰《せんしょう》院東瀛《とうえい》らは、本山に具申して、京都の地に護法場を開設している。護法場では闡彰院を中心に、漢訳『聖書』が講じられたり、ピューリタン文学を代表する寓意物語『天路歴程』などが読まれたりもしていたようである。そこには、耶蘇教（キリスト教）を積極的に研究することで、異質の他者を知り、新時代の荒波のなかで仏法と教団とを死守せんとする、彼らの強い危機意識がうかがえよう。

しかしながら、彼らのこうした動きに対し、教団が一枚岩だったわけではない。改革派の僧侶たちが主導する新しい学問研究の取り組みや、旧来の制度を刷新せんとする動きをよしとしなかった者たちも、少なからず存在したということである。はたして、寺務改革の動きが実を結ぼうとしていた矢先の明治四（一八七一）年一〇月、改革派のリーダーであった闡彰院が、京都市中で何者かに斬殺されるという事件が起きている。

だが、改革派の勢いは、この事件を機に衰退に向かったわけではなかった。闡彰院亡き後、その遺志を引き継ぐかたちで改革の動きを加速させていったのが、護法場の総轄だった闡彰院を両脇で支えていた、**渥美契縁《かいえん》**と**石川舜台《しゅんたい》**の二人の若き真宗僧侶であった。

## 舜台の青写真

渥美と石川は、その後、長きにわたって交互に東本願寺の運営を担い、教団の屋台骨を支えていくことになるのだが、わけても石川舜台という人物は、清沢満之を語るうえで非常に重要であると考えられる。

渥美契縁が教団を財政面で立て直すことに力を注いだのに対し、石川は、特に学問の刷新・拡充の面に力を注いだ。実際、石川のビジョンは壮大なもので、手がけた事業は実に多岐にわたる。明治五（一八七二）年九月、石川は新法主の大谷光瑩《こうえい》（厳如）らとともに、海外の宗教事情を視察するため、欧米渡行を極秘裏に敢行している。これは、教団関係者にとってはまったく寝耳に水の、大胆極まる計略で、この時代に教団の将来を担う大事な法嗣《ほうし》を海外に送り出すなどというのは、当時の常識からすれば、まったく常軌を逸した行動であった。

そうした石川の行動力もさることながら、より重要なのは、何が彼をそのような行動に駆り立てたのかということであろう。闡彰院の右腕だった石川は、仏教界の萎靡《いび》を防ぎ、耶蘇教に対する仏教の優位性を立証して、その存在価値を広く世にアピールするためには、西洋の学問を徹底的に究明する必要があるということを強く意識していた。そのため、欧州視察から帰るとすぐに、教団内に翻訳局や編纂局などを設置して、欧米の書物の翻訳に当たらせたり、教師教校や育英教校などの学校を新設して、新しい時代の要請に対応できる僧侶の養成に取り組んだりもしている。

石川の辣腕ぶりに関しては、これまで教団運営の実務家という面で語られることが多かった。だが、むしろ見逃せないのは、二〇代前半の若さで京都の高倉学寮で『原人論《げんにんろん》』を講じていたり、地元・金沢に慎憲塾《しんけんじゅく》という私塾を開いて、塾生に英語で西洋の諸学を授けたりなどしているということであろう。

このように彼は、学問の面において若い頃から抜きんでた力を発揮していたのであるが、その高い学識の一端は、たとえば彼が二〇代のときに口述し、後年、本として出版されている『仏教引——哲学参観』（発行者：池善平、一八八八年）のなかなどに見ることができる。『仏教引』は、西洋の哲学史を概観しつつ、さまざまな哲学者の説の要点を整理して論じるという内容のものだが、そこで彼は、仏教を東洋が誇る哲学として高く評価したうえで、刊行の意図を次のように述べている。

故に今世界に存在する所の古今の哲学の大意を一言して、此学《しがく》入門者の索引に供すべし。（『仏教引』七二頁）

唯其《その》風気を同じくし、意味の相類する者は、欧州行わるる所の「フィロソフィー」即哲学と訳する者、是《これ》のみ。

要するに、仏教を含め、古今東西の諸思想の根底には、風気や意味において互いに相通じるところがあり、そのあたりのことを明らかにするのが、欧州で行なわれてきた「哲学」の営為だと言うのである。

私がここで清沢とは一見、無関係に思われるかもしれない、幕末から明治初めにかけての東本願寺の改革の動きや、その精神を受け継いだ石川舜台の事業などに言及したのは、清沢のような人物が輩出される素地が、そうしたプロセスのなかで着々と準備されていたということを述べたかったがためである。

先に引用した文章の直後には、「然るに、哲学の深遠博大なる、余が寡聞浅識にして上下数千年に渉り、縦横幾十家の説を概言せんとするは、分を知らざるの甚しきな」（『仏教引』七二—七三頁）りとの言葉が見える。つまりは、過去二〇〇〇年以上にわたる西洋の哲学者たちの深遠博大なる諸説を概言することは自身の手に余るので、かかる一大事業は「学士の責任」として「他日此《これ》に従事するの日あるべし」（同二六五頁）と言われているのである。

石川が構想したそうした一大事業の遂行を、「学士の責任」として託された人物——それが、生き残りのために東本願寺が全国各地から選りすぐりの原石をスカウトし、近代的な教育を施して育てあげた清沢だったことは言うまでもない。

## 哲学科での学び

石川の主導で設立された教師教校や育英教校の優秀な学生のなかから選抜された東京留学生の一人として東京大学の予備門に学んだ清沢は、明治一六(一八八三)年九月に文学部の哲学科に入学を果たしている。

東京大学が創設されたのは明治一〇(一八七七)年のことだが、当時の文学部哲学科は、全国各地から選び抜かれた秀才だけが集う東大のなかにあっても、特に優秀な学生が集まる学科であった。清沢に哲学科に進むことを勧めたのは、宗門から一足先に東京留学を命じられ、同じく東大の哲学科で学んでいた先輩の**井上円了**であった。井上は大学卒業後、哲学館(現・東洋大学)を創設するなどして、哲学方面の教育に多大な功績を残してもいるが、彼自身、哲学者というよりは、市井《しせい》の教育者として生きる道を選んだのは、あるいは後輩の清沢こそ、石川が描いた青写真を実現することのできる才能であると見ていたからではないか。事実、そう推測せずにはおれないほど、清沢は哲学科のなかでも特に傑出した存在だったようで、学生時代の秀才ぶりを示す大学の同輩や後輩たちの証言などが、数多く存在する。

他の宗派に先駆けて、東本願寺が教育の重要性にいち早く目をつけ、優秀な人材を東大などの高等教育機関に送り込んだことは、宗門外でも十二分に通用する知性を自家生産するという意味で、先見の明があったと評価できる。哲学科に入学した清沢は、フェノロサをはじめとした外国人講師の講義や図書館の外書などをとおして、当時としては最先端の哲学の知識に触れることができた。だが、講義や書物などで学び得た知識を、たんに日本に紹介するというだけでは、哲学の輸入代理店でしかない。

清沢が当時学び得た知識のレベルがいかほどのもので、彼がそれをどう咀嚼し、自らの思想として血肉化させていったのかといった関心から、彼が書き残している哲学関連の資料にあらためて目を通すとき、江戸時代の生まれで、海外渡航の経験すらない一人の日本人が、短期間にこれほどまでの水準で西洋哲学を受容し得たという事実に、私は正直、驚きを禁じ得ない。とりわけ白眉と言えるのは、西洋の哲学者の諸説について、その可能性と限界とを、独自の視点で見極め、評論し得ているあたりである。清沢によれば、哲学上の最大のテーマは、畢竟、有限なるものと無限なるものとの関係をどう捉えるかという一点に尽きるとされる。したがって、彼自身の思索もまた、常に有限無限の関係や如何を常時念頭に置きつつ展開されることになるのだが、そうした哲学の手法は、ドイツの哲学者・ロッツェのそれに倣ったものであろうと推測される。たとえば、清沢前期の思想を代表するとされる『宗教哲学骸骨《がいこつ》』などは、哲学者の種々の説に対する独自の取捨選択の営みのなかから生み出されたものと考えられるのである。

そのように、有限と無限の関係を突き詰めて考えることから展開される清沢の哲学は、正確には「宗教哲学」であると理解して差し支えない。東大哲学科の一年後輩である大西祝《はじめ》や、清沢が大学を去った後の哲学科に学んだ西田幾多郎《きたろう》なども、清沢と同じく「宗教」を問題にしながら独自の思索を展開している。清沢が「宗教哲学」を哲学の本道と押さえたことで、その後の哲学のありようが基本的に方向づけられたという意味でも、彼が日本の哲学史上において果たした役割は無視できないものと考えられる。

### 他力への翻転

近代日本を代表する哲学者として、大いに将来を嘱望されていた清沢は、大学卒業後、新設されたばかりの大学院に進学し「宗教哲学」を専攻している。しかしながら、宗門からの要請に応えて、京都府が東本願寺に経営を委託した京都尋常中学の校長に就任したために、二年で大学院を去っている。このときの彼の決断の背後には、ここまで自分を育ててくれ、願いを託そうとした宗門への強い恩義があったものと推測されるが、実際、死ぬまで彼は、一箇の宗門人として生きることになる。

とはいうものの、大学出の学士など、日本に数えるほどしかいなかったこの時代には、二〇代半ばの青年であっても非常に稀有な存在で、社会的にも経済的にも、破格の厚遇を得たようである。だが、育英教校時代にビショップ（司教）とかポープ（教皇）とかと渾名《あだな》されるほど生真面目な性格であった清沢は、恵まれた境遇での生活のありように疑問を感じずにおれなかったのであろう。程なくして自力的な禁欲生活を開始する。人が生きていくうえで最低限必要なことは何かを、身をもって見極めんとする「ミニマム・ポシブル」の実践がそれであるが、このときの過酷な実験が、結果的に結核という不治の病をもたらし、病気療養を余儀なくされることになる。以降、清沢の思想は、それまでの西洋哲学の学びを礎とした「宗教哲学」から、新たな展開を見せ始める。すなわち、自らの生と死を見つめる思想的関心は、必然的に彼の目を「他力門」の哲学へと向けさせたと考えられるのである。

結核を患ってからの清沢は、宗教者としての様相をさらに色濃くしていくが、そこで彼はあらためて親鸞の思想に触れ、自己を深く見つめ直す機会を得ることになる。たとえば、「在床懺悔録」や「他力門哲学骸骨試稿」などの著作は、療養地の須磨で執筆されたものだが、そこには「自力」の宗教から「他力」の宗教への翻転を、如実に見て取ることができる。

### 改革運動に身を投ず

しかしながら、病気療養のため、清沢が教団学事の仕事の一線から身を引いている間に、本山のある京都では、教学をめぐる風向きが大きく変わりつつあった。明治六年頃から明治一一（一八七八）年の初め頃まで、教団運営の実権を握っていたのは、石川舜台である。だが、彼は内局成立の祝賀の宴に闖入《ちんにゅう》してきて自分のことを罵倒した、渥美契縁の弟の渥美契誠《かいじょう》を燭台で殴打・負傷させたことで完全に立場を失い、この時には、教団の学事運営には一切関与していなかった。

石川が不在の間、教団運営を取り仕切っていたのが、石川とは違い教学を重視しなかった渥美契縁である。学理重視の思いを共有する同志たちが教団に冷遇されていることを見るに見かねた清沢は、病を押して療養地の須磨から京都へと戻り、**稲葉昌丸《まさまる》**や**今川覚神《かくしん》**、**清川円誠《えんじょう》**ら若手僧侶たちと白川党を結成、率先して改革運動に身を投じることとなる。

こうした改革派の動きが、石川の思いと響き合うものであったことは言うまでもない。白川党による宗門改革運動は、宗門内外に多くの賛同者を得るなどして、一時期、大いに盛りあがりを見せ、世論の力の後押しもあって渥美を辞任にまで追い込んだものの、最終的には失敗に終わっている。清沢は、自らが主導した宗門改革運動が失敗に終わった理由について、周囲に次のように漏らしている。

　実は是だけの事をすれば、其の後には実に何もかも立派に思うことが出来ると思ってやったのだけれども、然し一つ見おとしがあった。それは少部分の者が如何に急いでもあがいても駄目だ。よし帝国大学や真宗大学を出た人が多少ありても、此の一派——天下七千ヶ寺の末寺——のものが、以前の通りであったら、折角の改革も何の役にもたたぬ。初に此《こ》のことがわかって居らなんだ。そこでこれからは一切改革のことを放棄して、信念の確立に尽力しようと思う。

（法藏館版『全集』五巻六二三頁）

## 再度、東京へ

改革運動を巻き起こしたことで、清沢ら改革派僧侶は、宗門から僧籍を剝奪されるなどの厳しい処分を受けている。しかしながら、その後、法主の連枝にあたる大谷勝縁が総務に就任したことで再び風向きが変わり、長らく教団運営から遠ざかっていた石川が主席参務に就任する。それにともない、清沢も教団復帰を許され、新都・東京に留学中の新法主の**大谷光演**（句仏）の教導役を命ぜられるなど、宗門人としての活動の拠点を、再度、東京に移すこととなる。

その際、清沢は、教学の独立性が担保されるよう、内局に対して不干渉を貫くよう強く要求したうえで、京都にあった真宗大学を東京に移転させるなどの教学立て直しの事業に尽力した。真宗大学の東京移転を決めたのは、無論、石川である。その際、彼は清沢に対し「費用はいくらでも出す、人事は一任するから、理想的に運営してくれ」（多屋頼俊「石川舜台と東本願寺」『講座近代仏教　第二巻　歴史編』法藏館、一九六一年、一六五頁）と意向を伝えたとされる。実際、晩年の清沢の労力の大半は、石川がグランドデザインを描いた宗門の公の事業につぎ込まれたと見てよいであろう。

一方、私生活の面では、見逃すことのできない活動が開始される。「精神主義」と名づけられた一連の思想運動である。「精神主義」に指摘されてきた問題点については、本書の「はじめに」や、各章の論考のなかで繰り返し触れられているので、ここで詳しく論じることはしないが、いわゆる「精神主義」の思想は、何人かの門人らにより、ある明確な意図をもって生み出された、清沢の思想の実態を反映しないフィクションであった。
「精神主義」の言論活動において、主たる媒体の役割を果たしたのは、明治三三（一九〇〇）年一月に創刊された雑誌『精神界』である。清沢は『精神界』創刊からしばらくの間は、門人たちからの執筆依頼に応じて、自ら筆を執り、文章を寄稿していたようだが、次第に筆を執らなくなっていく。その分増えたのが、門人たちが「成文」し、清沢満之名で発表された文章である。「成文」というのは、清沢が提出した原稿を編集者が校正したということではなく、門人が自らの信仰の受け止めを、清沢の名前で作文するというやり方のことを指す。そのような類いの文章が、清沢の晩年の思想として受け止められたことが、彼の思想家としての評価を左右する要因となったことは否定できない。

## 清沢の思い

事務総長の要職にあった石川は、清沢が死去する前年の明治三五（一九〇二）年四月、数十万円が行方不明となっていることを責められ、辞表を提出。かたや清沢は、長男と妻とを相次いで亡くすという不幸に見舞われている。さらには、心血を注いで東京に移転させた真宗大学で、学生たちが主幹の関根仁応《にんのう》の排斥を求めるという騒動が起こり、その責任を自ら取るかたちで、彼は同年秋に学監（学長）の職を辞し、失意のまま自坊のある大浜に戻っている。

明治三六（一九〇三）年の二月に、清沢は耆宿《きしゅく》会（長老会）列席のため、本山のある京都に出向いているが、**近**《ちか》**角常観**《ずみじょうかん》によれば、その際「私の仕事はこれで終えましたと静々と語られ、大浜に帰られ」（法藏館版『全集』八巻五六五頁）たと言われる。この言葉からは、やれるだけのことはやった、宗門に恩義は尽くしたとの思いが感じ取れるであろう。

しかし、その後、彼は迫り来る死期を意識しながら、最後の気力を振り絞って、重要な二つの文章を書き残している。哲学者として追い続けてきたテーマ、有限（道徳／倫理）と無限（宗教）との関係を論じた「宗教的道徳（俗諦）と普通道徳との交渉」と、他力の信心を獲得した自らの主観的な心の模様を記した「我信念（原題「我は此の如く如来を信ず〈我信念〉）」」がそれである。

実際、これら二つの文章は遺言のような性格を帯びたもので、彼は死ぬ数日前の手紙に、弟子の**暁烏 敏**《あけがらすはや》に対し、次の言葉を綴っている。


（「我信念」の）原稿ハ三十日ノ夜出シテ置キマシタカラ、御入手ニナリタコトト存ジマス。別ニ感ズベキ点モナヒトハ思ヒマシタガ、自分ノ実感ノ極致ヲ申シタノデアリマス。前号（「宗教的道徳（俗諦）と普通道徳との交渉」）ノ俗諦義ニ対シテ真諦義ヲ述ベタ積リデアリマス。然ルニ彼ノ俗諦義ニ就テハ、多少学究的根拠モ押ヘタ積リデアリマス。

（『全集』六巻三九二頁　＊括弧内は筆者による補足）


わずか二畳の自坊の片隅で、従者の原子広宣《はらここうせん》や実妹の（松宮）鐘子《すずこ》らに見守られ、苦笑しつつ息を引き取ったのは、この手紙を認《したた》めた五日後のことである。

死の二日前に激しい喀血《かっけつ》に見舞われた折、傍らで看病していた原子からの「云い残すことなきや」との問いかけに、一言、「何にもない」と答えたと伝えられる（法藏館版『全集』八巻五七六頁）。清沢の心中に去来していたのは、いかなる思いであったのか――。軽々な判断でものを言うことは差し控えたい。

（山本伸裕）

# 関連人物紹介

●東京大学哲学科

**井上円了**（いのうえ・えんりょう　一八五八―一九一九）

越後国（現・新潟県長岡市）の慈光寺に生まれる。一八七八（明治一一）年、東本願寺の東京留学生の先駆けとして上京。東京大学予備門を経て、一八八一（明治一四）年、東京大学文学部哲学科に入学。清沢や稲葉昌丸が上京する際には、教団から「万事井上円了氏を手本とせよ」との命令があったと言われる。

東大在学中の一八八四（明治一七）年、加藤弘之・外山《とやま》正一《まさかず》・西周《あまね》らの協力を仰いで哲学会を創設。一八八七（明治二〇）年、哲学会の機関誌『哲学会雑誌』（のちに『哲学雑誌』に改称）を発刊するとともに、私立学校の哲学館（現・東洋大学）を創立。同年に帝国大学を卒業した清沢も教員となり、「純正哲学」「心理学（応用）」の授業を担当。一八九六（明治二九）年に清沢らが教団革新運動を決起した際には、教団と距離を置いていたにもかかわらず、哲学館の卒業生に参加を呼びかけるなど、全面的に協力している。『哲学一夕話』『真理金針』『仏教活論序論』をはじめ、生涯をとおして多くの哲学書を執筆し、同時代の思想界に多大な影響をおよぼした。

**沢柳政太郎**（さわやなぎ・まさたろう　一八六五―一九二七）

信濃国（現・長野県松本市）の武士の家に生まれる。一八八四（明治一七）年、東京大学文学部の哲学科に入学。

一年上級の清沢と深い交友関係を築く。卒業後は、文部官僚として勤務するも、一八九二（明治二五）年、機密漏洩事件の責任を取って退職し、しばらくの間、読書と翻訳の日々を送る。

その後、一八九三（明治二六）年に、清沢からの要請で大谷尋常中学校（現・大谷中学校／高等学校）の校長および大谷派教学部顧問に就く。清沢や稲葉昌丸、今川覚神らとともに近代的な新学事制度の実現に向けて奮闘するが、渥美契縁をはじめとする教団内の保守派との衝突、学生のストライキなどにより解雇される。この一件が引き金となって、一八九六（明治二九）年、教団革新運動が決起されることとなる。

大谷派教団を離れたあとは、第二高等学校校長、第一高等学校校長、文部次官、東北帝国大学総長、京都帝国大学総長などを歴任し、近代的教育制度の刷新を指導。一九一七（大正六）年、成城小学校を創立して校長兼理事長に就き、最晩年には大正大学の初代学長を務めた。

**近角常観**（ちかずみ・じょうかん　一八七〇―一九四一）

近江国（現・滋賀県長浜市）の西源寺に生まれる。一八八八（明治二一）年、京都府尋常中学校（のちの大谷尋常中学校）在学中に、同校に校長として赴任した清沢と出会う。卒業後、東本願寺の留学生として上京し、第一高等学校を経て、一八九五（明治二八）年、帝国大学文科大学（現・東京大学文学部）に入学（宗教哲学を専攻）。在学中、清沢らが主導した教団革新運動にも参加している。当初は、清沢や井上円了の影響を受けて西洋哲学の研究に励んでいたが、やがて体験重視の宗教家へと転向した。

一八九九（明治三二）年、第二次山県有朋内閣が帝国議会に提出した宗教法案への反対運動を展開。この功績が教団に認められ、翌年より欧米の宗教事情の視察に赴く。その期間中、近角の東京の留守宅で清沢を中心に結ばれたのが浩々洞である。そもそも清沢が晩年に再度上京した背景には、教団為政者（大谷光演・石川舜台）らに加え、近角からの強い要請があったとも言われる。

一九〇二（明治三五）年、欧米視察からの帰国後に、浩々洞と入れ替わる形で学生寄宿舎の求道《きゅうどう》学舎を創設。同学舎と一九一五（大正四）年に建設された求道会館を拠点に、教団外の学生や知識人を対象とした教化活動（布教）に励み、文学・哲学・精神分析など宗教以外の諸分野に強い影響を与えた。『歎異抄《たんにしょう》』の普及者としても知られる。

## ●教界時言社（白川党）

**稲葉昌丸（いなば・まさまる**　一八六五―一九四四）

摂津国（現・大阪府大阪市）の徳竜寺に生まれる。一八七五（明治八）年、東本願寺が設立した育英教校の一期生として入学。一八八一（明治一四）年、清沢・今川覚神らとともに東京留学を命じられ、東京大学予備門を経て、一八八五（明治一八）年、東京大学理学部に進学。卒業後、東本願寺に経営が委ねられた京都府尋常中学校に奉職。一八九〇（明治二三）年、禁欲生活に入った清沢に代わり、同校の二代目校長に就任。清沢の代表的著作『宗教哲学骸骨《がいこつ》』の出版を勧めたことでも知られる。

一八九六（明治二九）年、清沢および今川覚神・月見覚了・清川円誠・井上豊忠とともに京都郊外の白川村に教界時言社を設立し、教団革新運動を主唱。その際、教団の公職を追われ、運動の資金調達のために前橋の群馬県尋常中学校に赴任。翌年に除名処分を受けて以降は、山口高等学校に転任。山口高等学校時代の同僚に、哲学者の西田幾多郎《きたろう》がいた。一九〇〇（明治三三）年に教団へ復帰してからも、生涯にわたって清沢をバックアップするとともに、清沢没後には寺務総長（現・宗務総長）や大谷大学学長を歴任しながら、その門下を支援し続けた。

**今川覚神**（いまがわ・かくしん　一八六〇―一九三六）

加賀国（現・石川県小松市）の願勝寺に生まれる。育英教校および師範学校で学んだのち、一八八一（明治一四）年に東京留学を命じられ、私塾・同人社を経て東京大学理学部に選科生として入学。卒業後、東本願寺執事の渥美契縁に京都府尋常中学校の校長就任を依頼されるも辞退。以降、教団外の教育現場をわたり歩き、第一高等中学校および第四高等中学校（現・金沢大学）の嘱託教員を経て、石川県に設立された共立尋常中学校の校長に就任。教え子には、同郷出身の暁烏敏や西田幾多郎などが名を連ねる。

共立尋常中学校を辞したあとは、教団内の教学事業に従事し、やがて清沢らとともに革新運動を決起。教団から処分を受けると、一八九六（明治二九）年、改革運動の資金を得るために熊本県尋常中学校（現・熊本県立済々黌《せいせいこう》高等学校）に赴任し、のちには明治専門学校（現・九州工業大学）の創立に関わり、理事および教授職に就いた。

**月見覚了**（つきみ・かくりょう　一八六四―一九二三）

近江国（現・滋賀県長浜市）の勝福寺に生まれる。晩年に新潟県（上越市）の本誓寺に入寺。帝国大学文科大学の漢文科を卒業。教団革新運動の折には、「手紙博士」という異名がつくほどに、手紙を通じて青年僧侶たちの心を動かしたと言われる。清沢との間でも継続的に手紙が交わされ、特に一八九八（明治三一）年に東本願寺の新法主（次期門首）の大谷光演が、京都の本山を脱出して東京へ留学した際には、当時滋賀（長浜）に住んでいた月見から愛知（大浜）の清沢のもとへ多くの手紙が送られ、本山の事情が伝えられている。

新法主の京都脱出をきっかけに真宗大学（現・大谷大学）の東京移転が決まってからは、清沢らとともに「真宗大学建築掛」に任命され、準備段階より東京に滞在。浩々洞にも誕生前夜から顧問的な存在として関わり、「浩々洞」の命名や『精神界』の発刊についての話し合いに参加。真宗大学が東京に開学されたのち、いったんは図書館長の職に就くが、学生騒動の責任をとって学監（学長職）の清沢と主幹の関根仁応《にんのう》が辞職すると、関根の後任として主幹に就任。長年にわたり第二代学長の南条文雄《ぶんゆう》を支えた。

**清川円誠**（きよかわ・えんじょう　一八六三—一九四七）

越後国（現・新潟県新潟市）の光円寺に生まれる。旧姓は村手。一八九一（明治二四）年、帝国大学文科大学哲学科に選科生として入学。西田幾多郎と同級になる。一八九四（明治二七）年、東本願寺の真宗大学寮（真宗大学の前身）および真宗第一中学寮（一八九四年に大谷尋常中学校から改称）の教授に就任するも、教団当局との衝突により、一八九六（明治二九）年に辞職し、革新運動を決起。清沢・月見覚了・井上豊忠が雑誌『教界時言《きょうかいじげん》』の編集事務などのために白川村へ移り、稲葉昌丸・今川覚神が資金調達のために地方の学校へ赴任したのに対し、清川は東本願寺付近に滞在して運動を進めた。一八九七（明治三〇）年に除名処分を受けるも、翌年に復帰。

一八九九（明治三二）年、東本願寺が南京に設立した中国人教育の学校・金陵東文学堂の堂長に就任。帰国後は北海道での布教活動に従事し、一九〇六（明治三九）年、大谷光演の願いにより開校された北海女学校（現・札幌大谷中学校／高等学校／大学／短期大学部）の初代校長となった。

**井上豊忠**（いのうえ・ぶんちゅう　一八六三—一九二三）

出羽国（現・山形県東置賜《おきたま》郡）の長命寺に生まれる。一八八二（明治一五）年、東本願寺の初等教育機関である京都教校（一八八一〈明治一四〉年に京都小教校から改称、のちに京都府尋常中学校に併合）に入学。その後、山形県西置賜郡の法讃寺への入寺を経て、一八八九（明治二二）年、東京専門学校（現・早稲田大学）の政治経済学科二年に編入学。卒業後は東本願寺の寺務所に就職するとともに、真宗大学寮の教授補を務める。

一八九二（明治二五）年、偶然清沢と出会い、長時間の議論を通じて意気投合する。一八九六（明治二九）年、教団革新運動の風潮が高まると、教団当局側の立場でありながら、反旗を翻して清沢らに賛同。東本願寺寺務所での勤務経験や学生時代に培われた見識を生かし、教界時言社の「軍師」的な役割を発揮したと言われる。

## ●東本願寺為政者

**大谷光演（おおたに・こうえん　一八七五―一九四三）**

東本願寺第二三代法主（現・門首）。法名は彰如。正岡子規・高浜虚子・河東碧梧桐《かわひがしへきごとう》に師事した俳人でもあり、一般には「句仏」の俳号で知られる。法主となる以前の新門時代、京都府尋常中学校の校長に就いた清沢より学問の指導を受け、以来、生涯にわたって深い信頼関係を築いた。

一八九八（明治三一）年、石川舜台の画策によって京都の本山を抜け出し、東京への留学を表明。この一件が、教団のみならず清沢の心を大きく動かし、後年、東京に移転した真宗大学の学監に清沢が就任するきっかけとなる。それに先立ち、一八九九（明治三二）年に上京した清沢から再び学問の指導を受けるが、そのときに清沢が書きとめた講義用のノート（御進講覚書）は、清沢晩年の思索を確かめるための重要な史料となっている。

清沢没後の一九〇八（明治四一）年、法主を継嗣し、一九一一（明治四四）年の親鸞六五〇回忌を執り行なうものの、本山財政の立て直しに失敗。隠退後には東本願寺当局と対立状態に陥り、一時的に僧籍を失った。

**石川舜台**（いしかわ・しゅんたい　一八四二―一九三一）

加賀国（現・石川県金沢市）の永順寺に生まれる。東本願寺稀代の学僧・闡彰《せんしょう》院空覚《いんくうかく》（東瀛《とうえい》）の指導のもと、若い頃から学問で頭角を現わす。明治維新後には、廃仏毀釈《はいぶつきしゃく》の風潮のなか、教団が強い危機意識をもって開設した京都の護法場で学ぶ。闡彰院が暗殺されたのち、同門の渥美契縁とともに教団の政治改革の主導権を掌握。特に西洋へ眼差しを向けつつ、教育・学問の刷新に力を注ぎ、一八七二（明治五）年には、のちの東本願寺第二二代法主・大谷光瑩《こうえい》（現如）らとともに欧米視察を敢行。近代西欧社会の宗教事情や教育制度、学問の方法の積極的な吸収に努めた。帰国後は、僧侶の養成学校（教師教校）や英才教育機関の育英教校などを開設。育英教校からは、清沢や稲葉昌丸をはじめ、のちに教団を牽引する多くのエリートを輩出した。

一八九八（明治三一）年、新法主・大谷光演の東京留学を画策するとともに、清沢を新法主の学問指導係として呼び寄せ、真宗大学の東京移転に尽力。暁烏敏の東京進出や『精神界』の創刊なども後押しした。

**渥美契縁**（あつみ・かいえん　一八四〇―一九〇六）

伊勢国（現・三重県亀山市）の法因寺に生まれる。のちに石川県（小松市）の本覚寺の住職となる。一八七一（明治四）年に東本願寺寺務所が開設された際、護法場時代の同門・石川舜台らとともに最高職の議事に就任。以降、石川と交互に教団運営の実権を握ることとなる。

西欧に目を向け、教学の刷新や人の養成に力を注いだ石川に対し、教団の負債償却と東本願寺両堂（御影堂・阿弥陀堂）の再建を二大事業に掲げ、特に財政面の立て直しに重きを置いた渥美は、清沢ら新進気鋭の勢力とたびたび衝突。一八九六（明治二九）年に起こった教団革新運動は、当時、執事（教団寺務の最高権力者）であった渥美と、大谷派教学部顧問として新学事体制の実現を目指した沢柳政太郎との対立に起因している。一八九六（明治二九）年、革新運動の機運の高まりにともない、執事職を辞任。一九〇四（明治三七）年に寺務改正局が設立されて以降、政治の第一線から隠退した。

## ●浩々洞

**暁烏敏（あけがらす・はや　一八七七―一九五四）**

石川県石川郡（現・白山市）の明達寺に生まれる。一八九三（明治二六）年、京都の大谷尋常中学校に入り、生涯の師となる清沢と邂逅。一八九六（明治二九）年、真宗大学に進学し、清沢らが主導する教団革新運動に参加。翌年より学内の研究誌『無尽灯』の編集を務め、雑誌運営のノウハウを身につけるとともに将来の雑誌創刊に意欲を燃やす。卒業後、同級生の佐々木月樵と多田鼎を誘って東京へ進出。清沢宅に身を寄せて私塾・浩々洞を結び、一九〇一（明治三四）年一月に機関誌『精神界』を創刊。同誌の「発刊の辞」を執筆するとともに庶務を担当。暁烏・多田・佐々木の創設メンバーは、のちに浩々洞の「三羽烏」と呼ばれることとなる。

清沢没後は、その信念や求道の歴程を積極的に語り、それがもととなって一つの清沢像が形成されていく。清沢の七回忌を迎えた一九〇九（明治四二）年頃より、教団内で「異安心《いあんじん》」（異端的信仰）として扱われていくようになるが、その一方で、一九一一（明治四四）年に発刊した『歎異鈔講話』がベストセラーになるなど、教団外への『歎異抄』普及の立役者ともなった。最晩年には、視力を失いながらも真宗大谷派の宗務総長に就任し、「念仏総長」と呼ばれた。

**佐々木月樵（ささき・げっしょう　一八七五―一九二六）**

愛知県碧海《へきかい》郡（現・安城市）の願力寺に生まれる。旧姓は山田。のちに同県内（岡崎市）の上宮寺に入寺。三河教校を卒業後、一八九三（明治二六）年に京都府尋常中学校の二年に編入し、清沢と出会う。一八九六（明治二九）年、真宗大学に進学し、仏教学の研究に邁進するとともに、在学中に起こった教団革新運動に参加。卒業後は京都に残って「一乗教」の研究に取り組む予定であったが、東京の地で雑誌を発刊したいという暁烏敏の志願に突き動かされ、暁烏・多田鼎とともに上京することになった。『精神界』では会計を担当。

浩々洞結成後は、広い学識と包容力とから他の門弟たちの信頼を集め、清沢没後は精神的支柱として存在感を示した。東京に移転開校した真宗大学の研究院に進み、修了後ただちに教授に就任。一九一一（明治四四）年、真宗大学が再び京都へ戻る際、いったんは当局と決別して辞職したが、月見覚了の促しにより復職した。

欧米視察を経た一九二四（大正一三）年、大学令に基づき近代的な私立大学として新生した大谷大学の学長に就任。清沢が志向した教育方針の具体化を宣言しつつ、仏教を学界に開放することを目指した。西田幾多郎や鈴木大拙《だいせつ》などの世界的な学者が大谷大学に集まり教壇に立ったのも、佐々木の求心力によるところが大きい。

**多田鼎（ただ・かなえ　一八七五―一九三七）**

愛知県宝飯《ほい》郡（現・蒲郡市）の常円寺に生まれる。三河教校で学んだのち、一八九一（明治二四）年に東京へ赴き、郁文館尋常中学校（現・郁文館中学校／高等学校）の二年に編入学。一八九三（明治二六）年、東京専門学校文学部に進学するものの、まもなく退学。京都の真宗第一中学寮に転入し、一八九六（明治二九）年、真宗大学に進学。在学中に起こった教団改革運動に参加し、卒業後には暁烏敏・佐々木月樵とともに上京して浩々洞を結成。『精神界』では編集を担当したが、やがて大衆への伝道の使命感に突き動かされ、洞を離れて千葉教院を開いた。

当初は清沢を中心とする新進気鋭の思想の潮流に共鳴していたが、信仰上の転向を経て決別を宣言。伝統的な宗学へと回帰していく。特に清沢没後三〇年の年（一九三三年）に発表した「清沢満之師の生涯及び地位」では、「私は師を離るることができぬ」と述べながらも、清沢の「精神主義」は宗祖親鸞の本義に合うものではないと痛烈に批判した。それゆえ、「イエス・キリストにおけるユダ」になぞらえられることもある。

**近藤純悟**（こんどう・じゅんご　一八七五―一九六七）

大分県下毛《しもげ》郡（現・中津市）の百姓の家に生まれる。旧名は吉原福蔵。のちに兵庫県姫路市の円証寺に入寺して近藤純悟と改名。一八八九（明治二二）年、清沢が校長を務めていた京都府尋常中学校に入学。この頃から教育者を志すようになり、高等師範学校に進むことも検討したが、京都の真宗大学に入学。在学中に白川党の教団革新運動に参加する。

卒業後、いったんは文中女学校（現・京都女子大学）の教師となり、婦人雑誌『家庭』を創刊したが、一九〇一（明治三四）年一〇月、清沢を学監に迎えて東京へ移転した真宗大学の研究院に入学し、「宗教と教育との関係」の研究に取り組んだ。同時に浩々洞にも入り、継続して『家庭』の編集にあたった。そのため、同誌は浩々洞の機関誌『精神界』と「新夫婦」のような関係にあったとも評される。上京して一年後、腎臓炎の発症により、やむをえず姫路に帰郷。以降、東本願寺が経営する淑女学校（のちの私立姫路高等女学校）の校長に就くなど、生涯を通じて女子教育・婦人教化の実践に尽力した。

**安藤州一**（あんどう・しゅういち　一八七三―一九五〇）

大分県大分郡（現・大分市）の浄雲寺の門徒の家に生まれる。やがて篤信の父親の願いで得度（出家）し、晩年は同寺の副住職を務める。真宗第一中学寮および真宗大学では、浩々洞の三羽烏（暁烏敏・佐々木月樵・多田鼎）と同級になり、特に佐々木との親交を深めた。ただし、他の門弟たちとは異なり、学生時代に清沢の感化を受けることはなく、教団革新運動にも参加していない。大学卒業後、いったんは婿養子として広島県深安郡（現・福山市）の寺に入るものの、行き違いから離縁することになり、二七歳の時、単身上京して真宗大学の研究院に進んだ。一九〇二（明治三五）年、浩々洞の夏季休暇中の留守を預かったことがきっかけで入洞。その時から、清沢が真宗大学の学監を辞職して愛知の自坊へ引き上げるまでの約三カ月間に、二人の間で交わされた対話を書きとめた『清沢先生信仰坐談』は、周囲から「たしかに師の偉大なる面影を写せるもの」（沢柳政太郎）、「先生最初の言行録、第一の伝記」（曽我量深）などとも評され、清沢の確かな姿を伝える貴重な史料となっている。

**曽我量深**（そが・りょうじん　一八七五―一九七一）

新潟県西蒲原《かんばら》郡（現・新潟市）の円徳寺に生まれる。旧性は冨岡。真宗第一中学寮で学んだのち、一八九五（明治二八）年に真宗大学に入学し、卒業後は同学の研究院に進む。大学在学中、教団革新運動に参加するとともに、学内の研究誌『無尽灯』に多くの論稿を発表。研究院時代に「精神主義」が唱道された際には、率先して同誌上で清沢および浩々洞門弟の思想を批判したが、そのことを機に清沢との間で対話を重ね、次第に信頼関係を築いていく。一九〇二（明治三五）年、清沢が学監を務める真宗大学の教授に就任するも同年、学生の騒動により清沢らとともに辞職。翌年、清沢の去ったあとの浩々洞に入り、一九一六（大正五）年からは『精神界』の編集を務めた。

その後、真宗大学（大谷大学）の教授に三度にわたって就任するも、異安心問題やＧＨＱによる公職追放の指令などにより、そのたびに辞職の形に追いやられた。しかし、公職を離れて在野に身を置いている間も、教団内外において多くの人びとを感化し続けた。現在、清沢が「近代真宗教学の源流」と称されるのは、曽我の影響によるところが大きい。教団が親鸞七〇〇回忌を迎えた一九六一（昭和三六）年、大谷大学に学長として復帰した。

**金子大榮（かねこ・だいえい　一八八一—一九七六）**

新潟県中頸城《なかくびき》郡（現・上越市）の最賢寺に生まれる。真宗京都中学（一八九六〈明治二九〉年に真宗第一中学寮から改称）、真宗大学予科を経て、一九〇一（明治三四）年、東京に移転した真宗大学に入学。以降、『無尽灯』および『精神界』に断続的に論稿を発表。卒業後、いったんは帰郷するものの、一九一五（大正四）年に再び上京して浩々洞に入り、『精神界』の編集主任となる。

一九一六（大正五）年、京都に移転した真宗大谷大学（一九一一〈明治四四〉年に真宗大学から改称）の教授に迎えられるも、一九二八（昭和三）年、異安心問題により退職に追いやられ、僧籍も返上。一九三〇（昭和五）年、広島文理科大学講師に就任し、ついで同じく異安心問題で大学を去った曽我量深とともに京都に興法学園を創設。戦後の教団復興の歩みのなかで、清沢から曽我・金子の系譜を教学の基軸として位置づけ直していったのが、この学園で二人の薫陶を受けた青年たち（安田理深《りじん》・松原祐善・訓覇《くるべ》信雄《しんゆう》など）である。一九五一（昭和二六）年、大谷大学名誉教授となり、『教行信証』を中心に最晩年まで講義を続けた。

（名和達宣）

# 関連人物相関図

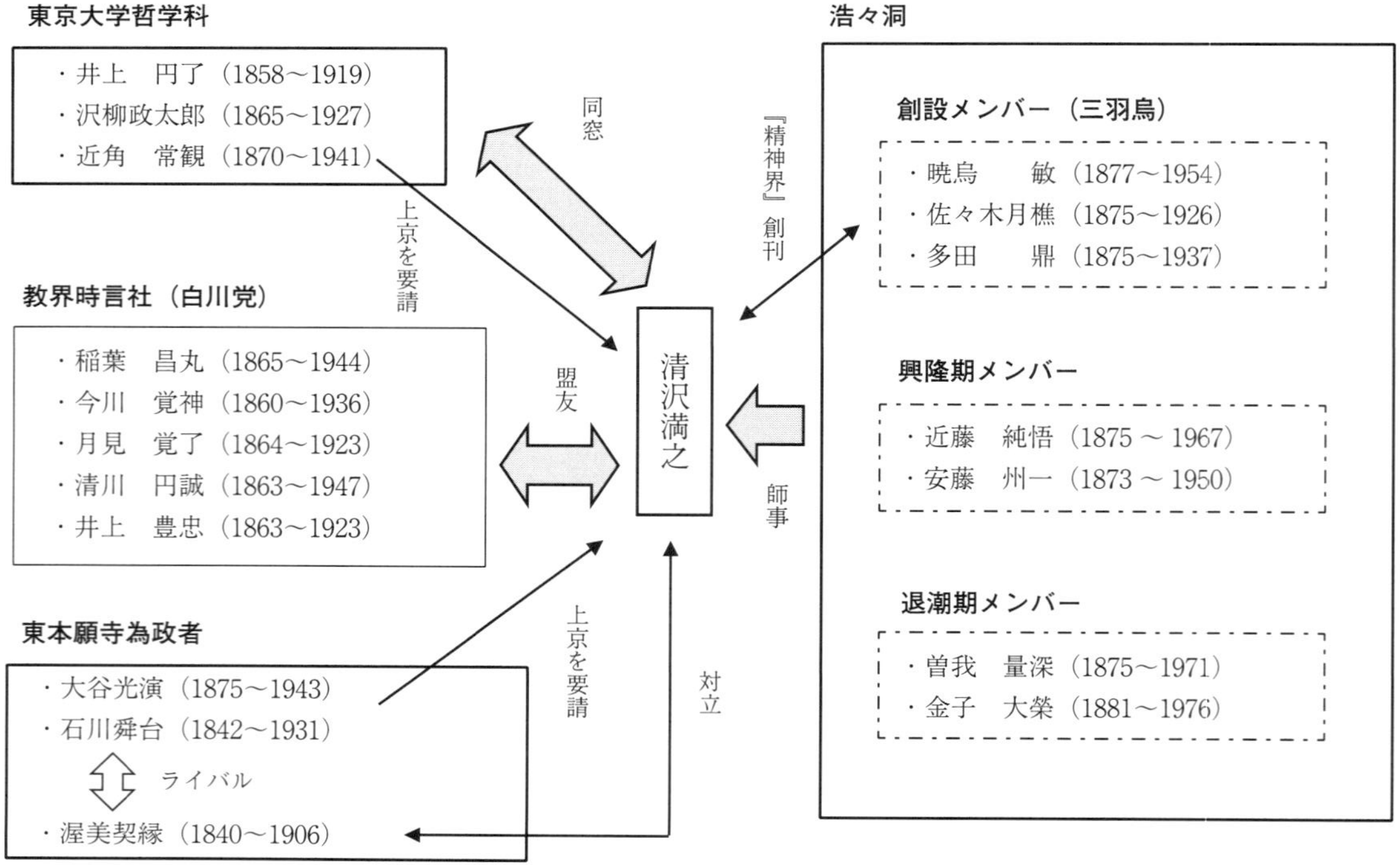

東京大学哲学科
・井上　円了（1858～1919）
・沢柳政太郎（1865～1927）
・近角　常観（1870～1941）
上京を要請
同窓
教界時言社（白川党）
・稲葉　昌丸（1865～1944）
・今川　覚神（1860～1936）
・月見　覚了（1864～1923）
・清川　円誠（1863～1947）
・井上　豊忠（1863～1923）
盟友
東本願寺為政者
・大谷光演（1875～1943）
・石川舜台（1842～1931）
ライバル
・渥美契縁（1840～1906）
上京を要請
対立
清沢満之
『精神界』創刊
師事
浩々洞
創設メンバー（三羽烏）
・暁烏　　敏（1877～1954）
・佐々木月樵（1875～1926）
・多田　　鼎（1875～1937）
興隆期メンバー
・近藤　純悟（1875 ～ 1967）
・安藤　州一（1873 ～ 1950）
退潮期メンバー
・曽我　量深（1875～1971）
・金子　大榮（1881～1976）

# 参考文献一覧

暁烏　敏　一九〇九『清沢先生の信仰――「我信念」講話』無我山房。
池田英俊　一九七六『明治の新仏教運動』吉川弘文館。
――　一九九四『明治仏教教会・結社史の研究』刀水書房。
磯前順一　二〇〇三『近代日本の宗教言説とその系譜――宗教・国家・神道』岩波書店。
伊東慧明　一九九三「曽我量深」梶山雄一ほか責任編集『浄土仏教の思想15　鈴木大拙　曽我量深　金子大栄』講談社。
今村仁司（編訳）　二〇〇一『現代語訳　清沢満之語録』岩波書店。
――　二〇〇二「清沢満之の現代性――現在の我々にとっての清沢の意義」藤田正勝、安冨信哉編『清沢満之――その人と思想』法藏館。
――　二〇〇三『清沢満之の思想』人文書院。
――　二〇〇四『清沢満之と哲学』岩波書店。
――　二〇〇七『社会性の哲学』岩波書店。
――　二〇〇九『親鸞と学的精神』岩波書店。
上田正行　一九八八「『哲学雑誌』と漱石」『金沢大学文学部論集 文学科篇』八号。
王　成　二〇〇四「近代日本における〈修養〉概念の成立」『日本研究』二九号。
大久保純一郎　一九七四『漱石とその思想』荒竹出版。
大谷栄一　二〇〇一『近代日本の日蓮主義運動』法藏館。
――　二〇一二『近代仏教という視座――戦争・アジア・社会主義』ぺりかん社。
大谷大学百年史編集委員会編　二〇〇一『大谷大学百年史　資料編』大谷大学。
碧海寿広　二〇一四『近代仏教のなかの真宗――近角常観と求道者たち』法藏館。
大峯　顯　一九九五「西田幾多郎と夏目漱石――その詩的世界の意義」『思想』八五七号。
奥村政雄　一九六二『私の履歴書　第十七集』日本経済新聞社。
柏木隆法　一九八六『伊藤証信とその周辺』不二出版。
柏原祐泉　一九八六『近代大谷派の教団――明治以降宗政史』真宗大谷派宗務所出版部。
柏原祐泉ほか監修、赤松徹真ほか編　一九九九『真宗人名辞典』法藏館。
金子大榮　一九一五『真宗の教義及其歴史』無我山房。
――　一九一九『仏教概論』岩波書店。
――　一九二五『浄土の観念』文栄堂。

——— 一九六六『真宗学序説』文栄堂書店。
亀井　鑛　二〇〇一『父と娘の清沢満之』大法輪閣。
神戸和麿　二〇〇〇『清沢満之の生と死』法藏館。
教化研究所　一九五七『清沢満之の研究』教化研究所。
久米正雄　一九一六「生活と芸術と（日記から）」『文章倶楽部』一年八号。
小林高壽　一九九八『俳人の生死』新樹社。
小林洋一郎　一九八八「夏目漱石の学歴」『教育方法学研究』八号。
近藤俊太郎　二〇一三『天皇制国家と「精神主義」——清沢満之とその門下』法藏館。
子安宣邦　二〇一四『歎異抄の近代』白澤社。
坂元雪鳥　一九三八「修善寺日記」『国学』第八輯。
佐々木月樵　一九〇三『実験之宗教』文明堂。
——— 一九二一『真宗概論』丁子屋書店。
佐藤深雪　二〇一五「則天去私とは何か——『高慢と偏見』、『ウェイクフィールドの牧師』、『明暗』」『広島国際研究』二一巻。
島薗　進　二〇〇八「宗教言説の形成と近代的個人の主体性——内村鑑三と清沢満之の宗教論と普遍的超越性」『季刊日本思想史』七二。
深　励　一八九九『歎異鈔講義』護法館。
末木文美士　二〇一四「伝統と近代」末木文美士ほか編『ブッダの変貌——交錯する近代仏教』法藏館。
——— 二〇一五「書評と紹介　碧海寿広著『近代仏教のなかの真宗——近角常観と求道者たち』」『宗教研究』三八二号。
——— 二〇一六『親鸞——主上臣下、法に背く』ミネルヴァ書房。
鈴木朋子　二〇一三「清沢満之の道徳教育観——因果説を手掛かりとして」『道徳と教育』三三二号。
曽我量深　一九二七『如来表現の範疇としての三心観』真宗学研究所。
——— 一九七〇「日蓮論」『曽我量深選集』第二巻、弥生書房。
高浜虚子　二〇〇七『柿二つ』講談社。
武田一博　一九九八『市場社会から共生社会へ——自律と協同の哲学』青木書店。
谷川　穣　二〇〇八『明治前期の教育・教化・仏教』思文閣出版。
田村晃徳　二〇〇八「学と信の関係——清沢満之における「宗教と学問」」『現代と親鸞』一六号。
田村芳朗　一九七三「天皇制への明治仏教の対応」戸頃重基編『天皇制と日本宗教』伝統と現代社。
中島哲平　一九九九「一九二〇年代の政教関係論——下間空教を中心として」『龍谷大学大学院研究紀要

（人文科学）』二〇集。
中西牛郎　一八八九『宗教革命論』博文堂。
中原雄太郎　二〇〇七「近代日本と印刷文化」中原雄太郎ほか監修、印刷学会出版部編『『印刷雑誌』とその時代――実況・印刷の近現代史』印刷学会出版部。
名和達宣　二〇一四「清沢満之を「一貫する」思想――『臘扇記』を手がかりとして」『現代と親鸞』二八号。
西村見暁　一九五一『清沢満之先生』法藏館。
野網摩利子　二〇一〇「宗教闘争のなかの『こゝろ』」『言語・情報・テクスト』一七号。
幡谷　明　一九九三「金子大栄」梶山雄一ほか責任編集『浄土仏教の思想15　鈴木大拙　曽我量深　金子大栄』講談社。
原　武哲　二〇〇三『喪章を着けた千円札の漱石――伝記と考証』笠間書院。
原　武哲ほか編　二〇一四『夏目漱石周辺人物事典』笠間書院。
久木幸男　一九六八「清沢満之とその教育思想」『横浜国立大学教育紀要』第八号。
――――　一九九五『検証　清沢満之批判』法藏館。
菱木政晴　二〇〇五『非戦と仏教――「批判原理としての浄土」からの問い』白澤社。
福島栄寿　二〇〇三『思想史としての「精神主義」』法藏館。
藤井　淳　二〇〇一「近代日本の《光》と《影》――夏目漱石と清沢満之」『文学』二巻二号。
――――　二〇〇三「満之と漱石」『清沢満之全集　第五巻月報5』岩波書店。
――――　二〇〇四「漱石と満之――その周辺について」『現代と親鸞』五号。
――――　二〇一四「夏目漱石『こころ』――百年の謎を解く（一）」『駒澤大学仏教学部論集』四五号。
――――　二〇一五「夏目漱石『こころ』――百年の謎を解く（二）」『駒澤大学仏教学部研究紀要』七三号。
――――　二〇一五「夏目漱石『こころ』――百年の謎を解く（三）」『駒澤大学仏教文学研究』一八号。
――――　二〇一五「夏目漱石『こころ』――百年の謎を解く（四）」『駒澤大学仏教学部論集』四六号。
藤岡作太郎　一九〇八『国文学史講話』東京開成館。
藤田正勝　二〇一五『清沢満之が歩んだ道――その学問と信仰』法藏館。
藤田正勝、安冨信哉編　二〇〇二『清沢満之――その人と思想』法藏館。
星野靖二　二〇一二『近代日本の宗教概念――宗教者の言

葉と近代』有志舎。
細馬宏通　二〇〇六『絵はがきの時代』青土社。
松岡　譲　一九三三「漱石山房の一夜――宗教教的問答」『現代仏教』一〇〇号。
松本三之介　一九九〇「解説」『明治思想集Ⅲ』筑摩書房。
升　信夫　二〇一五「明治中期「修養」の類型化」『桐蔭法学』四三号。
丸山眞男　一九九二「福沢・岡倉・内村――西欧化と知識人」『忠誠と反逆』筑摩書房。
三浦節夫　二〇〇三「井上円了と清沢満之――二人のエリートの関係とその資料」『井上円了センター年報』一二号。
水川隆夫　二〇〇二『漱石と仏教――即夫去私への道』平凡社。
――――　二〇〇五『夏目漱石「こゝろ」を読みなおす』平凡社。
水島見一　二〇一〇『近・現代真宗教学史研究序説――真宗大谷派における改革運動の軌跡』法藏館。
三明智彰　一九九〇ａ「昭和初年曽我量深・金子大栄大谷大学追放事件の研究」『研究所報』三一号。
――――　一九九〇ｂ「昭和初年曽我量深・金子大栄大谷大学追放事件」『真宗総合研究所紀要』八号。
宮沢正順　一九七七「夏目漱石と仏教――特に他力浄土門との関係（上）（下）」『日本仏教』四二～四三号。
モンティロ、ジョアキン　一九九八『天皇制仏教批判』三一書房。
安田理深　一九六八『信仰的実存――落在せるもの』文明堂。
安冨信哉　一九九九『清沢満之と個の思想』法藏館。
――――　二〇〇二「『教行信証』研究の現状と今後の課題」『教化研究』一二七号。
――――　二〇〇七「宗教的「個」の課題――「精神主義」における自己と他者」『日本の哲学』八号。
――――　二〇一〇『近代日本と親鸞――信の再生』筑摩書房。
安冨信哉編、山本伸裕校注　二〇一二『清沢満之集』岩波書店。
山口　徹　二〇〇五「文芸誌『スバル』における「椋鳥通信」――一九〇九年のスピード」『早稲田大学教育学部学術研究（国語・国文学編）』五三号。
山本伸裕　二〇〇八「学問的真理と宗教的真理の関係や如何――清沢満之の「宗教哲学」を中心に」『現代と親鸞』一五号。
――――　二〇一一『「精神主義」は誰の思想か』法藏館。
――――　二〇一四『清沢満之と日本近現代思想――自力の呪縛から他力思想へ』明石書店。
吉田久一　一九六一『清沢満之』吉川弘文館。

吉永進一　二〇一三「明治の仏教青年——新しい仏教運動への道」『現代と親鸞』二六号。
レヴィナス、エマニュエル　一九八九（原書一九六一）『全体性と無限——外部性についての試論』合田正人訳、国文社。
ワルド、ライアン　二〇〇四「明治・大正期大谷派における異安心問題——今日は地獄落の試験と極楽参りの試験をするのだ」『東京大学宗教学年報』二一号。
Schroeder, Jeff. 2014a. "The Insect in the Lion's Body : Kaneko Daiei and the Question of Authority in Modern Buddhism." In: Hayashi Makoto, Ôtani Eiichi, and Paul L. Swanson (eds.). *Modern Buddhism in Japan*. Nagoya: Nanzan Institute for Religion and Culture, 194-222.
———. 2014b. "Empirical and Esoteric : The Birth of Shin Buddhist Studies as a Modern Academic Discipline." *Japanese Religions* 39.
Gilbert Lee Johnston "Kiyozawa Manshi's Buddhist Faith and its Relation to Modern Japanese Society" Ph. D. Thesis presented to Harvard University, April,1972
Smith, Henry D., II. 1972. *Japan's first student radicals. Harvard East Asian series ; 70*. Cambridge, Mass.: Harvard University Press.
Tanaka, Kenneth K. 2007. "Where Is the Pure Land? Controversy in Chinese Buddhism on the Nature of the Pure Land." In *Shin Buddhism : Historical, Textual and Interpretive Studies*, edited by Richard K. Payne, 99-113. Berkeley : Institute of Buddhist Studies and Numata Center for Buddhist Translation and Research.
Mark Blum & Robert F. Rhodes (ed.), *Cultivating Spirituality : A Modern Shin Buddhist Anthology*, SUNY Press, 2011.
James Heisig,Thomas Kasulis; John Maraldo[ed.], *Japanese Philosophy : a Sourcesbook*", University of Hawaii Press, 2011.

## 章扉写真出典一覧

序　章：最上段右より安冨信哉『近代日本と親鸞——信の再生』（筑摩書房、二〇一〇年）、Mark Blum & Robert F. Rhodes (ed), *Cultivating Spirituality : A Modern Shin Buddhist Anthology*, SUNY Press, 2011、山本伸裕『「精神主義」は誰の思想か』（法藏館、二〇一一年）、安冨信哉編・山本伸裕校注『清沢満之集』（岩波文庫、二〇一二年）、近藤俊太郎『天皇制国家と「精神主義」——清沢満之とその門下』（法藏館、二〇一三年）、子安宣邦『歎異抄の近代』（白澤社、二〇一四年）、碧海寿広『近代仏教のなかの真宗——近角常観と求道者たち』（法藏館、二〇一四年）、山本伸裕『清沢満之と日本近現代思想——自力の呪縛から他力思想へ』（明石書店、二〇一四年）、藤田正勝『清沢満之が歩んだ道——その学問と信仰』（法藏館、二〇一五年）。

第Ⅰ部

第一章：『宗教哲学骸骨』（法藏館所蔵）と*The Skeleton of A Philosophy of Religion*（大谷大学所蔵）書影。

第二章：『聖教抜萃』表紙（西本祐摂所蔵）所収「歎異抄」冒頭ページ。

第三章：浩々洞同人集合写真（西方寺所蔵）。

第Ⅱ部

第一章：『我信念』直筆原稿（大谷大学所蔵）。

第二章：徳永満之肖像（西方寺所蔵）、夏目漱石肖像（『漱石全集』第七巻〈漱石全集刊行会、一九三七年〉より転載）、正岡子規肖像（小泉苳三『歌人子規とその周囲』〈羽田書房、一九四七年〉より転載）

第三章：清沢満之肖像（『無尽灯』八巻七号〈一九〇三年〉より転載）。

第四章：巣鴨真宗大学全景（大谷大学所蔵）。

終　章：暁烏敏・西村見暁編『清沢満之全集』全八巻（法藏館、一九五三―一九五七年）、大谷大学編『清沢満之全集』全九巻（岩波書店、二〇〇二―二〇〇三年）。

# 執筆者一覧（五十音順）

**碧海寿広**
→奥付に記載。

**氣多雅子**（けた　まさこ）
一九五三年生まれ。専攻は宗教哲学。京都大学大学院文学研究科教授。主な著書に『西田幾多郎『善の研究』』（晃洋書房、二〇一一年）がある。

**シュローダー、ジェフ**（Schroeder, Jeff）
一九八二年生まれ。専攻は近代仏教。オレゴン大学講師。主な論文に"The Insect in the Lion's Body: Kaneko Daiei and the Question of Authority in Modern Buddhism," in *Modern Buddhism in Japan*, edited by Paul Swanson, Ōtani Eiichi and Hayashi Makoto (Nagoya: Nanzan Institute for Religion and Culture, 2014) がある。

**末木文美士**（すえき　ふみひこ）
一九四九年生まれ。専攻は仏教学、日本思想史。国際日本文化研究センター名誉教授。主な著書に『日本の思想をよむ』（角川書店、二〇一六年）がある。

**名和達宣**（なわ　たつのり）
一九八〇年生まれ。専攻は真宗学、日本近代思想史。真宗大谷派教学研究所研究員。主な論文に「清沢満之とその門下との「対話」――安藤州一『清沢先生　信仰坐談』を読み解く」（『現代と親鸞』三二号、二〇一六年）がある。

**西本祐攝**（にしもと　ゆうせつ）
一九七五年生まれ。専攻は真宗学。大谷大学短期大学部専任講師。主な論文に「近代親鸞教学における現生正定聚論――清沢満之における現在安住の背景と内実」（博士論文）がある。

**長谷川徹**（はせがわ　とおる）
一九七八年生まれ。専攻は日本倫理思想史。専修大学文学部助教。主な論文に「〈信の契機〉――清沢満之の「精神主義」を読み解く」（『日本思想史学』四五号、二〇一三年）がある。

**春近　敬**（はるちか　たかし）
一九七八年生まれ。専攻は宗教学、近代仏教史。東京農工大学非常勤講師。主な論文に「内観と伝灯――多田鼎を中心とする近代真宗思想の一局面」（司馬春英、渡辺明照編著『知のエクスプロージョン――東洋と西洋の交差』北樹出版、二〇〇九年）がある。

**福島栄寿**（ふくしま　えいじゅ）

一九六五年生まれ。専攻は日本近代仏教史、思想史。大谷大学文学部歴史学科准教授。主な著書に『思想史としての「精神主義」』（法藏館、二〇〇三年）がある。

**星野靖二**（ほしの　せいじ）

一九七三年生まれ。専攻は近代日本宗教史。國學院大學研究開発推進機構准教授。主な著書に『近代日本の宗教概念――宗教者の言葉と近代』（有志舎、二〇一二年）がある。

**安冨信哉**（やすとみ　しんや）

一九四四年生まれ。専攻は真宗学。真宗大谷派教学研究所長。主な著書に『清沢満之と個の思想』（法藏館、一九九九年）がある。

**山本伸裕**

↓奥付に記載。

## 編者略歴


**山本伸裕**（やまもと　のぶひろ）

1969年生まれ。専攻は倫理学、仏教学、日本思想史。東京大学文学部思想文化学科倫理学専修課程卒業。東洋大学文学研究科仏教学専攻博士後期課程単位取得退学。博士（文学）（大谷大学）。真宗大谷派・親鸞仏教センター研究員、東京大学東洋文化研究所特任研究員を経て、現在、東京医療保健大学客員准教授。著書に『「精神主義」は誰の思想か』（法藏館、2011年）、『清沢満之と日本近現代思想——自力の呪縛から他力思想へ』（明石書店、2014年）、『日本人のものの見方——〈やまと言葉〉から考える』（青灯社、2015年）がある。

**碧海寿広**（おおみ　としひろ）

1981年生まれ。専攻は宗教学、近代仏教。慶應義塾大学大学院社会学研究科博士課程単位取得退学。博士（社会学）。現在、龍谷大学アジア仏教文化研究センター博士研究員。著書に『近代仏教のなかの真宗——近角常観と求道者たち』（法藏館、2014年）、『入門　近代仏教思想』（ちくま新書、2016年）、共著に『ホッピー文化論』（ハーベスト社、2016年）がある。



清沢満之と近代日本

二〇一六年一一月八日　初版第一刷発行

編　者　山本伸裕
　　　　碧海寿広
発行者　西村明高
発行所　株式会社　法藏館
　　　　京都市下京区正面通烏丸東入
　　　　郵便番号　六〇〇-八一五三
　　　　電話　〇七五-三四三-〇〇三〇（編集）
　　　　　　　〇七五-三四三-五六五六（営業）

装幀者　高麗隆彦
印刷　立生株式会社／製本　清水製本株式会社





ISBN 978-4-8318-5550-3 C3014

「精神主義」は誰の思想か　山本伸裕著　二、八〇〇円
近代仏教のなかの真宗　**近角常観と求道者たち**　碧海寿広著　三、〇〇〇円
思想史としての「精神主義」　福島栄寿著　二、八〇〇円
天皇制国家と「精神主義」　**清沢満之とその門下**　近藤俊太郎著　二、八〇〇円
清沢満之が歩んだ道　**その学問と信仰**　藤田正勝著　一、九〇〇円
清沢満之　**その人と思想**　藤田正勝・安冨信哉編　二、八〇〇円
近代仏教スタディーズ　**仏教からみたもうひとつの近代**　大谷栄一・吉永進一・近藤俊太郎編　二、三〇〇円

法藏館　価格は税別